이순신이 지킨 바다

일러두기

이 책에 사용된 동여도는 조선 철종 때인 1857년 김정호가 제작한 우리나라 최대의 조선전도 이다. 1861년에 간행된 대동여지도를 제작하기 위한 고본稿本으로, 목판인 대동여지도와 달리 아름다운 채색 필사지도이며 대동여지도보다 7,000여 개 이상의 지명이 상세하게 기록되어 있다. 현재 규장각, 국립중앙박물관, 국사편찬위원회, 개인소장 등 4첩이 남아 있으며, 이 책에 는 그중 상태가 가장 양호하고 왕이 실람한 어본御本으로 추정되는 안백순 소장본을 복제하여 사용했다. 복제본은 한국토지주택공사의 토지주택박물관에 보관되어 있다.

1592-1598
승전 현장 답사기

이 순신이 지킨 바다

이봉수 지음

시루

현장에 가면
이순신이 살아 있다

나는 현장주의자다. 궁금한 것이 있으면 현장에 가봐야 직성이 풀린다. 1970년대에 소설가 박영한 선생은 베트남 전쟁의 참상을 알기 위해 대학을 휴학하고 자원입대하여 베트남전에 참전한 후 '머나먼 쏭바강'이라는 소설을 썼다. 현장문학의 꽃으로 평가받은 이 소설은 당시 베스트셀러가 되었다. 일찍이 어니스트 헤밍웨이도 스페인 내전의 실상을 파악하기 위하여 스페인으로 가서 참전한 뒤에 '누구를 위하여 종은 울리나'라는 역작을 내놓았고 이후 이 소설은 영화로까지 만들어졌다.

역사도 마찬가지로 답은 현장에 있는 경우가 많다. 고고학이 이를 증명하고 있다. 수천 년 전 석기시대나 청동기시대의 역사는 고고학자들의 현장발굴로 밝혀지는 경우가 대부분이다. 문자로 기록을 남긴 역사시대 이후에도 문헌 기록 이상으로 중요한 것들이 현장에 흔적으로 남아 있는 경우가 많다. 이순신 장군을 연구하는 데도 그분이 싸워서 이긴 현장을 간과해서는 안 된다.

이순신 장군은 왜적과 50여 차례 전투를 해서 한 번도 패배한 적이 없다. 이는 동서고금의 해전사에서 보기 드문 기적과 같은 일이다. 이러한 이순신 장군의 불패 신화는 400여 년이 지난 지금까지도 그분이 싸워 이긴 현장에 가면 고스란히 남아 있다. 이를 눈으로 직접 확인하기 위하여 나는 이순신 장군의 전적지를 답사하기로 했다. 대장정을 시작한 지가 어언 20년이 넘었다. 나의 전 직장인 한국토지주택공사 경남지역본부에서 부장으로 재직하던 1999년부터 주말이면 이순신 장군이 싸운 바다를 누비고 다녔다. 당시 집이 서울에 있어 주말마다 서울로 올라오는 것이 번거로웠다. 그래서 한 달에 두 번 격주로 낚시꾼들을 따라 남해바다 여행을 하다가 내 인생이 바뀌고 말았다.

한산도, 거제도, 용초도, 비진도, 연대도, 오곡도 등의 섬들을 여행하다가 우연히 이순신 장군의 전적지들이 눈에 들어오기 시작했다. 경남 일대만 해도 옥포해전, 합포해전, 적진포해전, 사천해전, 당포해전, 당항포해전, 율포해전, 한산대첩, 안골포해전, 웅포해전, 장문포해전 등의 승전지가 있다는 것을 알아냈다. 거제도와 칠천도 사이에는 정유재란 때 원균이 이끄는 조선수군이 참패한 칠천량해전지도 있었다.

그러나 약 20년 전에는 이순신 장군의 승전지나 조선수군이 하룻밤 정박하고 지나간 곳에도 안내표지 하나 없는 곳이 태반이었다. 이런 참담한 현실을 보고는 그냥 있을 수 없어 이순신 전적지를 체계적으로 답사하고 그 결과를 기록으로 남기기로 결심했다.

1999년부터 부산에서 목포를 거쳐 서해의 고군산 선유도까지 이순신의 발자취를 따라 강행군을 했다. 해안 포구는 물론 어지간한 섬은 다 섭렵했다. 현재까지 300회 이상 남해와 서해의 이순신 전적지를 답사했다. 수많은 답사일정 중에는 화창한 봄날도 있었고, 찌는 듯한 더위와 바다의 강렬한 자외선에 노출되어 피부를 상한 여름날도 있었다. 고지도인 동여도와 현대판 지도를 함께 들고 해안 포구를 꼼꼼하게 답사하다가 간첩신고를 당하기도 했다. 섬에 갇혀 잠자리가 없을 때는 밤중에 외딴 암자의 산문을 두드려 하룻밤 유숙하는 일도 많았다. 어느 겨울날 생일도에서 학서암을 찾아가다가 초저녁 산길에서 큰 멧돼지를 만나 혼비백산한 적도 있다.

최근 논란이 되고 있는 합포해전지가 어디인지를 비정比定하기 위해 2020년에는 전국의 이순신 매니아들과 함께 경남 창원에서 요트를 빌려 타고 거제도 북단의 영등포(거제시 장목면 구영리)로 가서 진해 학개, 마산 합포, 남포 등지를 판옥선의 속도로 항행하면서 실측을 하여 기록으로 남기기도 했다.

이렇게 현장답사에 몰입하여 돌아다니다 보니 베이스캠프가 필요했다. 그래서 마련한 것이 통영 앞바다의 오곡도에 있는 토담집 별장이다. 사람들이 육지로 떠나면서 남긴 허물어져 가는 빈집 하나를 사서 이순신 장군을 찾아가는 전진기지로 만들어 놓고 지금도 한 달에 한 번 정도는 그곳에 가서 이순신 장군을 만나고 온다.

이 책은 이전의 저서 '천문과 지리 전략가 이순신'을 바탕으로 그동안 현장답사에서 새로 발견한 사실을 추가하고 오류를 바로잡았다. 한편 이순신 장군의 전적지를 답사하고자 하는 사람들을 위하여 4개의 답사코스를 만들어 부록에 남겼다. 이 답사코스는 본인이 교장으로 재직하고 있는 서울여해재단 이순신학교 학생들이 수료기행을 갈 때 탐방하는 코스다.

이 책에서 사용한 동여도는 비록 임진왜란 이후에 제작된 지도이긴 하지만 난중일기와 임진장초에 등장하는 지명을 찾는 데 많은 도움이 되었다. 동여도는 축적지도로 전국의 도로망이 붉은 선으로 연결되어 있으며, 십 리 단위로 점을 찍어 역과 원을 표시해 놓았다. 군

현과 읍처럼 중요한 지명은 크게 표시하고, 성이 있는 곳은 톱니바퀴처럼 표시가 되어 있다. 산맥과 강이 사실적으로 그려져 있으며, 봉수대가 있는 산에는 봉수 표시도 그려져 있다. 한 마디로 동여도는 자연지리와 인문지리 정보를 망라해놓은 지도로 요즘 지도와 비교해도 손색이 없을 정도이다.

이 책에서 나는 이순신 장군이 언급한 지명이 어디인지 독자들이 쉽게 알아볼 수 있도록 임진왜란 당시의 지명을 사용하되 현재 지명도 병기했다. 계속 답사를 하면서 밝혀낸 새로운 사실은 추가하고 보완했다. 앞으로도 이런 작업은 계속할 예정이다. 날짜는 이순신 장군이 남긴 기록대로 음력을 사용했으나, 때로는 당시의 기온이나 계절감각을 느낄 수 있도록 양력을 병기했다. 인용한 난중일기는 노승석의 '교감 완역 난중일기'에 따랐다.

부디 이 책을 읽는 독자들이 불패의 신화를 이루어낸 이순신의 정신과 리더십을 본받아 갈기갈기 찢어진 대한민국을 하나가 되게 하고, 밝고 정의롭고 공정한 사회를 만드는 데 일조하기를 간절히 기원한다.

그동안 이순신 장군의 불패 신화를 확인하기 위하여 발로 뛴 현장에서 만났던 모든 분들에게 깊이 감사드린다. 특히 구전으로 전해오는 이야기를 알려주시고 인터뷰에 응해주신 귀한 분들께 고마움을 전하면서, 이 책을 이순신 장군의 영전에 바친다.

2021년 충무공 이순신 탄신일에

이봉수

현장에서 만난
이순신

　이순신이 전장에서 쓰러진 지 420년이 지났다. 하지만 많은 사람들이 인간 이순신과 그의 삶에 보내는 관심은 여전히 뜨겁기만 하다. 단순히 우리 민족을 위기에서 구한 영웅이라는 사실만으로 그 이유를 설명하기에는 부족해 보인다. 그래서인지 이순신의 내면세계를 탐구하고 그의 인간성을 탐구하는 연구는 끊임없이 진행되고 있다. 일찍이 노산 이은상 선생은 이순신을 '정돈된 인격자'라고 분석한 바 있다. 흔히 난세가 영웅을 만든다고 한다. 어떤 이는 영웅은 타고나는 것이며 후천적으로 길러지는 것이 아니라는 '생래적 자질론'을 펼치기도 한다. 또 혹자는 이순신처럼 곧고 강직한 성품의 소유자는 전쟁과 같은 비상한 시기에는 그 진면목을 제대로 평가받지만, 평화로운 시기에는 주목받지 못하고 한직이나 변방으로 밀려나기 쉬운 스

타일이라고 한다.

　이러한 논란에도 불구하고 임진왜란을 승리로 이끈 것은 이순신의 탁월한 역량 때문이라는 데는 별 이견이 없는 듯하다. 한 인격체의 인간성은 가끔 리더십이라는 형태로 표출된다. 위기나 전란의 시기에는 더욱 그렇다. 시대가 영웅을 만들어낸 것인지, 영웅이 한 편의 굵직한 역사를 쓴 것인지 분간하기 어렵지만, 이순신은 우리 민족이 가장 존경하는 역사적 인물임에 틀림없다. 한 번도 패배한 적이 없는 이순신 신화는 세계 해전사에서도 보기 드문 일이며, 그의 생애는 한 편의 드라마라 해도 과언이 아니다. 이러한 일이 가능하도록 한 근원적인 힘은 무엇이었을까. 과연 인격과 리더십만으로 가능했을까? 이 의문을 풀기 위해서 나는 그가 승리를 거두었던 전쟁의 현장을 따라가보기로 했다.

최적의 장소에
최고의 진영을 세우다

조선 수군의 기틀을 다진 전라좌수영

임진왜란 당시 전라좌수영이 있던 여수는 수군 기지로는 천혜의 요충지이다. 진남관에서 내려다봤을 때 왼쪽으로 오동도로 나가는 수로와 오른쪽으로 돌산대교 아래 장군도 사이로 진출하는 수로를 끼고 있는 좌수영 터는 완벽한 요새의 형태를 띠고 있다. 임진왜란이 일어나기 1년 2개월 전 전라좌수사로 이곳으로 부임한 이순신은 장차 닥쳐올 전란을 예상하고 만반의 채비를 갖추어나갔다. 무너진 성곽을 보수하고 좌수영 동쪽 출입구인 소포여수시 종화동 해저에 철쇄를 설치했다.

그가 가장 큰 노력을 기울인 것은 전선을 만드는 일이었다. 여수시 시전동 708번지 일대에는 거북선을 비롯한 전선을 만들던 선소 유적지가 있다. 선소 유적지 일대는 바닷물이 호수처럼 들어앉은 만灣의 형태로, 배를 정박시켰던 굴강가에는 무기제작소로 추정되는 대장간과 무기를 보수하던 세검정, 군기창고 등이 남아 있다. 선소 마을 뒤에 있는 망마산은 왜적의 동태를 살피면서 병사들에게 피나는 훈련을 시켰던 곳이다.

이순신은 1년 2개월 동안 이곳 전라좌수영에서 유비무환의 정신으로 전쟁을 준비했다. 임진왜란이 일어나기 보름 전에는 거북선의 시험 운항에 성공했고, 하루 전인 1592년 4월 12일양력 5월 22일에는 여수 앞바다에서 기동훈련을 하면서 거북선에 지자총통과 현자총통을 탑재하여 시험 발사하는 데 성공했다. 그리고 1592년 5월 4일양력 6월 13일 새벽 그동안 피나는 노력으로 건조한 판옥선 24척과 협선 15척을 이끌고 왜군이 밀려들어오는 경상도 해역으로 출전하여 옥포 해전에서 최초로 승리를 거두었다.

서남해를 지킨 삼도수군통제영

1592년 7월 한산대첩으로 거침없이 진격하던 왜군에게 치명타를 가하며 그 기세를 꺾은 이순신은 이듬해인 1593년 7월 14일 전라좌수영이 있던 여수에서 한산도 두을포豆乙浦, 통영시 한산면 의항마을로 진을 옮겼다. 경상도와 전라도를 잇는 수로 상에 있는 한산도는 임진왜란이 일어나기 전에는 목장으로 사용되었던 섬이다. 입구가 좁고 안쪽이 넓은 한산만은 일찍이 명나라 장수 장홍유張鴻儒도 진을 둘 만한 곳이라고 찬탄했을 만큼 그 지세가 천혜의 수군 기지라 하기에 부족함이 없는 곳이다.

1593년 8월 15일 삼도수군통제사로 임명된 이순신은 한산도에 통제영 시설을 창건하고 군비를 증강하는 데 총력을 기울였다. 배의 척수에서 왜군에 절대적으로 열세였던 조선 수군은 전선을 건조하는 데 주력하여, 진을 옮겨올 당시 충청 수군까지 합쳐 143척에 불과했던 전선을 250척 이상으로 늘렸다. 또한 왜군의 조총과 성능이 비슷한 총통을 시험 제작하고 각 진포에 보급하여 만들도록 했다.

한편 인근의 백성들을 불러 모아 둔전에 농사를 지어 군량미를 확보하는 동시에 질그릇을 만들어 내다 팔아 군수품을 비축했다. 병사들의 사기를 높이고 인재를 양성하기 위해 병사들이 멀리까지 가지 않고도 진중에서 과거를 볼 수 있도록 조정에 주청하여 1594년에 한산도에서 첫 무과를 실시하기도 했다. 이순신이 한산도에서 이렇게 철저한 준비를 하고 있는 동안 왜군은 결코 견내량見乃梁, 통영시 용남면과 거제시 사등면을 잇는 거제대교 아래의 협소한 수로 서쪽 지역으로 진출할 수 없었다. 1597년 2월 26일 체포되어 서울로 압송될 때까지 이순신은 한산도의 삼도수군통제영에서 전력 증강에 힘쓰는 동시에 서쪽 바다로 진출하려는 왜군에 맞서 조선의 바다를 지켜냈다.

수군 재건의 발판이 된 고하도

임진왜란 중에서 가장 위대한 한 편의 드라마 같은 전투를 꼽으라면 역시 명량해전을 빼놓을 수 없다. 13척으로 133척의 적선을 물리쳤으니, 이순신조차 자신의 눈을 의심할 정도였다.《난중일기》에서도 이것은 '하늘이 내린 행운此實天幸'이라고 기록하고 있다. 대규모 선단을 이끌고 서해안을 경유하여 한양으로 진출하려는 왜군의 야심을 일거에 무너뜨린 명량해전은 그야말로 하늘과 땅과 사람이 도운 전투였다.

명량해전에서 기적 같은 승리를 거두었지만 이순신에게 남겨진 것은 13척의 전선과 긴 전쟁에 지친 병사들뿐이었다. 수군을 재건할 시간이 필요했던 이순신은 흩어져 있던 피난민들을 수습하면서 서해 고군산의 선유도까지 올라갔다가 1597년 10월 29일 영산강 하구에 있는 고하도에 임시로 정착했다. 고하도는 목포에서 서남쪽으로 약 2킬로미터쯤 떨어진 곳에 있는 조그만 섬으로, 임진왜란 당시에는 보화도寶花島, 목포시 유달동 고하도라고 불렸다.

1598년 2월 17일 완도 고금진으로 옮겨갈 때까지 이순신은 이 섬에서 108일 동안 주둔하며 속칭 끝당골이라 불리는 고하도의 동남쪽 산록에 진영을 꾸리고 전열을 가다듬었다. 북쪽 봉우리에서 목재를 베어다가 진영과 군량창고를 지었고, 인근의 군수와 현감으로부터 기부를 받고 해로통행첩을 발급하여 백성들에게서 486석이나 되는 군량미를 조달했다. 이처럼 고하도는 서남해의 바다를 통제하고 우리 수군을 재정비하는 데 최적의 조건을 갖춘 곳이었다. 한때 목화 재배지로 유명했던 고하도는 현재 육지와 다리로 연결되어 있는데, 지금도 유달산에서 남서쪽을 바라보면 긴 뱀의 형상을 한 고하도를 볼 수 있다.

최후의 일전을 준비한 고금도

1598년 2월 17일양력 3월 23일 이순신은 목포 고하도에서 완도 부근의 고금도로 진영을 옮겨 최후의 일전을 대비하며 전력 증강에 총력을 기울였다. 명량해전으로 제해권을 되찾은 이순신이 고금도로 옮겨오자 장병들이 다시 모여들기 시작했고, 난민들도 줄을 이어 돌아와 수만 가구를 이루었다. 군진의 위용도 예전의 한산도 시절을 능가하게 되었다. 이처럼 단시간 내에 군세를 회복하고 수군을 재건할 수 있었던 것은 모든 면에서 사전에 철저하게 준비해온 이순신이 있었기에 가능한 일이었다.

이때 이순신을 따라 모여든 수많은 피난민들이 둔전을 경작했던 고금도는 지금도 다른 섬에 비해 농지가 많은 편이다. 고금도와 붙어 있는 묘당도에 가면 '묘당도 이충무공유적'과 노량해전에서 전사한 이순신의 유해를 아산으로 이장할 때까지 가묘를 만들어 봉안했던 '이충무공 가묘유허' 월송대가 있다. 덕동 수군기지가 있었던 고금진 터에 가면 지금도 그날의 흔적이 생생하게 남아 있다.

연전연승의 기반이 된
정보망

적재적소의 망군 운용

이순신은 적의 이동이나 적선의 동태를 살피기 위해 해안에 위치한 높은 산에 망군을 파견하여 운용했다. 대표적인 곳이 경남 고성군과 통영시의 경계에 있는 벽방산통영시 광도면 안정리이다. 날씨가 맑은 날 벽방산 정상에서 바라보면 거제도 북단과 구산반도 끝자락에 있는 증도甑島, 창원시 마산합포구 구산면 원전리 실리도, 일명 시리섬와 안골포安骨浦, 창원시 진해구 안골동 앞바다는 물론이고 멀리 부산으로 나가는 길목이 훤히 보인다. 1594년 3월 3일 벽방산 망군 제한국이 보내온 정보를 바탕으로 어영담이 이끄는 경예선 선단이 출전하여 적선을 모두 불태우고 승리했으니, 이것이 제2차 당항포해전이다.

전남 해남의 달마산은 명량해전 직전에 망군을 보내 적의 동태를 살폈던 산이다. 칠천량해전에서 원균이 이끄는 조선 수군을 궤멸시킨 왜군은 전라도를 점령하기 위해 수륙병진으로 거침없이 서진하고 있었다. 이런 위기상황에서 1597년 8월 3일 백의종군 중이던 이순신은 다시 삼도수군통제사로 임명되었다. 8월 19일에 장흥 회령포장흥군 대덕면 회진리에서 배설이 칠천량해전에서 가지고 도망친 배를 인수받은 이순신은 다음 날인 8월 20일 이진梨津, 해남군 북평면 이진리으로 향했다. 그리고 8월 24일에 이진을 출발하여 아침 일찍 도괘刀掛, 掛刀浦, 해남군 북평면 남성리, 일명 칼퀭이를 지나 어란포於蘭浦, 해남군 송지면 어란리 앞바다로 이동했다.

이틀 후인 8월 26일 달마산 일대로 내보낸 망군 임준영으로부터 왜군 선단이 이진에 도착했다는 결정적인 제보를 받은 이순신은 이 정보를 바탕으로 전투 태세를 갖추고 8월 28일 아침에 어란포로 들이닥친 적선 8척을 격퇴하여 해남반도 끝에 있는 갈두까지 쫓아낼 수 있었다.

1597년 9월 7일 진도 벽파진에 진을 치고 있던 이순신은 오전 일찍 탐망군 임중형으로부터 적선 55척 중 13척이 어란포에 도착했다는 보고를 받았다. 그리고 그날 오후 4시 무렵 적선 13척이 벽파진으로 접근하자 닻을 올리고 나가 이들을 격퇴시켰다. 그날 밤 다시 적의 야습이 있었으나 철저한 경계를 하고 있던 이순신은 일진일퇴 끝에 적을 완전히 격퇴했다. 조선 수군이 궤멸된 명량해전 직전의 상황에서도 이순신이 왜군을 물리칠 수 있었던 것은 그가 적재적소에 운영한 정보망 덕분이었다.

다양한 정보 채널

피난민이나 민간인들로부터 수집한 정보도 승리에 결정적 역할을 했다. 1592년 6월 2일양력 7월 10일 당포해전에서 적선 21척을 불살라 무찌른 이순신 함대는 다음 날 거제도 방면에서 나타난 적의 후속 선단을 찾아내기 위해 개도介島, 통영시 산양읍 추도 일대를 수색한 후 저녁에 고둔포古屯浦, 통영시 산양읍 풍화리 고둔개 앞바다로 이동했다. 그곳에서 강탁이라는 사람으로부터 도망간 적선 20여 척이 거제도 방면으로 갔다는 정보를 입수했다. 다음 날 저녁에는 현재의 통영대교 근처인 착량鑿梁, 통영시 당동, 일명 판데목으로 진출하여 거제도민 김모金毛 등으로부터 도망간 적이 견내량을 지나 당항포唐項浦, 고성군 회화면 당항포리로 갔다는 정보를 입수했다. 6월 5일에 당항포 입구에 도착했을 때 함안 육군으로부터 당항포는 포구가 좁지만 전선의 출입이 가능하고 포구 안은 넓어 해전이 가능하다는 사실을 알아냈다. 이렇게 수집한 정보를 바탕으로 적선 26척을 불사르거나 격침시키는 전과를 올릴 수 있었다.

임란의 3대 대첩 중 하나인 한산대첩에서도 민간인의 첩보가 큰 역할을 했다. 한산대첩 하루 전인 1592년 7월 7일양력 8월 13일 이순신 함대는 당포唐浦, 통영시 산양읍 삼덕리에 정박하여 물과 장작 등을 보충하면서 전열을 가다듬고 있었다. 그날 오후 늦게 당포 출신 목동 김천손이 찾아와 이순신에게 보고했다.

> 적선 70여 척이 오후 2시쯤 거제도 영등포거제시 장목면 구영리에서
> 나타나 거제와 고성의 경계인 견내량에 머물고 있습니다.

목동 김천손은 오후 2시경 견내량에 적선이 도착하는 것을 보고 무더운 여름 날 당포까지 무려 16킬로미터를 달려와 이순신에게 적의 동태를 알려주었다. 이 정보를 바탕으로 다음 날 이순신 부대는 주력 함대를 한산도 인근에 숨겨놓은 채 판옥선 4~5척을 견내량으로 보내 적을 넓은 바다로 끌어냈고, 아군의 장기인 포격전을 펼쳐 한산대첩을 승리로 이끌 수 있었다.

하늘을 알고 땅을 알면 백전백승

길목을 지켜 천 명의 적을 막다

> 한 명의 병사로도 길목을 지킨다면 천 명의 적도 두렵게 할 수 있다 하였으니 이것은 곧 오늘의 우리를 두고 한 말이다.

이순신이 명량해전을 앞두고 병사들에게 던진 이 말은 결전을 앞둔 장수의 비장한 각오였지만, 임진왜란 내내 그가 견지했던 최고의

전술이기도 했다. 해안선이 복잡하고 크고 작은 섬이 많은 남해의 특성상 좁은 길목을 지키는 것은 소수의 병력으로 큰 규모의 적을 막아낼 수 있는 가장 효율적인 방법이었다. 남해의 해전현장을 답사하다가 지명에 '량梁' 혹은 '목'이 붙은 곳을 만나면, 임진왜란 당시 이순신이 굳건히 지키고 서서 왜군을 막아낸 곳이라 보면 된다.

견내량은 통영시 용남면과 거제시 사등면 사이의 거제대교 아래에 있는 좁은 수로로, 부산포나 웅포 방면에서 거제도 북단의 괭이바다를 지나 호남으로 진출하기 위해서 반드시 지나가야 하는 관문이었다. 1593년 7월 전라좌수영이 있던 여수에서 한산도로 진을 옮긴 이순신은 견내량을 굳게 지키며 서진하려는 왜 수군의 발목을 잡았다.

판데목은 《난중일기》에 몇 차례 등장하는데, 통영시 통영대교 아래의 좁은 수로를 말한다. 땅을 파낸 좁은 목이라는 뜻으로 한문으로 착량鑿梁이라고 하는데, 당항포해전 직전 이순신은 이곳에서 하룻밤을 정박하면서 적정을 살폈다.

영화로도 잘 알려져 있는 명량鳴梁은 해남군 문내면과 진도군 사이에 위치한 좁은 수로를 말한다. 물의 흐름이 워낙 빨라 물이 울면서 돌아간다고 하여 울돌목이라고도 불리는 이곳에서 이순신은 명량대첩의 기적을 만들어냈다.

이순신이 최후의 일전을 벌이다 전사한 노량露梁은 경남 하동군 금남면과 남해군 설천면 사이의 협소한 해협으로, 조선과 명나라 연합함대가 버티고 서서 노량해전의 승리를 이뤄낸 곳이다. 이처럼 이순신은 적은 병력으로 많은 적을 상대할 수 있는 지리적 이점을 최대한 활용하여 위기의 순간마다 조선 수군에 승리를 안겨주었다.

천문과 지리의 전략가

해전에서 바다의 움직임은 경우에 따라 든든한 지원군이 되기도 하고 또 다른 적군이 되기도 한다. 하지만 변화무쌍하여 예측하기 힘든 것이 바다의 흐름이다. 음력으로 보름과 그믐이 교차하면서 사리와 조금이 반복되고, 계절이나 날씨에 따라 조류와 파도의 상황이 바뀐다. 조류를 잘 타면 노 젓는 병사인 격군이 힘을 들이지 않고도 쉽게 이동할 수 있고, 바람을 잘 이용하면 돛을 사용하여 빨리 항진할 수 있다. 천문과 지리에 조예가 깊었던 이순신은 조류와 바람의 흐름을 누구보다 잘 알고 있었지만, 이 방면에 가장 능통했던 사람은 어영담이었다. 함안 사람으로 무예에 능하고 지략과 담력이 뛰어났던 어영담은 1564년 식년 무과에 합격하여 여도 만호를 지냈고 진해창원시 마산합포구 진동면 진동리 등지에서 근무하면서 해로를 익힌 해상 지리전문가였다. 여수에서 제1차 출전을 했던 날에도 이순신은 바다의 상황과 물길을 가장 잘 아는 어영담을 앞장서게 했다.

이순신은 한산도 제승당과 같은 천혜의 양항을 수군기지로 선택하는 안목도 가지고 있었다. 출전을 위해 이동하던 중에 하룻밤 정박해야 할 때에는 은폐가 가능한 깊숙한 내만이나 섬과 섬 사이의 은밀한 장소를 택했다. 제1차 출전 당시 거제도 옥포를 치러 가면서 정박했던 소비포所非浦, 경남 고성군 하일면 동화리와 송미포松未浦, 거제시 남부면 다대리는 은밀한 만에 자리 잡고 있다. 웅포해전에서 모항으로 사용했던 송진포松津浦, 거제시 장목면 송진포리도 그런 곳이다. 당항포해전 전날 정박했던 착포량통영시 당동, 일명 판데목은 통영과 미륵도 사이의 협소한 곳에 위치하고 있어 눈에 잘 띄지 않았으며, 장문포왜성 거제시 장목면 장목리 군항포 뒷산을 공격할 때 모항으로 이용했던 온천량은 거제도와 칠천도 사이의 은밀한 포구다. 당포해전 하루 전날에는 사량도 상도와 하도 사이의 은밀한 장소인 사량통영시 사량면 금평리 진촌마을에서 적정을 살피며 하룻밤 정박했다.

반면에 포격전을 위주로 하는 조선 수군이 왜군의 주력 함대와 정면승부를 벌일 때에는 좁은 해협이나 만이 아닌 넓은 바다를 선택했다. 견내량과 같이 좁은 수로에서 대규모 해전이 벌어지면 적과 아군이 뒤엉켜 혼전이 벌어지고, 결국 적의 등선육박전술에 휘말릴 것이 분명했다. 그래서 이순신은 적을 한산도와 미륵도 사이의 넓은 바다로 유인해 끌어낸 후 섬멸했는데, 이것이 한산대첩이다. 해전 현장에서 자세히 살펴보면 천문과 지리에 능통했던 이순신의 진면목이 보인다.

기술로
전장을 압도하다

기술집약적 전술

임진왜란에서 왜군이 사용한 주력선은 바닥이 뾰족한 첨저선尖底船 형태의 아타케부네安宅船였고, 주력 무기는 조총과 칼이었다. 해전이 벌어지면 왜군은 주로 조총으로 접근전을 펼치다가 그물이나 사다리를 타고 상대편의 배에 올라와 칼싸움으로 승부를 거는 등선육박 전술登船肉薄戰術을 폈다. 반면 조선 수군은 천자총통天字銃筒, 지자총통地字銃筒, 현자총통玄字銃筒, 황자총통黃字銃筒과 같이 상대적으로 사거리가 긴 함포를 이용하여 일정한 거리를 유지한 채 포격전으로 승부를 걸었다.

조선 수군이 이런 전략을 사용할 수 있었던 것은 판옥선이라는 우수한 전선이 있었기 때문이다. 갑판에서 대포를 발사하면 그 진동에 배가 깨질 정도로 약한 아타케부네에 비해 조선 수군의 판옥선은 조선에서 나는 홍송과 나무못을 사용하여 대부분 짜 맞추는 기법으로 건조했기에 배 위에서 함포를 발사해도 진동을 견딜 수 있었다. 무엇보다 밑바닥이 평평한 평저선平底船으로, 수심이 얕은 우리나라 남해안의 지형에 알맞은 전선이었다. 이렇듯 튼튼한 판옥선 위에 천자총통을 싣고 단발 화살인 대장군전을 장착하여 발사하면 단 한 발만 명중시켜도 150명 이상이 탑승하는 적의 주력선을 단숨에 격침시킬 수 있었다. 한산대첩에서 사용한 학익진 전술도 일렬로 공격해오는 적을 향하여 학의 날개처럼 좌우로 진을 펼쳐 맨 앞쪽의 적선부터 집중 포화를 퍼부어 차례로 격침시키는 전술이었다. 왜군의 등선육박전이 노동집약적이라 한다면 아군의 장기인 포격전은 기술집약적이라 할 수 있다.

판옥선에다 덮개를 씌우고 선체를 튼튼한 박달나무 등으로 보강한 후 얇은 철판 장갑을 입혀 그 위에 칼이나 송곳을 꽂은 배가 돌격선으로 사용되던 거북선이다. 이순신은 여수 시전동, 돌산도의 방답, 고흥의 흥양전선소, 발포 굴강, 한산도 비추리 등에 선소를 세우고 전선을 건조하는 데 총력을 기울였고, 이처럼 과학적으로 만들어진 전선을 이용하여 수적 열세를 극복하고 왜군을 압도할 수 있었다.

우수한 무기체계

조선 수군이 운용한 가장 큰 함포는 천자총통이었다. 태종 때 처음으로 발명되어 사용된 천자총통은 이후 점차 개량되었고, 임진왜란 당시에 전선에 탑재하여 왜선에 큰 타격을 주었다. 포구에 장착하여 발사하는 대형 단발 화살인 대장군전은 길이가 2미터가 넘고 직경이 약 15센티미터에 달한다. 1998년에 육군사관학교에서 실시한 실험에서 대장군전은 400미터를 날아가 화강암 석축을 50센티나 뚫고 들어가 박혔는데, 이 정도라면 단 한 발로도 왜군의 주력선 아타케부네를 격침할 수 있는 위력이다. 경우에 따라 둥근 구형의 탄환을 넣어 쏠 수도 있는데, 대형 탄환인 대연자 1발과 중형 탄환인 중연자 100발을 동시에 쏠 수도 있다.

지자총통의 위력도 대단하다. 구경이 약 10센티미터인 지자총통은 장군전 1발을 쏠 수 있고, 때로는 대연자 1발과 중연자 60발을 섞어서 쏠 수도 있다. 새알처럼 생긴 조란탄을 약 200발정도 발사하면 요즘의 크레모아와 비슷한 위력을 발휘한다. 현자총통과 황자총통도 나름대로 대단한 위력을 갖고 있는 무기였다. 이렇게 총통을 사용하여 적을 물리치는 것을 '당파전술撞破戰術'이라 한다. 이순신 함대는 옥포해전에서 최초로 당파전술을 구사했다.

참고로 그 당시의 포탄은 모두 직격탄이었다. 다시 말해 큰 화살이나 쇳덩이 또는 납덩이, 단석이라는 둥근 돌덩이가 날아가서 2차 폭발을 하지 않고 직접 타격하는 형태였다. 웅포해전에서 처음으로 사용한 비격진천뢰는 날아가서 2차 폭발을 하는 일종의 작열탄이었지만, 그 당시 총통에 사용한 탄환은 모두 직격탄이었다. 영화나 드라마에서 포탄이 날아가서 폭발하는 장면이 나오는데, 이는 극적인 효과를 위해 연출한 것일 뿐 역사적 사실과는 맞지 않는다.

활의 위력도 과소평가해서는 안 된다. 편전을 쏘면 적의 갑옷도 뚫고 들어갈 정도의 위력이 있었다. 탄약통을 달아 자체 추진력을 갖춘 신기전은 통신용 신호탄으로 사용되었고, 불화살은 노량해전 개전 초기에 겨울 북서풍을 이용한 화공작전에서 위력을 발휘했다.

왜 수군이 기껏해야 줄에 매달아 쏘는 소형포와 조총이 전부였다면 조선 수군은 압도적으로 우세한 무기체계를 갖추고 있었다.

전장에서 빛난
인간다움

부하에 대한 사랑

전투에 임할 때는 누구보다 치밀하고 철저한 이순신이었지만, 전쟁으로 고통 받고 목숨을 잃는 부하들을 보며 가슴 아파했다.《난중일기》곳곳에는 이런 이순신의 인간적인 모습을 엿볼 수 있는 대목이 있다. 명량해전이 있기 전에 계절은 초겨울로 접어들고 있었다. 해상의 날씨는 점차 거칠어지고 추위가 엄습해오고 있었지만, 입을 옷조차 변변치 못한 병사들을 보며 이순신은 몹시 안타까워했다.

벽파진해전을 치른 이틀 후인 1597년 9월 9일은 음력 중양절이었다. 당시 제주도 어부 점세가 가지고 온 소 5마리를 잡아 춥고 배고픈 병사들을 먼저 챙겨 먹이는 이순신의 모습은 눈물겨울 정도다. 전투가 끝나면 임금에게 올렸던 보고서인 장계에는 전사한 병사들과 부상한 병사들의 이름을 일일이 거명하면서 상을 내릴 것을 주청했다. 치열한 격전이 벌어졌던 부산포해전에서 아끼던 부하 장수 정운이 전사하자 슬픔을 이기지 못하는 모습에서 부하를 사랑하는 한 인간의 모습을 볼 수 있다. 이순신의 인간적인 면모가 있었기에 병사들은 목숨도 아까워하지 않고 전쟁에 나설 수 있었다.

　칼을 맞대고 싸우는 적군에게도 이순신은 최소한 예의를 갖추었다. 배를 타고 한산만으로 들어가면서 바라보면 제승당 오른쪽에 돌출된 산등성이가 하나 있는데, 이를 매왜치埋倭峙라 한다. 왜군을 묻은 능선이라는 뜻이다. 한산대첩에서 수천 명의 왜군이 수장되고 그 시체가 바다에 떠다니자 이순신은 시신을 수습하여 장사 지내고 산에 묻어주었다. 비록 적군이지만 도요토미 히데요시의 야욕 때문에 동원되어 이국에서 안타깝게 목숨을 잃은 가련한 영혼들을 달래준 현장이 바로 매왜치이다.

뜨거운 애민정신

이순신은 병사들만이 아니라 백성에 대한 마음 또한 지극했다. 1592년 6월 5일 당항포 앞바다는 포성으로 뒤덮이고 불바다로 변하면서 적선 26척 중 25척이 이순신 함대에 박살이 났다. 많은 적들이 수장되었지만 일부는 허우적대며 육지로 헤엄쳐 올라왔다. 이순신은 적선 한 척은 이곳에 온전히 남겨두라고 지시했다. 궁지에 몰린 적이 육지로 올라오면 우리 백성들을 괴롭히고 학살할 것이 분명하므로 이들이 도망갈 수 있도록 배 한 척을 남겨두게 한 것이다. 예상대로 다음 날 아침 100여 명의 왜군이 그 배를 타고 도망쳐 나왔고, 이를 기다리며 당항포 입구의 양도창원시 마산합포구 진전면 창포리 앞의 섬 근처에서 매복해 있던 조선 수군은 이들을 궤멸시켰다. 1593년 3월 6일에는 웅포 창원시 진해구 웅천동에 있는 왜군의 소굴을 공격하면서 억류되어 있던 사천 출신 조선 여인을 구출했다.

1597년 8월 3일 삼도수군통제사로 재임명된 후 무너진 수군을 재건하기 위해 병사와 무기를 찾으며 바쁘게 행군하던 중에도 전라도 옥과에서 피난민 행렬을 만나자 말에서 내려 일일이 위로를 했다는 기록이 있다. 이처럼 이순신은 백성을 사랑하는 남다른 마음을 가지고 있었다. 그래서 그가 가는 곳이면 어디든 피난민들과 자원병, 의병이 모여들었다. 의능, 삼혜와 같은 승려들도 이순신 휘하로 와서 참전했고, 어부들도 작은 고기잡이배인 포작선을 동원하여 물과 땔나무 등 군수품을 싣고 바다의 의병이 되어 이순신 함대를 따라 나섰다. 명량해전 당시에는 노약자와 어린아이들도 포작선을 타고 조선 수군의 뒤에서 징과 북을 치며 응원했고, 부녀자들도 해변에서 강강술래를 하며 조선 수군을 도왔다. 진정으로 백성을 사랑하는 이순신의 마음이 만들어낸 기적 같은 일들이었다.

문학으로 승화된 전쟁의 기록

임진왜란 초기에 왜군은 파죽지세로 북상하여 서울과 평양을 함락시켰고, 임금이 의주로 피난하는 사태가 벌어지자 이순신은 진중에서 시로써 비장한 각오를 다졌다.

내가 바다를 향하여 서약하니 고기와 용들이 감동하고

산을 향하여 맹세하니 초목도 알아주는구나

誓海魚龍動 盟山草木知

〈진중음陣中吟〉의 한 구절인 이 시구는 통영 충렬사에 현판으로 걸려 있다. 성리학이나 주역 등에도 상당한 경지에 도달한 이순신의 학식과 함께 무인의 결기를 느낄 수 있다. 동양철학적 관점에서 보면 바다와 산과 고기와 용이 자신과 하나 되어 교통하는 격물치지格物致知또는 물아일여物我一如의 경지도 엿볼 수 있다.

바다에 가을빛 저무니	수국추광모 水國秋光暮
추위에 놀란 기러기떼 높이 나는구나	경한안진고 驚寒雁陣高
걱정에 잠 못 이뤄 뒤척이는 밤	우심전전야 憂心轉輾夜
기우는 달이 활과 칼을 비추네	잔월조궁도 殘月照弓刀

〈한산도야음閑山島夜吟〉이라는 시다. 전장에 나서면 서릿발 같이 엄한 장수이지만 평상시 그의 내면에는 인간적 연민과 여린 마음씨가 자리 잡고 있었다.

부하 장군들과 시로써 마음을 나누기도 했다. 이순신과 진도 군수였던 선거이와는 각별한 인연이 있다. 1587년 조산보 만호를 지내던 이순신이 여진족의 침입을 막지 못했다는 이유로 제1차 백의종군을 할 때 북병사 이일의 군관이었던 선거이는 술을 권하면서 억울한 이순신을 진심으로 위로했다. 그 후 임진왜란이 일어나자 선거이는 전라우수영 관할의 진도 군수로 1592년 한산대첩에 참전하여 이순신과 함께 싸워 승리를 거두었다. 이후 선거이는 충청수사가 되어 황해병사로 발령이 났고, 이순신은 1595년 9월 14일 한산도 진중에서 이별을 아쉬워하며 〈증별선수사거이贈別宣水使居怡〉라는 시를 지어 그와 석별의 정을 나누었다.

북쪽에 가서도 함께 고생하였고	북거동근고 北去同勤苦
남쪽에 와서도 생사를 같이 했지	남래공사생 南來共死生
오늘밤 달 아래 한 잔 술을 나누고	일배금야월 一杯今夜月
내일은 이별의 정을 나눠야 하는 구나	명일별리정 明日別離情

소신과 원칙의
리더십

준비된 전투만이 살 길이다

이순신은 싸워서 이길 수 있는 전투만 했다. 비록 상관의 명령이라 할지라도 수많은 부하를 희생시키고 패배가 명백히 예상되는 상황에서는 출전하지 않았다. 1597년 1월에 정유재란이 발발하자 왜군은 다시 약 600여 척의 배를 동원하여 그해 7월 초까지 약 14만 명의 병력을 영남 해안에 결집시켰다. 당시 조선말을 유창하게 하는 왜군 첩자 요시라가 왜장 가토 기요마사加藤淸正가 서생포울산로 올 날짜와 시간을 거짓으로 조선 진영에 알려주면서 이순신을 출동시켜 요격하라고 했다. 이 말을 믿은 선조는 출전을 명령했지만, 이순신은 단호하게 출전을 거부했다. 일개 첩자의 말을 믿고 적정을 파악하지 않은 채 병력을 움직이면 적의 함정에 빠질 수 있다는 이유였다. 이 사건으로 이순신은 조정을 속이고 적을 치지 않았다는 죄목으로 파직되어 한양으로 압송되었고 모진 고문 끝에 사형선고를 받기에 이른다.

　권율의 명을 받고 이순신 대신 부산포 방면으로 출전한 원균이 넓은 바다의 풍랑 속에서 헤매다가 거제도 칠천량으로 겨우 후퇴한 후 적에게 거의 전멸되는 수모를 당하고 나서야 조선의 조정은 이순신의 판단이 옳았다는 것을 알게 되었다. 1597년 7월 칠천량해전에서 조선 수군이 몰락하고 원균이 전사하자 많은 사람들은 조선 수군에 대해 희망을 버렸다. 선조도 수군을 해체하고 권율 장군 휘하로 가서 육군에 합류할 것을 명령했다. 하지만 이순신은 당당하게 자신의 뜻을 전하여 선조를 설득했고 명량해전에서 기적같은 승리를 이루어 냈다.

아직도 신에게 열두 척의 배가 남아 있습니다.

今臣戰船尙有十二

엄한 군율로 부대를 바로 세우다

1592년 4월 13일(양력 5월 23일) 부산포 앞바다의 절영도에 왜군이 당도하여 임진왜란이 발발한 후, 선조는 4월 26일과 4월 27일 두 차례에 걸쳐 이순신에게 경상도 해역으로 출동하라는 명령을 내렸다. 이때 일부 장수들조차 경상도로 출동하는 것을 은근히 반대하고 병사들도 출전에 앞서 겁을 먹고 동요하기 시작했다. 출동하기 하루 전날인 5월 3일에 황옥천이라는 병사가 탈영하는 사건이 발생했다. 이순신은 병사를 보내 황옥천을 집에서 잡아와 목을 베어 군중 앞에 높이 매달았다. 탈영을 할 경우 군율에 따라 엄격하게 처벌을 받는다는 것을 보여줌으로써 전쟁에 앞서 군기를 바로 세운 것이다.

다음 날인 5월 4일 새벽에 여수를 출발한 이순신 함대는 5월 7일에 옥포해전과 합포해전에서 승리하고 다음 날 다시 적진포에서 승리하며 총 42척의 적선을 격파하는 대승을 거두었다. 제1차 출전에서 아군은 약간의 부상자를 냈을 뿐 전사자는 한 명도 없었다. 출동에 앞서 탈영병을 공개 처형한 것은 추상같은 군율을 세워 전투를 승리로 이끌기 위한 것으로, 원칙을 중시하는 이순신의 리더십을 엿볼 수 있는 대목이다.

죽음을 각오하면 살 것이요

《난중일기》에 가장 많이 나오는 말 중의 하나는 '몸이 아프다'는 것이다. 열이 난다거나 토사곽란을 만나 고생을 했다거나 식은땀이 나고 몸살을 앓았다는 이야기가 많이 나온다. 전쟁을 이끄는 장수로서 느꼈던 엄청난 부담감이 여러 가지 질환으로 나타나기도 했을 테지만, 전투에서 입은 크고 작은 상처도 이순신을 많이 괴롭혔다. 실제로 사천해전에서 적이 쏜 총탄에 왼쪽 어깨를 맞아 장기간 상처가 아물지 않고 고름이 나오는 상황에서도 힘든 전투를 계속 이끌기도 했다.

사형선고를 받고 고문을 받아 망가질 대로 망가진 몸으로 명량해전을 준비하던 이순신은 구례, 곡성, 순천, 벌교, 보성 등지를 지나며 120여 명의 병력을 모아 장흥 회령포에 도착했다. 그곳에서 이순신은 전라우수사 김억추 등 관내 장수들과 함께 최후의 결전을 앞두고 함께 죽음을 맹세했다.

나라의 위태로움이 여기에 이르렀으니 우리가 어찌 한 번의 죽음을 두려워하랴. 이제 모두 충의에 죽어서 나라 지킨 영광을 얻자.

전투에 앞서 병사들을 독려하며 했던 말 또한 비장하기 그지없다.

무릇 죽기를 각오하고 싸우면 살 것이요, 살고자 하면 죽을 것이다.
必死則生 必生則死

이렇듯 장수와 병사가 한뜻으로 죽음을 각오하고 이뤄낸 것이 명량해전의 승리였다. 1598년 11월 18일양력 12월 15일 밤 12시경 겨울 바람이 살을 에는 남해도 노량에서 왜군과 최후의 일전을 벌이기 직전에도 이순신은 다시 한 번 죽음을 각오했다. 그는 함상에서 손을 씻고 무릎을 꿇은 채 향을 피웠다. 그리고 천지신명께 제를 올리며 말했다.

이 짐승 같은 원수를 무찌른다면 죽어도 한이 없겠습니다.
此讐若除 死即無憾

그날 밤을 새워 싸우다가 아침 해가 떠오를 무렵 관음포남해군 고현면 차면리 앞바다에서 적이 쏜 총탄에 맞아 전사하면서 이순신은 마지막 말을 남기고 눈을 감았다.

싸움이 바야흐로 급하다. 내가 죽었다는 말을 하지 말라.

戰方急 愼勿言我死

1부 /

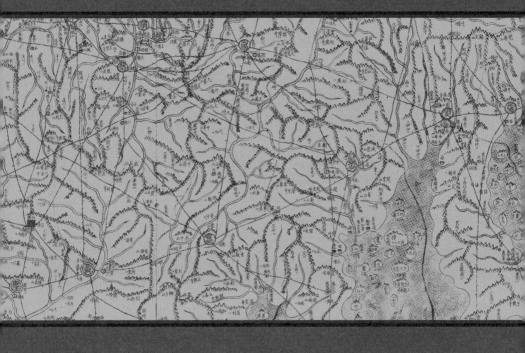

임진왜란 그리고 이순신

이처럼 적의 세력이 불길처럼 엄청나게 일어났으니, 부대를 나누어 침범해올 기미가 아주 많습니다. 그래서 저도 군사와 전선을 정비하여 바다에서 사변에 대비하고 있습니다. 전라도관찰사이광와 병마절도사최원, 우수사이억기에게도 급히 알려주었습니다. 아울러 소속 관포에도 공문을 보내어 살피고 망보는 일을 철저히 하고 무기와 비품을 잘 정비하여 사변에 대비하라고 지시하였습니다. 정중하게 예를 갖추어 보고 올립니다.

1

동아시아를 뒤흔든 전쟁

::

폭풍전야의 세 나라

정쟁과 혼란의 조선

임진왜란이 일어나기 전까지 조선은 명나라와 일본에 대해 일관된 외교정책을 취했다. 명나라에게 사대를 원칙으로 했다면, 일본에 대해서는 강온 양면전략을 구사하는 교린정책을 폈다. 1419년 이종무의 대마도 정벌이 대표적인 강경책이었다면, 1407년에 부산포와 제포진해를 왜인들에게 개항한 것은 온건책이었다. 그러나 1510년 삼포왜란과 1544년 사량진왜변경남 통영, 1555년에 일어난 을묘왜변전남 해남으로 일본에 대한 교린정책은 파탄에 이르렀다. 이후 조선과 일본 간의 정식 교류는 단절되었고, 대마도에 거주하는 왜인들과의 사적인 교역만 이루어지고 있었다.

　당시 조선의 조정은 내부의 혼란으로 외부의 적을 돌아볼 여유가 없었다. 조선 개국 초기부터 정치적으로 기득권을 잡고 있던 훈구파

와 성리학을 기반으로 새로운 정치 세력으로 부상하던 신진 사림 세력 간의 대립이 수십 년 동안 이어졌다. 몇 차례의 사화를 거치며 사림 세력이 정권을 잡았지만, 이들 간에 다시 학연과 지연을 기반으로 붕당이 형성되며 그 폐해가 드러났다. 거기에 더해 과도한 세금 징수로 백성들의 삶은 날로 피폐해졌다. 임진왜란이 일어나기 10년 전 이이는 이런 총체적 난국을 걱정하며 선조에게 〈조선은 나라가 아닙니다〉라는 상소를 올리기도 했지만, 조정의 혼란은 점점 더 극심해졌다. 급기야 1589년 정여립의 역모사건기축옥사으로 1천여 명이 죽고 국론이 분열되는 최악의 상황까지 벌어졌다.

그해 조정에서는 일본의 사정을 파악하기 위해 황윤길, 김성일을 정사와 부사로 하는 통신사를 파견했으나, 귀국 후 두 사람은 전혀 다른 견해를 보였다. 서인인 정사 황윤길은 일본이 머지않아 조선을 침략할 것이라는 의견을 내놓은 반면, 동인인 부사 김성일은 일본이 조선을 침략하는 일은 없을 것이라 보고함으로써 조정은 더욱 극심한 혼란에 빠졌고 일본의 침략에 대비할 기회를 놓치고 말았다.

침략을 준비하는 일본

16세기 일본은 무로마치 막부가 쇠퇴하면서 전국의 봉건 영주인 다이묘大名들이 서로 대립하며 전쟁이 끊이지 않는 센고쿠시대戰國時代가 펼쳐졌다. 이들은 각자 자신의 세력을 확장하기 위해 경제력이 필요했다. 그 때문에 스페인, 포르투갈 등과 교역하는 무역항이 발달했고, 남방무역을 통하여 많은 부를 축적할 수 있었다. 그중에서 포르투갈로부터 전래된 조총은 전쟁의 양상을 기병전투에서 보병 위주의 전투로 바꾸어놓았다. 예수회를 통한 천주교의 전래도 이 시기인 1549년에 이루어졌다. 서양과 마찬가지로 일본에서도 상업자본가의 등장은 중세 봉건제도의 붕괴를 촉발했다.

각 영주들이 군자금을 조달하기 위해 경쟁적으로 수탈을 일삼자 통일 정부에 대한 욕구가 강하게 일어났다. 이를 잘 활용하여 전국을 통일한 사람이 무로마치 막부의 다이묘 중 한 사람인 도요토미 히데요시豊臣秀吉이다. 하급 무사 집안 출신으로 오다 노부나가의 신임을 얻으며 승승장구하기 시작한 도요토미는 1590년 마침내 일본 전국을 통일했다. 1591년에 조선통신사로 일본에 갔던 황윤길과 김성일이 히데요시의 용모와 행동에 대해 유성룡에게 보고한 내용은 굉장히 사실적이다.

도요토미 히데요시는 용모가 작고 못생겼으며, 낯빛이 검어 남다른 위의는 없었으나, 눈빛이 반짝반짝하여 사람을 쏘아보는 것처럼 느껴졌다.

도요토미 히데요시는 사신을 접견하는 자리에서도 기이하고 거만한 행동을 서슴지 않았다. 사신들 앞에 어린아이였던 자신의 아들을 안고 나와 악공들에게 음악을 성대하게 연주하게 해놓고는 아이가 오줌을 싸자 그 자리에서 자신의 젖은 옷을 갈아입기도 했다고 하니, 제 멋대로에 안하무인인 그의 성격을 미루어 짐작할 만한다.

그는 오사카 성을 통일의 근거지로 삼고 나가사키 등지의 무역항을 직할지로 경영하며 풍부한 자금을 확보했다. 전국을 통일한 도요토미 히데요시는 규슈의 사가佐賀에 나고야 성을 쌓아 전진기지로 삼고 1591년에 조선 침략을 위한 총동원령을 내렸다.

쇠락의 길로 접어든 명나라

1368년 주원장이 건국한 명나라는 영락제재위 1402~1424년 때까지 전성기를 누렸다. 이후 영종재위1435~1449년 때 몽고족 오이라트를 토벌하려다 왕이 포로로 잡혀버린 이른바 '토목의 변1449년'을 겪으면서 국가의 위신은 땅에 떨어졌고, 환관이 정치에 개입하는 등 국가의 기강이 무너지기 시작했다. 16세기 무종재위 1505~1521년 때에 이르러 왕실의 사치와 라마교의 폐단, 환관정치로 인한 폐해가 극에 달하며 쇠락의 길로 접어들었다. 무종의 뒤를 이은 세종재위 1521~1567년은 개혁정책을 펼쳤으나 정쟁으로 실효를 거두지 못했다. 게다가 무로마치 막부의 통제권에서 벗어난 왜인들이 남쪽 해안을 침입하는 일이 끊이지 않았고, 북쪽에서는 몽고족의 잦은 침입이 이어지며 나라 안팎으로 혼란이 심해져만 갔다.

세종과 목종재위 1567~1572년을 이어 왕위에 오른 신종재위 1572~1620년은 초기에 '만력의 치'라는 개혁정책을 펼쳤으나 개혁의 주역이었던 장거정이 죽고 나서 정국은 다시 혼란에 빠지게 되었다. 거기에 더해 신종과 부패한 지배층이 과도한 세금을 징수하며 민생이 도탄에 빠지고 곳곳에서 농민봉기도 일어났다. 이런 상황에서 일본이 조선을 침략하자 명나라는 전쟁의 참화가 자국에 미치지는 않을지 전전긍긍했다. 임진왜란 초기에 조선의 요구를 받아들여 파병을 결정한 것도 자기 집 울타리 밖에서 적을 물리치기 위한 전략이었다.

::

남해안의 수군 진영

임진왜란 당시 남해안에는 경상좌수영, 경상우수영, 전라좌수영, 전라우수영 4개의 수군 진영이 있었다. 서울에서 보았을 때 왼쪽에 있는 것이 좌수영, 오른쪽에 있는 것이 우수영이다. 경상좌우도를 나누는 경계는 낙동강으로, 김해, 창원, 함안, 의령, 진주 등이 경상우도에, 동래, 양산, 울산, 상주, 안동 등은 경상좌도에 속했다. 전라좌우도는 백두대간이 전라도로 내려와서 생긴 지맥인 호남정맥을 기준으로 나뉜다. 섬진강이 기준이라고 잘못 알고 있는 사람들이 많은데, 실제로는 섬진강으로 흘러드는 물길을 나누는 고개인 호남정맥이 전라좌우도를 나누는 경계선이 되었다.

　남해 수군 진영들의 위치를 자세히 살펴보면, 전략적으로 적이 지

임진왜란 당시 남해안에 위치한 4개의 수영은 지리적으로 비슷한 특성을 가지고 있다.

나가는 길목에 위치해 있음을 알 수 있다. 또한 수군 기지는 대부분 바깥에서 잘 보이지 않는 깊숙한 해안 포구의 감추어진 곳에 자리 잡고 있는데, 현장에 가서 살펴보면 통영과 여수 그리고 해남의 우수영은 이와 같은 공통된 지리적 특성을 가지고 있음을 알 수 있다.

경상좌수영

경상좌수영이 있던 곳은 현재의 부산시 수영구 수영동과 망미동 일대로, 수영이란 지명이 아직도 남아 있다. 경상좌수영에는 돌로 쌓은 좌수영성이 있었으며, 수영강이 바다와 연결되어 수영을 설치하기 좋은 입지적 조건을 갖추고 있다. 다만 홍수가 나면 모래가 퇴적되는 약점이 있어 수영을 다른 곳으로 옮기자는 논의가 오랜 기간 지속되기도 했다. 좌수영성에는 동서남북에 4대문이 있었고, 성내에는 수문이 4곳에 설치되어 있었으며 우물이 3곳 있었다. 성 안에는 본영과 중영으로 나뉘어져 많은 관아 시설과 선소가 있었다.

임진왜란이 발발했을 당시 이곳을 책임지고 있던 경상좌수사는 박홍이었다. 그는 왜군이 쳐들어온다는 소식을 듣자마자 중과부적이라는 핑계를 대고 좌수영성을 이탈했다. 제대로 싸움도 한번 해보지 않고 성 안의 사람들을 먼저 대피시키고, 자신은 군량과 병기를 챙겨 따라 나가면서 나머지는 모두 불태우고 죽령竹嶺까지 도망을 쳐 버렸다.

경상우수영

임진왜란 당시 원균이 지휘하던 경상우수영이 있던 곳은 오아포거제시 남부면 가배리로, 이곳에 경상우수영이 설치된 것은 세조 12년인 1466년이다. 전쟁이 일어나자 경상우수사였던 원균은 적이 부산포에 상륙했다는 소식에 놀라서 전라도 방면으로 도망쳤다. 유성룡의 《징비록懲毖錄》에 그때의 상황이 상세히 기록되어 있다.

> 임진왜란 개전 초기에 경상우수사 원균은 전선 100여 척과 화포,
> 병기 등을 모조리 바다 속에 가라앉힌 다음 휘하의 이영남, 이운룡
> 등만 데리고 배 4척에 나누어 타고 곤양 해변에서 뭍으로 올라가

적군을 피하고자 했다. 그리하여 그가 거느린 수군 1만여 명은 모두 무너지게 되었다.

《선조실록》에도 원균이 경상우수영을 불태우고 피신했다는 기록이 있다.

> 원균은 수군 대장으로서 여러 장수들을 거느리고 내지로 피하고, 우후 우응신을 시켜 창고를 불태우게 하여 200년 동안 저축한 물건들이 하루아침에 없어져버리게 하였다.
>
> 《선조실록》 권27, 선조 25년^{1592년} 6월 28일

임진왜란이 끝난 선조 37년 1604년 경상우수영은 오아포에서 두룡포^{통영시 중앙동 강구안}로 옮겨졌다. 이때 오아포의 지명이 가배량으로 바뀌었다. 원래 가배량은 현재의 통영시 도산면과 고성군 삼산면 사이의 협수로로, 지명으로 따지면 통영시 도산면 오류리 내촌 속칭 가오치마을이다. 1604년에 거제도 오아포에 있던 경상우수영을 두룡포로 옮기면서 고성 가배량을 동시에 거제도 오아포로 옮겼고, 그때부터 오아포의 지명이 가배량으로 바뀌게 되었다. 지금도 이곳에는 당시의 포구와 남향의 포구 뒤쪽 언덕에 성터가 남아 있고, 그 앞으로 추봉도가 자리잡고 있다.

전라좌수영

전라좌수영이 있던 곳은 현재 전남 여수시 군자동 471번지 일대이다. 전라좌수영의 진남관에서 바다를 내려다보면 오른쪽으로 육지와 돌산도를 연결하는 돌산대교가 보인다. 그 아래에 장군도라는 섬이 있는데, 이량 장군이 연산군 때 수중석성을 쌓아 왜적의 침공에 대비했던 곳이다. 왼쪽으로 거북선대교의 아래쪽에는 이순신이 철쇄를 설치했던 소포_{여수시 종화동}라는 병목이 있는데, 이곳이 여수에서 오동도와 남해도 쪽으로 나가는 출구이다. 현재 진남관 바로 아래에 있는 거북선광장은 매립지로 임진왜란 당시에는 바다였다. 조선 수군은 이곳에 배를 정박하고 성 안으로 들어갔다. 이때 서쪽 돌산대교 바깥의 가막만과 동쪽의 오동도 근처에 탐망선을 한 척씩 배치하면 좌수영으로 들어오는 적의 동태를 완벽하게 감시할 수 있었다.

이순신은 임진왜란이 발발하기 1년 2개월 전에 전라좌수사로 이곳에 부임했다. 그리고 불과 1년여의 짧은 기간에 전선 24척과 거북선 3척을 확보했고, 무너진 좌수영성을 보수하고 소포 해저에는 철쇄를 설치하면서 전란에 대비해나갔다.

전라우수영

전라우수영은 전남 해남군 문내면 선두리 해안에 위치해 있었는데, 이곳에는 지금도 우수영이라는 지명이 남아 있다. 전라우수영도 전략적으로 보면 전라좌수영과 지리적 특성이 비슷하다. 남해에서 서해로 진출하는 목에 위치해 있으며 바깥 바다에서 보면 잘 보이지 않는 깊숙한 곳에 자리 잡고 있다. 바로 앞에 양도라는 섬이 가로막고 있으며, 우수영에서 남해로 나가는 출구가 바로 진도대교 아래의 울돌목, 명량이다. 울돌목과 양도 바깥의 서쪽 바다에 탐망선을 한 척씩만 배치하면 완벽한 경계가 가능한 지형임을 알 수 있다. 임진왜란이 발발할 당시 전라우수사였던 이억기는 당항포해전부터 이순신과 합세하여 적을 물리쳤다.

::

전란에 대비하다

제승방략체재와 오관오포

전라좌수사로 발령을 받던 1591년 2월에 이순신은 이미 종6품 정읍 현감에서 진도 군수, 가리포완도 첨사로 승진 발령이 난 상태였지만, 미처 부임도 하지 못한 상태에서 다시 정3품 전라좌수사로 최종 임명되었다. 조정 신료들의 반대를 무릅쓰고 7계급이나 특진을 시켜 이순신을 발탁한 사람은 유성룡이었다.

전라좌수사로 부임한 이순신이 처음으로 한 일은 관할구역을 직접 순시하는 것이었다. 사령관이 새로 부임하면 관할지역의 예하 부대장들이 본부로 찾아와 업무보고를 하는 것이 일반적 관례이지만,

이순신은 달랐다. 본인이 직접 관할구역을 순시하기로 결정하고 대장정에 들어갔다. 각 지역을 직접 찾아가서 준비 태세를 점검하고 현장의 어려움을 파악하려는 의도도 있었겠지만, 관할구역의 지리를 익히는 것이 현장 사령관이 갖추어야 할 필수요건임을 잘 알기에 내린 결정이었다.

당시 전라좌수영 관할 행정구역에는 오관오포伍官伍浦가 있었다. 오관은 순천도호부, 보성군, 낙안군, 흥양현, 광양현을 말하는데, 순천, 보성, 낙안, 광양은 옛 지명이 그대로 사용되고 있지만, 흥양현은 현재 전남 고흥군 고흥읍으로 이름이 바뀌었다. 오포는 수군 진영이 있었던 곳으로, 녹도진, 발포진, 방답진, 사도진, 여도진을 말한다. 전라좌수영에 소속되어 있던 수군 진영인 오포는 대부분 돌산도와 고

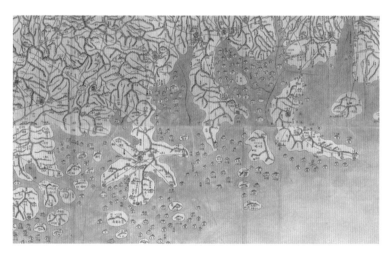

오관오포는 전라좌수영 관할의 행정구역으로, 그중 오포는 돌산도와 고흥반도의 전략적 거점에 위치하고 있었다.

홍반도의 전략적 거점에 위치하고 있었다.

　이제 막 부임한 이순신에게 예하부대를 초도순시할 수 있는 권한이 주어진 것은 제승방략체재 때문이었다. 조선 전기 지방군의 방위체제는 해안과 국경의 중요한 곳에만 진을 설치했던 영진체제였다. 하지만 영진체제는 외적의 침입으로 변방의 진이 함락될 경우 내륙은 아무런 대책 없이 무너질 수밖에 없는 위험이 있었다. 이런 약점을 보완하기 위해, 세조 때 전국을 여러 개의 진관으로 개편하기 시작하여 1466년 진관체제를 완성했다. 진관체제는 전국의 진에서 각자 독립적으로 전투를 하는 시스템으로, 하나의 진이 무너져도 그다음 진이 건재하기 때문에 적이 일시에 내륙으로 진출할 수 없다는 장점이 있다. 하지만 세력이 큰 여진이나 왜구가 쳐들어와 변방의 작

오포의 현재 위치

은 진을 하나씩 공격하면 속수무책으로 당할 수밖에 없었다. 삼포왜란과 을묘왜변 등을 겪으면서 진관체제 대신 제승방략체재를 도입한 것은 이런 이유 때문이었다.

제승방략은 외적이 침입해오면 그 주변의 진에 있는 병사들이 일정한 거점으로 집결하여 합동작전을 펼치는 형태의 분군법으로, 임진왜란 초기에 육군과 수군에 공통으로 적용되었다. 제승방략에 의한 분군법에 따라 평시에는 예하부대들이 오관오포에 머물지만, 전시가 되면 오관오포의 수장과 휘하 수군들은 전라좌수영으로 집결하여 연합수군을 편성하고 수군통제사의 지휘를 받게 되어 있었다.

현장을 이해하기 위한 초도순시

이순신은 다가올 전란을 예상하고 8박 9일 동안 초도순시를 하며 제승방략체재가 제대로 작동하는지 점검해나갔다. 1592년 2월 19일부터 27일까지 진행된 8박 9일간의 초도순시는 여수 본영에서 출발하여 여도, 녹도, 발포, 사도, 방답을 거쳐 다시 본영으로 돌아오는 힘든 여정이었다.

첫날인 19일 이순신은 배를 타고 전라좌수영을 출발하여 여도진이 있는 고흥반도로 향했다. 우선 백야곶여수시 화양면 안포리으로 가서 밀물이 가득 찼을 무렵 배에서 내려 기다리고 있던 승평순천 부사 권준을 만났다. 타고 온 배는 썰물이 되기 전 백야곶을 빠져나가 이목구미여수시 화양면 이목리로 가서 기다리게 했다.

그날 오후 늦게 이목구미를 출발한 이순신은 여도고흥군 점암면 여호리에 도착했다. 그곳에는 흥양 현감인 배흥립과 여도 권관 김인영이 마중을 나와 기다리고 있었다. 배흥립은 1546년 지금의 경북 김천시 조마면에서 태어나 1572년 무과에 급제하여 1583년 여진족 니탕개가 쳐들어왔을 때 도순찰사 정언신 막하로 적의 소굴을 소탕한 공로를 인정받아 흥양 현감이 되었다. 정운과 함께 임진왜란의 공신으로 기록된 배흥립과 이순신의 인연은 이곳에서 시작되었다.

2월 20일 아침 여도의 방비와 전선을 점검하고 어느 정도 완비되어 있다는 평가를 내린 이순신은 오후에 여도를 출발하여 영주고흥군 고흥읍로 갔다. 영주는 흥양현의 옛 이름이다. 다음 날인 2월 21일 흥양현 관아에서 활쏘기를 하고 술자리를 벌였다. 배흥립이 준비한 자리였는데, 조방장 정걸과 능성 현감 황숙도 등이 함께 와서 밤늦도록 술을 마시며 우의를 다졌다.

2월 22일에는 아침 일찍 녹도고흥군 도양읍 봉암리로 향하는 길에 흥양 전선소에 들러 배와 장비들을 점검했다. 녹도에는 이순신이 가장 아꼈던 장수 정운이 기다리고 있었다. 정운은 임진왜란 개전 초기에 이순신이 부하들을 모아놓고 경상도 해역으로 출전하는 문제를 두고 회의를 할 때에도 적극적으로 출전을 주장할 만큼 용맹한 장수였다. 영암해남 출신으로 무과에 급제하여 웅천 현감을 지냈으나, 제주 판관을 지낼 때 목사와의 불화로 파직되었다가 임진왜란 직전인 1591년 녹도 만호로 부임해 있었다. 이순신과 마찬가지로 유성룡의 천거를 받은 정운은 녹도 만호로 부임하자마자 성곽을 수리하고 전선과 장비를 보수했으며, 군사들을 훈련시키는 데 전념했다. 이순신은 녹도의 방비상태가 양호한 것을 보고 그를 격려한 후 밤늦도록 회포를 풀었다.

2월 23일 이순신은 녹도를 떠나 예전에 자신이 근무했던 발포로 향했다. 발포 만호로 재직할 당시 직속상관이던 전라좌수사 성박이 딸을 시집보내면서 거문고를 만들어주려고 만호 공관에 있던 오동나무를 베어 보내라고 하자, 이순신이 단호히 거절했던 유명한 사건이 있었던 곳이다. 녹도에서 배를 타고 발포로 가는데 거센 샛바람이 역풍으로 불어 배를 운항하기 어렵게 되자 성 머리에 간신히 배를 대고 내려 말을 타고 갔다. 일행은 진달래가 만개한 산길을 지나가면서 봄비를 흠뻑 맞았다. 온전히 비를 맞기에는 아직 추운 날씨였을 텐데도 이순신은 일기에 '모두가 꽃비에 흠뻑 젖었다'라고 아름답게 이 여정을 적고 있다.

다음 날인 2월 24일에는 비가 내려 지척도 분간하기 어려운 상황에서 산길을 따라 마복산 아래의 사량으로 가서 다시 배를 탔고, 해가 저물 무렵에 사도고흥군 영남면 금사리에 도착했다. 25일 사도진을 둘러본 이순신은 전쟁 준비에 결함이 많음을 보고 첨사 김완과 군관, 색리들에게 벌을 주었다.

사도 첨사 김완과는 처음부터 별로 사이가 좋지 않았던 것 같다. 영천 출신의 무인인 김완은 1577년선조 10년 무과에 급제하여 1589년 사도 첨사가 되었고, 임진왜란이 일어나자 이순신 휘하에서 척후장으로 활약했다. 정유재란 때 이순신이 파직 당하고 원균이 삼도수군통제사가 되자, 권준 등 이순신 막하의 장수들은 사직했지만 김완은 원균을 보좌했다. 그리고 1597년 7월 칠천량해전 직전에 벌어진 부산포 앞바다의 절영도외양해전에서 포로가 되어 일본으로 압송되었다가, 1598년 1월 탈출하여 4월 18일 다대포로 돌아오게 된다.

2월 26일 아침 일찍 사도를 출발한 이순신은 개이도여수시 화정면 개도에서 마중 나온 방답의 배들과 만나 입부立夫 이순신李純信이 있는 방답진여수시 돌산읍 군내리으로 향했다. 입부 이순신은 전주 이씨이며, 덕수 이씨인 충무공 이순신李舜臣과는 한글로 동명이인이다. 활을 잘 쏘는 명궁이었던 입부 이순신은 충무공 이순신과 각별한 우정을 나누는 사이로, 1577년선조 10년 무과에 급제하여 선전관, 강진 현감, 온성부 판관 등을 지낸 후 임진왜란 직전에 방답 첨사로 근무하고 있었다. 2월 27일 이순신은 방답진의 방비를 점검하고 늦게 출발하여 경도를 거쳐 여수 본영으로 돌아왔다.

예하부대 순시와는 별도로 이순신은 본영의 방비도 튼튼히 했다. 성곽을 보수하고 소포 해저에 철쇄를 걸기 위해서 선생원여수시 율촌면 신산리에서 돌을 실고 왔다. 선생원은 조선시대 역원제도驛院制度에 의해 여행하는 관리들이 머물고 가는 원院이 있던 곳이다. 원 터가 있었던 곳은 현재 율촌면 신산리이고, 원에 공급할 말을 키우던 곳은 신풍리 산곡마을이다. 선생원 채석장이 있던 곳은 현재 여수공항 관재탑 근처신풍리 337번지 일대로, 이순신의 본영과는 꽤 멀리 떨어져 있다.

2

전쟁이 시작되다

::

왜군의 조선 출병로

조선 침략의 전진기지, 나고야

일본 통일의 꿈을 이룬 도요토미 히데요시는 1590년부터 조선과 명나라에 대한 침략을 계획했다. 그는 대륙을 경영하여 통일에 기여한 부하들에게 봉토를 나눠주겠다고 약속했다. 1591년 8월, 도요토미는 전국의 영주들인 다이묘들에게 규슈 지방의 나고야에 조선 침략을 위한 전진기지를 건설하게 했다. 그 당시 나고야는 조선으로 가장 쉽게 건너갈 수 있는 항구이자 수천 척의 선박이 안전하게 출입할 수 있는 곳이었다. 도요토미는 다이묘들을 나고야에 집결시켜 가장 빠른 시일 내에 궁과 성채를 축조할 것을 명령했다.

가토 기요마사加藤淸正가 공사감독을 맡아 총면적 약 50만 평의 성을 축성하고 사방 3킬로미터 이내에 130여 번국 영주들의 진영을 건설하는 거대한 토목공사를 벌였다. 얼마나 공사를 서둘렀는지 착공

6개월 만에 본성이 완공되었으며, 다이묘들의 진영도 8개월 만에 완성되었다. 본성을 축조하는 데 드는 비용은 규슈 지역의 다이묘 20여 명이 분담했고, 나머지 공사는 전국 다이묘들의 책임 아래 시행되었다. 도요토미는 조선 침공의 중간 기착지인 이키壹岐 섬과 대마도에도 성을 쌓고 궁을 지을 것을 명령했다.

1592년 3월 26일 개전 지시를 내린 도요토미는 교토를 떠나 규슈의 나고야 성으로 향했다. 그리고 곧바로 원정군을 편성하여 조선 침략에 나섰으며, 자신은 나고야 성에서 전군을 지휘할 계획을 세웠다. 일본군은 총 9개의 부대로 나뉘어 순차적으로 침략을 개시했다. 제1군 대장 고니시 유키나가小西行長를 선두로 총 15만 8,700명의 육군 정규 병력이 조선 침공에 나섰고, 도도 다카토라藤堂高虎 등이 인솔한 수군 9,000명도 참전했다. 구니베宮部長熙가 이끄는 1만 2,000명은 바다를 건너와 후방 경비를 담당했다. 이밖에도 부산으로 건너와서 침략군의 배를 관리하는 비정규 병력까지 합치면 침략군은 전체 20여만 명이나 되었다.

중간 기항지 이키 섬과 대마도
이키 섬

나고야 성을 출발한 일본군은 이키 섬을 경유하여 대마도로 건너갔다. 규슈와 대마도 사이에 있는 이키 섬이키시마은 본섬을 포함하여 주위 20여 개의 부속 섬을 부르는 말로, 고려시대 여몽연합군에 의해

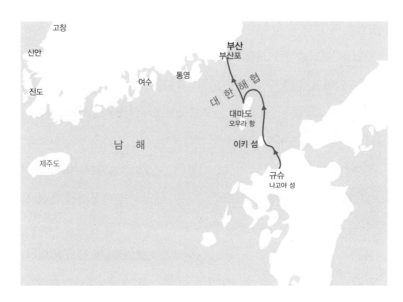

전국을 통일한 도요토미는 이키 섬과 대마도를 중간 기착지로 삼아 조선을 침략했다.

한때 정복되기도 했던 곳이다. 나고야에서 35킬로미터 가량 떨어져
있어 나고야 성에서 출발한 일본 전선들이 약 5시간이면 이키 섬에
도착할 수 있었다.

대마도

부산에서 대마도까지의 거리는 50킬로미터로, 날씨가 맑은 날에 부
산에서 바라보면 대마도가 훤히 보이며, 밤에 대마도에서 보면 부산
의 불빛이 보일 정도로 가까운 거리에 있다. 그러나 날씨가 조금만
흐리거나 안개가 끼면 시야에서 완전히 사라진다. 임진왜란 당시 무

동력선으로 대한해협을 건너려면 반드시 중간 기착지인 대마도에 정박하여 일기를 살펴야 했다. 날씨가 맑고 바람이 세지 않아 파도가 잔잔한 날 아침 일찍 대마도에서 출발하여 일몰 전에 부산까지 오는 것이 그 당시의 항해술로는 최선의 방법이었다. 바다 날씨는 변화무쌍하기 때문에 자칫 불순한 날씨에 대규모 선단을 출발시켰다가 중간에 짙은 안개나 풍랑을 만나면 방향감각을 잃고 조류에 밀려 표류하기 십상이었다. 따라서 일본군은 대마도를 중간 기착지로 정하고 조선 공략에 나섰다.

일본 규슈의 나고야 성에서 순차적으로 출정한 15만 8,700명의 일본군이 이키 섬과 대마도를 경유하여 부산포에 당도한 것이 1592년 4월 13일이다. 아침 8시경에 대마도 오우라 항大浦項을 출발한 왜군은 약 9시간에 걸쳐 오후 5시 무렵에 부산포에 도착했다. 오우라 항에서 부산까지의 직선거리가 50킬로미터이니 일본 전선들의 속력은 시속 5~6킬로미터 정도였다고 추정된다. 더 빨리 달릴 수도 있었으나 대규모 선단이 대오를 갖추어 오다 보니 약간 늦어질 수밖에 없었다.

일본군이 양력 5월을 출전일로 정한 데에는 충분한 이유가 있었다. 대한해협은 겨울은 물론이고 이른 봄까지도 기상의 변화가 심하고 북서풍이 세차게 부는 곳이다. 그리고 6월이 되면 본격적인 장마가 시작되고 그 이후 여름부터 가을까지 태풍이라는 거대한 변수가 생긴다. 그래서 일본군은 동남풍이 불기 시작하는 양력 5월에 대마도를 거쳐 조선을 침공하는 방법을 선택했다.

봉수대에 피어 오른 급보

일본군의 침략을 가장 먼저 확인한 곳은 가덕진 응봉부산시 강서구 천성동에 있는 봉수대였다. 봉수대의 책임자인 이등과 서건 등이 1592년 4월 13일 오후 4시 무렵 90여 척의 왜선이 대마도를 출발하여 경상좌도의 추이도부산시 사하구 대대동 쥐섬를 지나 부산포로 다가오는 것을 발견했다. 당시 일본에서 오는 배는 무역선인 세견선歲遣船일 가능성이 많았으나 이날따라 수많은 배들이 연이어 나오는 것을 보고 수상하게 여긴 봉수군들은 즉시 가덕진부산시 강서구 가덕동 성북리 첨사 전응린과 천성보부산시 강서구 가덕동 천성리 만호 황정에게 다급히 상황을 알렸고, 이를 보고받은 경상우수사 원균이 전라좌수영의 이순신에게도 급히 공문을 보냈다. 같은 날 이순신에게 보낸 원균의 다른 공문에는 가덕진 첨사 전응린이 경상좌수사 박홍에게 왜선 150여 척이 해운대와 부산포로 향하고 있다고 보고했다는 기록이 남아 있다.

　봉수烽燧는 밤에는 횃불, 낮에는 연기로 전선의 상황을 전달하는 전통적인 통신수단으로, 국가의 정치군사적 전보 기능을 위해 사용되었다. 총 5개의 횃불구멍을 통해 상황을 전달했는데, 평상시에는 밤낮으로 봉수 1개, 적이 국경 근처에 나타나면 봉수 2개, 국경선에 도달하면 봉수 3개, 국경선을 침범하면 봉수 4개, 적과 아군 사이에 전투가 벌어지면 봉수 5개를 올렸다. 해상의 경우 평시에는 1개, 적이 바다에 나타나면 2개, 해안에 가까이 오면 3개, 우리 병선과 접전하면 4개, 육지로 침입하면 5개를 올렸다.

봉수의 격식이 규정화된 것은 고려시대이지만 봉수제도가 확립된 것은 조선시대에 이르러서다. 전국의 모든 봉수가 모이는 한양 목멱산남산 봉수는 경봉수라고 하며, 변방에 있는 봉수는 연변봉수, 연변봉수 사이에 있는 많은 중간봉수는 내지봉수라고 했다. 이런 봉수길은 5개가 있어 국경이나 해안에서 부터 서울까지 오도록 되어 있었다.

봉수에 불을 피우고 신호를 관찰하기 위해서는 봉수대에 늘 사람이 있어야 했다. 봉수대에서 임무를 수행하는 사람들을 봉수군이라고 하는데, 봉수에 따라 4~10명의 봉수군이 있었으며 두 패로 나뉘어 10일씩 교대 근무를 했다. 날씨가 좋지 않아 연기와 불빛이 보이지 않으면 봉수군은 다음 봉수까지 직접 달려가 상황을 알려야 했다. 봉수 책임자는 관할지역 수령에게 보고했는데, 봉화가 끊기거나 잘못 되었을 경우 그 책임은 수령에게 있었다. 봉수대에 올린 봉화는 동서남북 어디에서든지 12시간이면 한양에 도착하는 것이 원칙이었다. 1592년 4월 13일 가덕진 응봉에서 바다를 관찰하던 봉수군들은 봉수로 왜군의 침입을 알렸고, 그렇게 7년의 임진왜란이 시작되었다.

개전 초기 이순신의 기록

가덕진 응봉에 이어서 왜군의 침입을 발견한 곳은 부산의 황령산 봉수였다. 1592년 4월 16일 이순신이 선조에게 올린 장계에 자세한 내용이 나온다.

전라좌수사 이순신은 사변에 대비하는 보고서를 올립니다. 4월 15일 오전 8시에 발송한 경상도관찰사 김수의 공문을 오늘 4월 16일 오전 8시에 받아보았습니다. 공문 내용은 다음과 같습니다.

'4월 13일에 왜선 400여 척이 부산포 건너편으로 와서 정박했는데 적의 세력이 벌써 이렇게까지 되었습니다. 이는 매우 염려스러운 일로 사변에 대비할 일은 차차 전하겠습니다.'

이처럼 적의 세력이 불길처럼 엄청나게 일어났으니, 부대를 나누어 침범해올 기미가 아주 많습니다. 그래서 저도 군사와 전선을 정비하여 바다에서 사변에 대비하고 있습니다. 전라도관찰사이광와 병마절도사최원, 우수사이억기에게도 급히 알려주었습니다. 아울러 소속 관포에도 공문을 보내어 살피고 망보는 일을 철저히 하고 무기와 비품을 잘 정비하여 사변에 대비하라고 지시하였습니다. 정중하게 예를 갖추어 보고 올립니다.

1592년 4월 16일 오전 8시 절도사 이순신 올림

상황이 다급함을 직감한 이순신은 오전 8시에 올린 보고서에 이어 그날 밤 10시에 재차 보고서를 작성하여 선조에게 보냈다.

전라좌수사 이순신은 사변에 대비하는 보고서를 올립니다. 경상우수사 원균이 4월 15일 오후 6시에 발송한 공문을 오늘 4월 16일 밤 10시에 받았습니다. 공문 내용은 다음과 같습니다.

'4월 14일 밤 8시에 발송하여 16일 오후 6시에 도착한 경상우병사 김성일의 공문과, 4월 14일 발송하여 15일 오후 4시에 도착한 경상좌수사박홍의 공문을 받았습니다. 4월 14일 새벽 6시경 황령산부산시 연제구 연산동에 봉수군으로 나가 있던 배돌이 와서 보고하기를, 왜군이 부산포의 우암부산시 남구 우암동에서 3개 부대가 진을 치고 있다가 해 뜰 무렵에 부산포의 성을 포위하고 공격하는데 대포 소리가 천지를 흔드는 듯했다고 합니다. 부산포가 이 지경인데 서평포부산시 사하구 구평동와 다대포부산시 사하구 다대동는 벌써 길이 막혀 구원병마저 접근하지 못하여 참으로 안타깝고 민망하다는 내용입니다. 그래서 나도 제승방략에 의거하여 방비를 튼튼히 하고 굳게 지켜 적을 막는 일을 조치하고 임금님께 보고를 올렸습니다.'
정중하게 예를 갖추어 보고 올립니다.

1592년 4월 16일 밤 10시 절도사 이순신 올림

::
임진왜란 7년의 기록

1592년 임진년에 일본이 조선을 침공한 것이 임진왜란이고, 강화협상이 결렬되자 왜군이 1597년에 다시 침입해온 것이 정유재란이다. 일반적으로 이 둘을 합쳐서 임진왜란이라고 한다. 일본에서는 '분로쿠게이쵸文祿慶長의 역役'이라고 하는 임진왜란은 7년 동안 동아시아 전체를 휩쓸었던 국제전쟁이었다. 조선, 일본, 명나라 모두 많은 인명 피해를 입었을 뿐만 아니라 전란이 끝난 후 일본은 정권이 교체되었고, 명은 그 영향으로 나라가 망했다. 무능한 선조가 이끄는 조선 조정만 전란 후에도 변함없이 이어졌다는 것은 역사의 아이러니가 아닐 수 없다.

계속되는 패전의 소식

일본의 선봉부대인 고니시 유키나가가 이끄는 제1군은 1592년 4월 13일 오전 8시 무렵 대마도 오우라 항을 떠나 오후 5시에 부산포 절영도 앞바다에 도착했다.

4월 14일 부산포에 상륙한 일본군을 맞아 부산진 첨사 정발이 민관군 합동으로 부산진성을 사수했으나 한나절도 버티지 못하고 함락되었다. 다음 날 왜군은 동래산성을 공격했고 동래 부사 송상현이 성 안의 백성들과 함께 결사 항전을 했으나 안타깝게도 모두 순절하고 말았다. 이후 고니시의 제1군은 아무런 저항도 받지 않고 양산, 밀양, 청도, 대구, 선산을 거쳐 상주로 진출했다

가토 기요마사의 제2군 역시 규슈의 나고야 성을 출발한 후 이키섬과 대마도를 경유하여 4월 18일 부산포에 상륙했다. 가토의 군대는 경상좌도를 따라 북상하면서 기장을 거쳐서 언양성을 함락시키고 경주, 영천, 신령, 의흥, 군위, 비안, 풍문을 거쳐 고니시의 제1군과 합류하여 충주로 올라갔다.

구로다 나가마사黑田長政의 제3군은 4월 19일 다대포에 상륙한 후 4월 29일 동래를 거쳐 김해로 진출하여 경상우도를 따라 북진하면서 추풍령을 넘어 충청도 영동을 통해 청주 방면으로 향했다.

모리 가쓰노부毛利勝信와 시마즈 요시히로島津義弘가 이끄는 제4군은 김해에서 제3군과 함께 창녕을 점령한 다음 성주와 개령을 거쳐 추풍령 방면으로 향했다. 후쿠시마 마사노리福島正則 등이 인솔한 제5군은 4군의 뒤를 이어 부산에 상륙하여 북진했고, 고바야카와 다카카게小早川隆景가 이끄는 제6군과 모리 데루모토毛利輝元 등이 이끄는 제7군은 후방을 지키며 북상했다. 우키타 히데이에宇喜多秀家의 제8군은 5월 초 부산에 상륙하여 한양이 함락되었다는 보고를 받고 한양을 향하여 급히 북상했다. 그리고 제9군은 4월 24일 이키 섬에 남아 대기하고 있었다.

왜군이 대거 침입했다는 급보가 조정에 전달된 것은 일본의 침략이 시작된 지 4일째 되는 날이었다. 경상좌수사 박홍으로부터 부산

진성이 함락되었다는 보고가 올라왔다. 조정에서는 급히 이일을 순변사로 임명하여 문경새재를, 성응길을 좌방어사에 임명하여 죽령을, 조경을 우방어사로 삼아 추풍령을 방어하도록 했다. 급한 대로 영남에서 서울로 오는 세 곳의 관문을 막기로 한 것이다. 그러나 전장으로 이끌고 내려갈 군사가 없었다. 이일은 명령을 받은 지 3일 만에 홀로 떠나야 했다. 곧이어 신립이 도순변사의 직책을 맡아 이일의 뒤를 따라 떠났고, 좌의정 유성룡이 도체찰사를 맡아 전군을 지휘하게 되었다.

이때 경상감사 김수는 각지에 공문을 보내어 각자 소속 군사를 이끌고 안전한 곳에 모여 한양에서 내려오는 장수를 기다리게 했다. 문경 이남의 수령들은 소속 군사를 데리고 대구천변에 나가 순변사 이일을 기다렸으나, 며칠이 지나도 도착하지 않았다. 그러던 중 왜군이 점차 다가오자 군사들이 동요하기 시작했다. 마침 폭우가 내려 짚으로 만든 비옷이 젖은 데에다 군량 보급마저 끊기자 군사들은 밤중에 모두 흩어져버렸고, 결국 조선의 군대는 싸워보지도 못하고 궤멸되었다. 수령들은 서둘러 순변사 이일이 있다는 문경으로 향했으나 고을은 이미 텅 비어 있었다. 군량 창고를 털어 간신히 이끌고 온 잔여 군사를 먹이고 함창을 거쳐서 상주에 이르렀지만, 목사 김해는 산속으로 숨어버리고 판관 권길이 혼자서 읍을 지키고 있었다. 상주에 도착한 이일은 권길에게 군사가 없음을 꾸짖으며 그의 목을 베려 하자, 권길은 용서를 빌며 자신이 나가 군병을 모아오겠다고 했다. 권길이 밤새 촌락을 탐색하여 수백 명의 군사를 불러 모았으나, 모두 군사 훈련을 받아보지 못한 농민들이었다.

이일은 상주에서 하루를 머물면서 창고를 열고 곡식을 풀어 흩어진 백성들을 모이게 했다. 그러자 산속에 숨어 있던 사람들이 하나둘 모여들어 수백 명에 이르렀다. 상주에서 모은 사람과 서울에서 내려온 사람을 합쳐 800~900명으로 급히 부대를 편성한 이일은 상주 북천변에 방어진을 쳤다. 그러나 고니시 군의 갑작스런 급습으로 대패했고, 조선군의 전의는 땅에 떨어졌다. 이일은 홀로 문경으로 탈주하여 상주에서의 패전을 조정에 보고했다. 그리고 물러나 조령을 지키려 했으나, 도순변사 신립이 충주에 와 있다는 소식을 듣고 그곳으로 달려갔다.

신립은 고니시 부대가 4월 26일에 조령을 넘어 다음 날 충주로 들어온다는 소식을 듣고 8,000여 명의 군사를 이끌고 남한강변의 탄금대에서 배수진을 치고 일전을 각오하고 있었다. 4월 28일 왜군이 단월역丹月驛을 따라 길을 나누어 공격해왔다. 여진족을 방어하기 위하여 함경도에 있을 때부터 기병전술에 뛰어났던 신립은 말을 달려 두어 차례 적진으로 돌진했다. 그러나 폭우로 주변 일대가 진흙탕이 되면서 말이 제대로 움직일 수 없었다. 결국 조선군은 거의 전멸했고 신립은 강물에 투신하여 스스로 목숨을 끊었다. 이일은 이곳에서도 천신만고 끝에 탈주하는 데 성공했다.

고니시의 제1군은 가토의 제2군과 충주에서 잠시 합류했다가 다시 진로를 달리했다. 고니시 군은 경기도 여주로 진출하여 강을 건너 동로로 빠지고, 가토 군은 죽산, 용인으로 진출하여 한강변에 이르렀다. 한편 4월 25일 성주에 도착한 구로다와 모리의 제3군은 추풍령을 넘어 충청도 영동으로 진출하여 청주성을 함락시키고 경기도를 거쳐 한양으로 향했다.

피난길에 오른 조선 조정

4월 29일 충주의 패보가 조정에 전해지자, 다음 날 선조는 곧바로 피난길에 올랐다. 맏아들 임해군은 함경도로, 셋째 아들 순화군은 강원도로 보냈다. 순화군은 일본군이 강원도에 들어오자 북으로 향하여 나중에 임해군과 합류했다. 선조 일행이 서쪽으로 피난길에 오르기에 앞서 이양원을 유도대장에 임명하여 도성을 수비하게 하고, 김명원을 도원수로 삼아 한강을 방어하도록 했다. 이 무렵 왜군이 곧 서울에 다다를 것이라는 이일의 장계가 도착했다.

1592년 4월 30일 급히 피난길에 오른 선조의 뒤를 세자 광해군이 따랐고, 신성군과 정원군이 광해군의 뒤를 이어 서대문을 통해 도성을 떠났다. 왕비와 궁녀 수십 명도 뒤를 따랐다. 달도 없고 비까지 내려 한치 앞도 분간하기 어려운 밤이었다. 왕이 한양을 버리고 떠나자 분노한 백성들이 노비문서를 보관하고 있던 장례원과 형조에 불을 질렀고 경복궁에도 불을 질렀다. 한양을 떠난 지 3일 만에 선조 일행은 개성에 도착했다.

5월 2일과 3일에 고니시와 가토의 부대가 각각 한양에 도착했다. 유도대장 이양원은 도성 수비를 포기하고 후퇴했고, 한강을 방어하던 도원수 김명원 또한 한강 수비가 불가능함을 깨닫고 임진강으로 퇴각했다. 이때 부원수였던 신각은 유도대장 이양원을 따라 양주로 가서 함경도에서 온 병마사 이혼의 원군과 합세하여 해유령전투에서 승리를 거두었다. 1592년 5월 16일 양주에서 파주 광탄으로 넘어가는 고개인 해유령에서 거침없이 북진하는 왜군을 상대로 승리를 거둔 해유령전투는 선조가 평양을 거쳐 의주로 도망치고 있는 상황에서 이뤄낸 임진왜란 최초의 승리였다.

그러나 한강 방어사령관이었던 도원수 김명원은 선조에게 신각이 한강 방어전에서 도망쳤다는 허위 보고를 올렸고, 이에 분노한 선조는 신각을 참형에 처하라는 명령을 내렸다. 그날 오후 늦게 해유령전투의 승리를 보고받은 선조가 급히 선전관을 보내 사형의 집행을 막으려 했으나, 신각은 이미 사형을 당한 후였다.

한편 개성에 머물고 있던 선조 일행은 도성이 적에게 함락되었다는 소식을 듣고 행재소를 다시 평양으로 옮겼다. 이어 5월 18일 김명원의 임진강 방어선마저 무너지며 개성이 함락되고 왜군이 계속 북상한다는 소식을 들은 선조는 평양마저 포기하고 의주로 떠났다. 전라도 쪽에서 한양을 수복하기 위해 북상 중이던 대규모 관군마저 6월 5일 용인전투에서 소수의 적군에게 대패하자 더 이상 관군에게는 어떤 기대도 할 수 없었다.

임진강을 건넌 왜군은 세 갈래로 나뉘어 북상했다. 고니시 군은 평안도 방면으로 진출하여 6월 15일에 평양성을 함락시켰다. 함경도로 진출한 가토 군은 함경도 감사 유영립을 체포했고 병마절도사 이혼은 배반한 백성들에게 잡혀 피살되었다. 함경도로 피난해 있던 임해군과 순화군도 분노한 백성들에게 잡혀 왜군의 포로가 되며 함경도 전체가 적의 수중에 떨어졌다. 황해도로 올라간 구로다 군은 해주를 본거지로 삼고 대부분의 고을을 침범하여 약탈과 살상을 자행했다. 이렇게 상황이 악화되자 조선 조정은 1592년 6월 14일 광해군 분조를 발족했다. 선조가 전사하거나 명나라로 망명할 경우에 대비하여 또 하나의 임시정부를 만든 것이다. 광해군은 신하 10여 명을 이끌고 평안도 맹산과 양덕, 황해도 곡산을 거쳐 강원도 이천에 자리 잡은 다음 전국의 의병장들에게 상을 내리고 그 공을 격려하는 등의 활동을 벌였다.

조선의 반격

관군들이 속수무책으로 무너지자 1592년 6월부터 조선 전역에서 의병과 승병이 일어나 무능한 관군을 대신하여 왜군에게 대항하기 시작했다. 최초로 의병을 일으킨 홍의장군 곽재우는 경상도 의령에서 일어나 낙동강을 오르내리며 왜군과 싸워 의령, 삼가, 합천, 창녕, 영산 등 여러 고을을 수복했다. 정인홍은 합천에서 의병 3,000명을 모아 성주, 합천, 함안 등지를 방어했다. 김면은 거창, 고령 등지에서 의병을 규합하여 관군과 합세하여 지례와 무계에서 적의 선봉을 물리 쳤다. 경상좌도에서 일어난 권응수는 의병을 이끌고 영천성을 탈환 했다.

호남에서는 고경명과 김천일이 일어났다. 고경명은 담양에서 의병을 모아 근왕병을 이끌고 선조가 있는 행재소로 향하던 중 1592년 7월 9일 금산에서 벌어진 전투에서 전사했다. 나주에서 의병을 일으켜 수백 명을 이끌고 선조가 있는 평안도로 향하던 김천일은 한강변의 왜군 진영을 기습하여 큰 피해를 주었다.

충청도에서는 조헌이 공주와 청주를 오가며 의병을 모집하여 옥천에서 봉기했다. 조헌은 승병장 영규가 이끄는 승군 500여 명과 합세하여 청주성을 회복했으나 1592년 8월 18일양력 9월 23일 금산성 탈환 전투에서 모두 장렬하게 최후를 맞고 말았다. 경기도에서는 홍계남과 우성전이 일어나 안성 등에서 게릴라전을 펼친 끝에 경기도에 인접한 충청도를 보전하고 강화와 인천 등지를 수비하는 데 일익을 담당했다.

황해도에서는 이정암이 궐기하여 연안성을 중심으로 의병 활동을 벌였다. 당시 황해도에는 왜장 구로다가 온갖 만행을 저지르고 있었는데, 이정암은 1592년 9월 2일양력 10월 6일 연안성을 사수하면서 5,000명에 달하는 구로다의 병력을 물리쳤다. 이 덕분에 명나라 원군이 강화도와 연안을 통하여 의주의 행재소까지 이를 수 있었다. 함경도 경성에서 의병을 일으켜 의병장으로 추대된 정문부는 1592년

9월 16일 경성을 탈환하고 가토 군을 격파하면서 함경도를 수복하는 데 큰 공을 세웠다.

의병 중에서도 승병의 활약이 컸다. 묘향산에서 수도하던 서산대사는 승군을 일으키고 각 사찰에 격문을 보냈고, 영규, 처영, 유정, 의엄 등 서산대사의 제자들이 각지에서 승군을 일으켰다.

한편 남해 바다를 지키고 있던 이순신은 선조가 평양으로 향하던 1592년 5월 7일 옥포해전을 필두로 연전연승을 거두었다. 그리고 그해 7월 8일 한산대첩에서 왜 수군의 주력 부대를 궤멸시키고 남해 바다의 제해권을 확보하면서 적의 해상 병참선을 끊어버렸다. 이는 임진왜란의 전세를 바꾸는 전기가 되었다.

조선 육군의 반격도 시작되었다. 1592년 9월 27일양력 10월 31일 경상도 육군 유숭인 부대가 창원성에서 공방전을 펼쳤으나 중과부적으로 진주로 후퇴했다. 10월 5일부터 10월 10일까지 계속된 제1차 진주성전투에서 진주 목사 김시민이 이끄는 조선 육군 3,800여 명과 곽재우가 이끄는 의병부대가 합세하여 왜군 3만 명을 물리치고 진주성을 사수했다. 이로써 왜군의 전라도 진출을 막을 수 있었다.

명나라의 원군과 강화협상

일본군에 쫓겨 피난길에 오르면서 선조는 명나라에 사신을 보내 파병을 요청했고, 1592년 6월 15일 변방을 지키던 요양 부총병 조승훈祖承訓이 5,000명의 선발대를 이끌고 압록강을 넘어왔다. 명나라 조정에서 직접 파견한 군사가 아닌 국경 수비병들이었다. 이들은 우선 고니시가 지키고 있던 평양성을 공격하기로 했다. 평양에 도착한 명나라 부대는 1592년 7월 17일 비바람이 치는 밤을 이용하여 평양성을 공격했으나 적의 기습을 받아 대패하고, 우참장 대조변戴朝弁과 유격 사유史儒 등이 전사했다. 조승훈이 남은 병사들을 수습하여 퇴각하며 제1차 명나라 원군의 전투는 실패로 돌아갔다.

이보다 앞서 전쟁이 일본의 예상대로 순조롭게 진행되지 않자 고니시는 임진강과 대동강에 이르렀을 때 두 차례에 걸쳐 강화를 요청했으나 성사시키지 못했다. 그래서 명나라 원군이 들어온 것을 계기로 다시 강화를 요청해왔다. 다른 나라의 싸움에 휩쓸리는 것을 탐탁치 않게 여겼던 명나라도 조승훈의 선발대가 패하자 화의에 응할 뜻을 보였고, 심유경沈惟敬을 책임자로 보내 강화교섭을 시작했다. 8월 29일 평양에서 고니시를 만나 서로의 강화조건을 논의한 심유경은 본국에 돌아가 50일 이내에 구체적인 조건을 가지고 오겠다고 약속했다. 그동안 일본군은 평양 이상은 침입하지 않고 조선군도 남쪽에서 작전을 벌이지 않는 데에 합의했다.

심유경은 약속대로 11월 14일에 돌아와서 고니시를 만나 임의로 화의를 성립시키려 했다. 원군의 제1차 전투에서 패배한 명나라는 화전양론의 격론 끝에 파병으로 결론을 내리고, 감숙성甘肅省 영하寧夏에서 반란을 평정하고 복귀한 이여송李如松을 동정제독으로 삼아 2차 원병을 보내기로 했다. 1592년 12월 25일 이여송은 4만 3,000여 명의 군사를 거느리고 부총병 양원楊元을 좌협대장으로, 부총병 이여백李如柏을 중협대장으로, 부총병 장세작張世爵을 우협대장으로 삼아 압록강을 건너왔다.

명나라의 제2차 원군이 압록강을 건너기에 앞서 1592년 10월 관군과 휴정이 이끄는 승군이 평양성을 탈환하려는 움직임이 있었고, 11월에는 승군이 단독으로 평양성으로 진격하려는 시도가 있었다. 그러나 심유경이 적진에서 강화협상을 진행하고 있으니 그가 귀환하는 것을 기다려 관군과 합세하여 공격하는 것이 옳다는 주장으로 때를 잃고 말았다.

명나라 이여송의 선발대가 1592년 12월 10일 압록강을 건너고 12월 25일에는 4만여 명의 본대가 압록강을 건넜다. 이들이 1593년 1월 초 평양 근방에 이르자 조선의 순변사 이일과 별장 김응서가 관군을 이끌고 합세했다. 서산대사 휴정이 이끄는 승군 수천 명도 합세하여 1593년 1월 6일 평양성 공격이 시작되었다. 조명 연합군의 맹렬한 공격에 고니시 부대는 1월 9일 성에 불을 지르고 그 길로 성을 빠져나와 얼어붙은 대동강을 건너 도주했다. 이때 서산대사가 이끄는 승군이 모란봉전투에서 많은 적을 사살하여 평양 수복에 큰 도움을 주었다.

고니시는 밤낮으로 퇴각하여 1월 10일 배천에 당도했다. 황해도 해주에 머물고 있던 구로다는 고니시를 먼저 후퇴하게 하고 자신도 군사를 거두어 개성으로 철수했다. 좌의정 유성룡은 황해도 방어사

이시언과 김경로를 시켜 관군을 이끌고 고니시 군의 퇴로를 끊어 전과를 올렸다.

한편, 평양성을 탈환한 이여송이 그 길로 바로 남진하여 개성으로 진격하자 개성을 지키고 있던 왜장 고바야카와는 함께 머물던 구로다와 함께 한양으로 퇴각하기 시작했다. 일본군이 싸우지도 않고 계속 퇴각하자 이여송은 적을 얕잡아보고 바로 그 뒤를 추격했다. 이를 알아차린 일본군 진영에서는 고바야카와에게 한양의 북쪽 40리 지점인 벽제관 남쪽의 여석령에 정예병을 매복하게 하고 명나라 군이 지나가기를 기다렸다가 급습했다. 예상치 못한 적의 급습으로 벽제관전투에서 대패한 이여송은 기세가 꺾여 더 이상 진격을 못하고 개성으로 후퇴했다.

그리고 함경도에 있는 가토 군이 양덕, 맹산을 넘어 평양을 기습한다는 소문이 돌자, 이여송은 부총병 왕필적王必迪을 개성에 머물게 하고, 조선 장수들도 임진강 이북에 포진하도록 한 다음 다시 평양으로 물러났다. 한편 함경도 방면으로 진격한 가토는 평양성이 무너지고 고니시가 한양으로 퇴각한다는 소식을 듣고 퇴로가 차단될 것을 염려하여 철군을 서둘러 한양으로 후퇴했다.

평양성전투의 패배로 사기가 땅에 떨어졌던 일본군은 벽제관전투의 승리로 다시 기세를 회복하고 있었다. 이때 마침 전라감사 권율이 명군과 함께 도성을 수복하기 위해 북진하던 중 행주산성에서 배수진을 치고 있다는 소식을 듣고 1593년 2월 12일양력 3월 14일 도성에 머물던 일본 대군이 일시에 공격을 해왔다. 권율과 승병장 처영은 격전 끝에 그들을 물리치고 대승을 거두었다.

　명군은 다시 심유경을 한양의 일본 진영으로 보내 화의를 추진했다. 일본군은 각지의 의병 봉기와 명군의 진주, 보급 곤란, 전염병 유행 등으로 점차 전의를 잃어가고 있었다. 결국 왜군은 1593년 4월 18일 도성에서 철수하여 강원도와 충청도에 주둔한 병력을 포함하여 모든 부대가 남쪽 해안으로 내려갔다. 그리고 서생포울산에서 웅천창원시 진해구 웅천동에 이르는 사이에 성을 쌓고 화의 진행을 기다렸다.

　그러나 왜군은 화의가 진행되는 중에도 1593년 6월 29일양력 7월 27일 진주성에 보복공격을 가했다. 치열한 전투 끝에 의병장 김천일, 경상우병사 최경회, 충청병사 황진 등이 전사하고 성이 함락되며 성 안에 있던 수만의 백성이 희생되었다. 이것이 임진왜란 중 가장 치열했던 전투 중 하나로 손꼽히는 제2차 진주성전투이다.

　명나라 심유경이 일본군과 함께 일본의 도요토미 본영에 들어간 뒤 2~3년간 지속적으로 사신이 왕래했으나 화의는 결렬되었다. 도요토미는 명나라에 대하여 다음과 같은 강화조건을 제시했다. 첫째 명나라의 황녀를 일본의 후비後妃로 삼을 것, 둘째 무역증서제인 감합인勘合印을 복구할 것, 셋째 일본과 명나라 양국 대신이 각서를 교환할 것, 넷째 조선 8도 중 4도를 할양할 것, 다섯째 조선 왕자 및 대신 12인을 인질로 보낼 것, 여섯째 포로로 잡고 있는 조선의 두 왕자를 석방할 것, 일곱째 조선의 권신이 일본을 배반하지 않겠다는 서약을 할 것 등이었다.

　심유경은 이런 요구가 받아들여지지 않을 것을 알고 거짓으로 본국에 보고하여 도요토미를 왕에 책봉하고 조공을 허락한다는 내용의 봉공안封貢案으로 명나라에서 강화협상의 허가를 얻었다. 명나라는 심유경의 말대로 사신을 파견하여 도요토미를 일본 국왕에 봉한다는 책서와 금인金印을 전했으나 1596년 9월 3일 명나라 사신을 접견한 도요토미는 크게 노하여 이를 받지 않고 사신을 돌려보낸 뒤 다시 조선 침입을 시도했다. 본국으로 돌아간 심유경은 국가를 기만한 죄로 처단되었고, 이로써 오랫동안 이어지던 협상은 마침내 결렬되었다.

3

백의종군과 정유재란

::

이순신 제거를 위한 음모

이순신의 섬 한산도

임진왜란이 발발한 첫해인 1592년 전라좌수사를 지내던 이순신은 여수의 본영에서 경상도 해역으로 출동하여 수많은 전투를 승리로 이끌었다. 이듬해인 1593년 7월 14일양력 8월 10일 여수에서 한산도 두 을포통영시 한산면 의항마을로 진을 옮긴 이순신은 1597년 2월 26일양력 4월 12일 정유재란이 일어나고 파직될 때까지 1,340일 동안 한산도에서 머물렀다. 전란 기간 중 그가 가장 오래 머물렀던 섬이자 1,491일의 기록을 담고 있는《난중일기》중 1,029일 분이 쓰여진 한산도는 이순신의 섬이라 해도 과언이 아니다. 지금도 남아 있는 한산도의 지명 대부분도 임진왜란 때 조선 수군과 관련이 있다.

한산만으로 들어가는 입구에 있는 대섬竹島, 상죽도와 하죽도 두개의 섬은 조선 수군이 화살을 만들기 위해 대나무를 길렀던 곳이다. 대섬과

한산도에는 임진왜란 당시 조선 수군과 관련된 지명이 많이 남아 있다.

가까이 있는 작은 바위섬인 해갑도解甲島는 이순신이 한산대첩에서 승리한 후 잠시 올라가 갑옷을 벗고 땀을 닦았다는 이야기가 전해진 다. 해갑도 바로 곁에 높이 솟아 있는 고동산은 망을 보는 병사가 적 이 나타나면 고동을 불어 수루로 알려주던 곳이며, 한산도에서 가장 높은 산인 망산은 이순신이 망군을 내보낸 산으로, 그 아랫마을의 이

름도 망곡이다. 제승당으로 들어가는 입구인 대첩문 앞에는 임진왜
란 당시 조선 수군이 식수로 사용했던 우물도 남아 있다.

비추리는 조선 수군이 배를 만들던 곳이고, 염개에 있는 대고포
마을은 수군들이 먹을 소금을 만들던 염전이 있었던 장소이다. 창동
마을에는 둔전에서 경작한 군량미를 보관하는 창고가 있었고, 야소
는 야금을 하여 병기를 만드는 병기창이었으며, 진두는 조선 수군이
진을 쳤던 장소이다. 옷바위라고도 하는 의암衣巖은 조선 수군들이
빨래를 하여 옷을 말리던 바위이며, 메앨개라고도 불리는 하포는 군
수품을 하역하던 곳이다. 죽전은 화살을 만드는 대나무를 심었던 마
을이고, 진터골은 병사들을 훈련시키던 훈련장이며, 못골은 식수를
조달하기 위한 못이 있었던 곳이다.

두억개에는 왜군의 머리를 억 개나 베었다는 조금 과장된 전설이
전해지고, 의항蟻港마을에 있는 얕은 고개인 개미목에는 이순신에게
쫓긴 왜군들이 개미떼처럼 기어오르다 죽었다는 이야기가 내려온다.
한산대첩비가 있는 문어포마을은 현지의 어르신들 사이에서 '물어
포'라고 불리기도 하는데, 왜군 정탐선이 길을 물었을 때 조선의 민
초가 반대 방향을 알려주었다는 이야기가 전해지는 곳이다.

이밖에도 병사들이 숯을 굽던 곳에는 숯덩이골이라는 이름이 남
아 있고, 제승당 바로 서쪽의 돌출된 산등성이는 한산대첩에서 전사
한 왜군의 시체를 묻어준 곳이라 하여 매왜치埋倭峙라는 이름이 붙여
졌다. 한산정은 병사들에게 활 쏘는 훈련을 시키기 위해 만든 활터인

데, 바닷물이 들어오는 좁은 협곡을 사이에 두고 건너편의 과녁을 맞히도록 되어 있어 마치 움직이는 배 위에서 활을 쏘는 것처럼 실전 연습을 할 수 있었다. 이순신과 전란에 관련된 많은 사연과 이야기가 전해지는 한산도에는 여전히 이순신의 숨결이 그대로 남아 있다.

견내량 봉쇄를 위한 요지

이순신은 한산도에서 삼도수군통제사로 승진했고, 그곳에서 군량을 조달하고 무기와 화약을 대량으로 제조했다. 판옥선과 협선 등을 합쳐 250척 이상의 전선을 확보한 곳도 한산도였다. 의주로 피난을 간 조정에 건의하여 한산도에서 직접 무과를 보아 송여종 같은 탁월한 인재를 발탁하기도 했다.

이순신에게 한산도가 그렇게 중요했던 이유는 무엇일까? 첫째, 한산도는 지리적 요충지였다. 왜군이 웅포, 안골포, 부산포에서 곡창지대인 전라도 방면으로 진출하려면 괭이바다와 견내량을 지나야 하는데, 견내량을 막기 위해서는 그 바로 아래에 위치한 한산도가 최적의 장소였다. 왜군이 허를 찔러 거제도 남단을 돌아서 온다고 해도 바로 대처할 수 있는 곳 또한 한산도였다.

둘째, 한산도는 조정의 지원이 없어도 자급자족이 가능한 섬이었다. 함경도 조산보에서 만호로 근무할 당시 두만강 하구의 녹둔도라는 척박한 섬에서 둔전관을 겸임했던 이순신에게 한산도는 둔전을 경작할 수 있는 천혜의 땅으로 보였을 것이다. 이순신은 이 섬에서 논밭을 경작하여 식량과 부식을 확보하고, 고기를 잡아 해풍에 말려 건어물로 만들어 전투식량으로 보관했다. 고기를 잡거나 소금을 생산하고 질그릇을 구워 내다 팔아 식량과 바꾸기도 했다.

셋째, 한산도는 천혜의 조건을 갖춘 해군 기지였다. 수군 진영이 있던 두을포는 지금의 의항마을인데, 거기서 동쪽으로 약 400미터 떨어진 지점에 제승당이 있다. 제승당은 임진왜란 당시 운주당運籌堂이라 했다. 사마천의 《사기史記》에 나오는 '움직이는 군막에서 작전회의를 하는 집'이라는 뜻이다. 한산만은 북향이라 태풍을 비롯한 바람의 영향을 덜 받을 뿐만 아니라 바깥에서 보면 잘 보이지 않는 익곡만으로, 마치 강물처럼 깊숙이 흘러들어간 끝자락에는 수군 기지가 위치해 있었다. 명나라 장수 장홍유도 천혜의 수군 기지라며 감탄한 한산도는 적을 경계하고 군세를 확장할 수 있는 최적의 장소였고, 이순신은 이런 장소를 선택하는 탁월한 혜안을 가지고 있었다.

이중첩자 요시라의 간계

이순신이 한산도에서 견내량을 굳건히 지키며 왜군의 보급로를 차단하자 초반의 기세를 잃은 일본은 협상을 요청해왔고, 이후 전쟁은 소강상태에 접어들었다. 그러나 1597년 강화협상이 결렬되며 도요토미 히데요시는 재침을 명령했고, 1597년 1월 15일 고니시 유키나가와 가토 기요마사를 선봉장으로 하는 1만 4,500명의 군사가 다시 대한해협을 넘어왔다. 하지만 왜군 앞에는 또 다시 큰 걸림돌이 기다리고 있었다. 다름 아닌 이순신이었다. 도요토미 히데요시는 이순신이 한산도에서 남해 바다를 지키고 있는 한 이번에도 승리를 장담할 수 없다고 판단하고 이순신을 제거하기 위한 비밀 작전을 진행했다. 고니시 유키나가를 선발대로 상륙시키면서 조선말에 능한 요시라를 간첩으로 파견했다. 그의 임무는 일본군 본대가 도착하기 전에 이순신을 제거하는 것이었다.

고니시의 부하였던 요시라는 1597년 1월 11일 경상우병사 김응서에게 접근하여 가토가 서생포울산로 올라오는 날짜와 시간을 알려주며 이순신을 시켜 가토 함대를 공격하라고 제안했다. 자신이 모시고 있는 고니시는 전쟁이 아닌 화의를 원하는 사람이며, 강화협상이 결렬된 것은 전적으로 전쟁을 원하는 가토 때문이니 이순신이 가토만 제거해준다면 전쟁을 끝낼 수 있다는 것이 요시라의 말이었다.

이 말에 귀가 솔깃해진 경상우병사 김응서는 이 정보를 도원수 권율에게 알렸고, 권율도 이를 그대로 조정에 전했다. 이중간첩 요시라의 간계에 넘어간 조정은 그에게 도사都事라는 벼슬까지 내리면서 이순신에게 무리한 출병을 강요했다.

1597년 1월 14일 도원수 권율은 직접 한산도로 가서 이순신에게 요시라의 정보를 전하면서 출동명령을 내렸다. 그러나 그것이 첩자의 계략임을 간파하고 있던 이순신은 "적의 말만 믿고 출동한다면 적의 간계에 속을 위험이 있고, 풍랑이 심한 겨울바다에 판옥선 함대를 끌고 나가면 복병을 만나 위험에 처할 수 있으니, 추가로 정보를 수집하여 분석한 후 출동하겠다"라고 답했다.

며칠 후 다시 경상우병사 김응서를 찾은 요시라는 가토가 이미 서생포로 들어왔는데, 왜 자신이 알려준 시간에 나가서 가토를 요격하지 않았냐며 불만을 토로했다. 이런 사실은 다시 조정에 보고되었고, 윤두수를 비롯한 조정 대신들은 이순신을 탄핵하기 시작했다. 1597년 1월 23일 열린 어전회의에서 평소 이순신을 의심하던 선조의 내심을 잘 알고 있던 대신들은 이순신을 강하게 비난했다. 결국 2월 6일 이순신을 삼도수군통제사에서 파직하고 체포하라는 명령이 내려졌다. 이순신은 2월 26일 한산도에서 체포되어 3월 4일 서울의 의금부 전옥서에 구금되었다.

요시라가 알려준 정보가 거짓이었음은 곧 밝혀졌다. 요시라가 김응서에게 역정보를 흘렸을 때 이미 가토는 서생포에 도착해 있었다. 결과적으로 도요토미 히데요시의 이순신 제거 작전은 성공했고, 이순신을 대신하여 원균이 삼도수군통제사의 자리에 올랐다.

다시 시작된 전쟁

정유년 재침에서도 선봉으로 나선 고니시는 두모포기장로 상륙하여 2월에 부산의 옛 진영을 점령하고 장기간 머물 계획을 세웠다. 또 다른 선봉장인 가토는 기장에 주둔했다가 양산을 거쳐 서생포울산로 들어가 진을 쳤다.

3월 중순부터 왜의 대군이 속속 바다를 건너왔다. 대부분 임진왜란 당시에 침입해왔던 장수들로, 총병력은 14만 1,500여 명이었다. 임진년과 마찬가지로 수군은 도도 다카토라, 와키자카 야스하루脇坂安治 등이 지휘했다. 왜군은 먼저 동래, 기장, 울산 등을 점거하고 웅천, 김해, 진주, 사천, 곤양 등지를 왕래했다.

상황이 이렇게 되자 명나라는 병부상서 형개邢玠를 총사령관인 총독으로 임명하고, 재차 원군을 보냈다. 압록강을 건넌 명군은 양호楊鎬를 평양에 머물게 하고, 마귀麻貴가 먼저 서울에 들어와 6월에 장수들을 각 지역에 나누어 주둔하게 했다. 이에 따라 부총병 양원은 남원, 유격 모국기茅國器는 성주, 유격 진우충陳愚衷은 전주, 부총병 오유충吳惟忠은 충주에 각각 진을 쳤다.

1597년 7월 16일 칠천량해전에서 원균이 지휘하던 조선 수군이 거의 전멸하자 기세가 등등해진 도요토미는 육군으로 호남과 호서를 평정하고, 수군을 전라도 해안까지 진격시킨 후 서해를 통해 한양을 점령할 계획을 세웠다. 7월 28일부터 우키타 히데이에宇喜多秀家를 대장으로 한 육군 5만 명이 사천에서 하동을 거쳐 구례로 들어왔고, 그중 일부는 함양을 거쳐 운봉으로 들어와 남원을 협공할 태세를 갖추었다. 모리를 대장으로 한 육군 5만 명도 합천 초계와 함양 안의를 거쳐 전주로 향했고, 일부는 명나라의 모국기 부대가 지키는 성주로 우회하여 역시 전주 방면으로 향했다. 8월 14일부터 왜군은 남원성을 포위하고 공격을 시작했고 격전 끝에 8월 16일에 남원성이 함락되었다. 이 전투에서 병마절도사 이복남을 비롯한 많은 사람이 전사했고, 함께 싸웠던 명나라 부총병 양원만이 겨우 목숨을 부지하고 피신했다. 그리고 2,000명의 병력으로 전주를 지키던 명나라의 유격 진우충도 성을 버리고 도망쳐 전주성까지 함락되었다. 전주로 향하던 모리의 군대는 8월 16일 황석산성을 지키던 안음 현감 곽준 등의 치열한 반격을 받았으나 하루 만에 함락시켰고, 모리 휘하의 가토 군은 전주로 들어가 고니시 군과 합류했다.

이때 남쪽에서 퇴각한 명군은 한양을 지키기 위해 한강에 방어선을 쳤고, 경리 양호는 평양에서 급히 한양으로 내려와 왜군의 북침을 저지했다. 전주에서 합류한 왜군 가운데 모리와 가토의 부대는 전주와 공주를 거쳐 전의와 진천에 이르렀고, 그 일부인 구로다 군은 직산에까지 다다랐다. 이때 양호는 부총병 해생解生을 남쪽으로 가게 했는데, 1597년 9월 7일양력 10월 16일 벌어진 직산전투에서 조선의 권율과 합세한 조명 연합군은 구로다 군과 싸워 대승을 거두며 일본군의 북상을 완전히 차단했다.

칠천량해전에서 원균이 전사한 후 1597년 8월 3일 다시 삼도수군통제사로 복귀한 이순신은 9월 16일 명량에서 기적적인 승리를 거두며 서남해의 제해권을 지켜냈다. 겨울이 닥쳐오자 진로를 봉쇄당한 일본군은 10월부터 남해안으로 집결하기 시작했다. 퇴각한 일본군은 울산에서 순천에 이르기까지 남해안 곳곳에 성을 쌓고 주둔했다. 울산에는 가토와 나베시마 나오시게鍋島直茂의 부대가, 양산에는 우키다와 모리 군이, 사천에는 시마즈 군이, 남해도에는 다치바나 군이,

순천에는 고니시 군이 각각 진을 치고 있었다.

이때 명군은 적극적인 공세로 전환하여 수군과 육군의 원병이 더욱 많이 도착하기 시작했다. 이순신 또한 명량대첩 이후 서해를 유랑하다가 고하도를 거쳐 1598년 2월 7일 고금도로 진을 옮겨 최후의 일전을 준비하고 있었다. 7월에는 명나라 수군도독 진린陳璘의 수군 8,000여 명이 고금도로 와서 이순신과 합류했다. 이를 계기로 조명연합군은 일대공세를 취하기로 하고 사로병진四路竝進으로 일제히 남진하기 시작했다.

마귀의 동로군 2만 4,000명은 울산성의 가토 군을, 동일원董一元의 중로군 1만 3,500명은 사천성의 시마즈의 군을 공격하기로 했다. 유정劉綎의 서로군 1만 3,600명은 순천왜성의 고니시 군을 공격하기로 했으며, 진린의 수로군은 수군 1만 3,300명을 동원하여 통제사 이순신과 함께 고금도에서 발진하여 순천왜성을 협공하기로 되어 있었다.

하지만 도요토미 히데요시는 이미 1597년 8월 18일에 병사한 상황이었고, 일본군은 이를 철저히 비밀에 부친 채 도요토미의 유언에 따라 철군을 서두르고 있었다. 전세는 급변하기 시작했다. 명나라 장수 유정은 9월 중순에 순천의 고니시 군이 철수하여 귀환한다는 보고를 받고 9월 20일부터 이들을 공략했고, 이순신과 진린은 해상을 봉쇄하고 왜군과 수일간 격전을 벌였다. 다급해진 고니시의 구원 요청을 받은 시마즈가 사천성에서 병선 500여 척을 이끌고 1598년 11

월 18일양력 12월 15일 밤 남해 노량으로 습격해왔다. 그리고 임진왜란 최후의 결전인 노량해전이 시작되었다. 밤을 새워 싸운 이순신은 다음 날 아침 승리를 눈앞에 두고 관음포 앞바다에서 적탄에 맞아 전사했다. 그러나 승리했다. 이로써 동아시아 전체를 휩쓸었던 임진왜란은 끝이 났다.

::

백의종군과 수군 재건

두 번의 백의종군

이순신은 평생 두 번의 백의종군 처분을 받았다. 백의종군은 일반적으로 장수가 병졸의 신분으로 강등되어 복무하는 치욕적인 형벌로 알려져 있으나, 사실은 단순 보직해임 조치로 장수의 신분은 유지한채 업무에서 배제되는 처벌로 보는 것이 옳다. 1587년 이순신이 함경도 조산보 만호 겸 녹둔도 둔전관으로 근무할 때, 여진족의 기습공격을 받았다. 이순신은 이를 격퇴했지만 병마절도사 이일의 무고로 파직되어 백의종군을 하게 되었다. 이것이 제1차 백의종군이다. 백의종군 중이던 1588년 1월 여진족의 거점인 시전 부락을 공략하여 큰 공을 세운 이순신은 백의종군을 면하게 되었다.

그 후 정유재란 때인 1597년 2월 26일 한산도에서 삼도수군통제사로 근무하던 이순신은 네 가지 죄목으로 구금되어 서울로 압송되었다. 조정에서 이순신에게 물은 죄목은 네 가지였다. 첫 번째 죄목은 조정을 속이고 임금을 업신여긴 죄였다. 1596년 12월 12일 이순신 휘하의 거제 현령 안위 등이 부산의 왜군 진영을 불태워 가옥, 군량, 화포 등을 분멸한 사실을 보고한 것이 거짓이라는 것이다. 둘째 적을 쫓지 않아 나라를 등진 죄는 조정에서 일본의 이중간첩인 요시라의 말을 듣고 출동을 명령했으나, 이순신이 출동하지 않은 것을 말한다. 셋째 남의 공을 가로채고 남을 모함한 죄는 이순신이 원균의 공을 가로챘다는 것이다. 옥포해전에서 적진포해전까지 원균과 함께 싸워 승리했음에도 이순신이 원균의 전공을 탈취했다는 논란이 제기된 것을 말한다. 넷째 임금이 불러도 오지 않은 방자한 죄는 전주에 분조를 설치하고 체류 중이던 광해군이 이순신에게 협의차 전주로 올라올 것을 명했으나, 이순신이 급박한 전황으로 세자의 명을 따르지 않았음을 말한다.

이런 이유로 1597년 2월 26일양력 4월 12일 한산도에서 체포된 이순신은 3월 4일 서울에 도착하여 의금부 전옥서에 구금되었다. 한산도에서 서울까지 이순신을 압송하는 데 채 일주일이 걸리지 않았다. 당시의 도로 사정을 감안하면 이순신의 압송은 그야말로 일사천리로 진행된 것이었다. 전옥서에 구금된 이순신은 3월 12일에 혹독한 고문을 받고 처형될 위기에 처했으나, 판중추부사 정탁이 목숨을 걸고 올린 상소문 〈신구차伸救箚〉가 선조의 마음을 움직여 겨우 목숨을 구

할 수 있었다. 그리고 4월 1일 전옥서를 나와 두 번째로 백의종군을
명 받고 전장으로 향했다.

다시 전장으로 향하다

1597년 4월 1일 의금부에서 풀려난 이순신은 남대문 밖에 있는 생원
윤간의 종집에 도착한 후 조카와 아들 울을 만나고, 입부 이순신이
가지고 온 술을 마시며 위로를 받았다. 4월 2일에는 영의정 유성룡을
만나 내밀한 이야기를 나눈 후, 다음 날인 4월 3일 한양을 떠나 권율
이 있는 남쪽으로 향했다. 그리고 용산, 동작나루, 남태령, 인덕원, 독
성, 진위구로, 오산, 수탄, 평택현을 거쳐 4월 5일 아산에 도착했다. 4
월 12일까지 고향인 아산에 머물면서 선산에 참배하고 친구와 친지
들을 만나고 있던 이순신에게 청천벽력 같은 소식이 전해졌다. 자신
의 석방 소식을 듣고 여수에서 배를 타고 서해로 올라오던 어머니가
도중에 운명하셨다는 것이다. 이순신은 아산 곡교천변의 게바위^{蟹岩}
에서 어머니의 시신을 맞으며 임종조차 지키지 못한 심정을 다음과
같이 적었다.

배에서 부고가 왔다.
달려 나가 가슴치고 슬퍼하니
하늘의 해조차 참참하구나.
게바위로 달려가니 배는 닿았는데

가슴 찢어지는 이 슬픔

어찌하리오.

어머니 시신을 모시고 집에 빈소를 차린 이순신은 통곡하다가 기력이 다하여 어서 죽기만을 바랬다. 하지만 삼년상은 고사하고 장례도 제대로 치르지 못한 채 길을 재촉하는 의금부 서리를 따라 도원수 권율이 있는 남쪽으로 향할 수밖에 없었다.

4월 19일부터 금곡, 보산원을 거쳐 일신역, 공주 정천동, 이산논산시 노성면 읍내리, 은원논산시 은진면 연서리, 여산전북 익산, 상계역완주군 삼례읍 삼례리거쳐 4월 22일 저녁에 전주 남문 밖 이의신의 집에 도착했다. 4월 23일 오원역임실군 관촌면 관촌리, 임실현, 남원에 이르러 이희경의 종 집에서 하룻밤을 묵은 후 운봉에 머물고 있는 도원수 권율을 만나러 갔으나, 도원수는 이미 순천으로 떠나고 없었다. 4월 26일 이순신은 오던 길을 되돌아 남원을 거쳐 구례현에 도착하여 손인필의 집에서 머물렀다.

4월 27일 송치순천시 서면 학구리와 송원순천시 서면 운평리을 거쳐 저녁에 정원명의 집에 다다르니, 도원수가 보낸 군관이 도착해 이순신에게 조문하며 안부를 물었다. 4월 28일 아침 도원수는 다시 권승경을 통해 상중에 몸이 피곤할 것이니 기운이 회복되면 나오라는 전갈을 보냈다.

순천에 체류하면서 요양을 하던 이순신은 5월 14일 아침 부유순천시 주암면 청촌리, 송치순천시 서면 학구리, 찬수강순천시 황전면 섬진강을 거쳐 다시 구례현에 있는 손인필의 집에 도착했으나, 그의 집은 너무 누추하고 파리가 들끓어 밥조차 먹을 수 없는 지경이었다. 할 수 없이 이순신은 5월 15일 관아에 있는 모정茅亭에 머물렀다. 하지만 5월 19일에 체찰사 이원익이 온다는 소식을 듣고는 성 안에 체류하기가 미안하여 동문 밖에 있는 장세호의 집으로 거처를 옮겼다. 5월 20일과 23일 체찰사 이원익을 만나 시국에 대하여 깊이 논의한 이순신은 5월 24일에 체찰사에게 경상우도의 연안지도를 그려주기도 했다.

5월 25일 초계로 떠나려고 했으나 비가 내려 떠나지 못하고, 5월 26일에 비를 맞으 며 길을 떠나 석주관구례군 토지면 송정리을 거쳐 악양하동군 악양면 평사리 이정란의 집에 도착했다. 이정란의 집에는 의병장 김덕령의 동생인 김덕린이 살고 있었으나 형이 누명을 쓰고 억울하게 죽은 것과 관련하여 조정에 대한 불만을 갖고 이순신을 환대하지 않았다.

5월 28일 하동현에 도착한 후 청수역하동군 옥종면 정수리을 지나 6월 1일 단성과 진주의 경계에 있는 박호원의 종집산청군 단성면 성내리에서 머물렀다. 6월 2일 단계산청군 신등면 단계리를 거쳐 삼가현에 도착했는데, 현감 신효업이 부재중이라 공관에서 묵었다. 6월 4일 합천에 도착하여 괴목정에서 아침식사를 한 후 개현개비리을 거쳐 모여곡합천군 율곡면 낙민2구 매실마을에 있는 문보의 집에서 머문 후 6월 5일에는 초계 군수를 만났다.

6월 8일 타지방을 순찰 중이던 도원수가 귀환했다는 소식을 듣고는 도원수의 진으로 찾아가 권율에게 도착 신고를 했다. 그후 이순신은 모여곡 이어해의 집에 머물며 도원수를 만나 군사 일에 자문하기도 하고, 찾아오는 옛 부하들을 만나 한산도 소식과 전황을 보고 받았다. 다른 한편으로는 둔전에 관심을 가지고 감독을 했다.

칠천량의 패전

7월 18일 이순신에게 뼈아픈 소식이 전해졌다. 7월 16일 새벽에 조선 수군이 기습을 받아 칠천량에서 패전했고, 통제사 원균, 전라우수사 이억기, 충청수사 최호를 비롯하여 여러 장수들이 많은 피해를 입었다는 소식이었다. 이 소식을 들은 도원수 권율이 이순신을 직접 찾아왔고 두 사람은 오전 10시까지 이야기를 나누었다.

이순신은 자신이 직접 해안 지방으로 가서 살펴본 뒤에 방책을 정하겠다고 말한 후 즉시 송대립 등 9명의 군관을 데리고 길을 떠나 삼가현에 이르렀다. 7월 19일에 단성의 동산산성_{산청군 신안면 중촌리 백마}산에 도착한 이순신 일행은 그 형세를 살펴본 후 단성현에서 묵었다. 7월 20일 하루 종일 비 속에서 행군을 계속하여 정개산성_{하동군 옥종면} 종화리 정개산 아래에 있는 정자에 도착한 이순신은 진주 목사를 만난 후 굴동_{하동군 옥종면 문암리}에 있는 이희만의 집에서 머물렀다.

7월 21일 곤양을 거쳐 노량에 도착하여 거제 현령 안위, 영등포 만호 조계종 등을 만나 패전상황을 듣고, 안위와 새벽까지 함선에서 이야기를 나누었다. 7월 22일 아침에 나타난 경상수사 배설로부터 패전상황을 들은 후 오후에 곤양에 이르렀다. 7월 23일 아침에 보고서를 작성하여 송대립을 시켜 도원수부로 보낸 후, 곤양, 십오리원^{사천시 곤명면 봉계리}를 지나 진주 운곡^{하동군 옥종면 종화리} 일대에서 하룻밤을 묵은 후 7월 24, 25일 양일간 운곡에 체류했다. 그다음 날인 7월 26일 정개산성 밑에 있는 송정松亭으로 가서 진주 목사와 종사관 황여일을 만났고, 7월 27일 손경례의 집^{진주시 수곡면 원계리}으로 거처를 옮겨 8월 2일까지 머물면서 진주 목사, 남해 현령 등 많은 장수들과 응전 대책을 논의하고 체찰사에게 보고서를 보내는 한편 군사를 모집하여 훈련시켰다. 8월 3일 이른 아침 선전관 양호가 이순신을 삼도수군통제사로 재임명하는 국왕의 교서와 유서를 전달했고, 이로써 이순신은 삼도수군통제사의 지위를 회복하게 되었다.

다시 삼도수군통제사가 된 이순신은 섬진강을 건너 전라도로 가서 조선 수군을 재건하면서 명량대첩에서 승리할 때까지 험난한 길을 걸어갔다. 일본군이 뒤쫓아 오는 긴박한 상황에서 군사를 모집하고 군량을 확보하며 군선을 복원하는 일이었다.

수군 재건을 위한 여정

이순신은 8월 3일 삼도수군통제사 임명 교서를 받자마자 바로 출발하여 행보역^{하동군 황천면 여의리}을 거쳐 자정이 넘어 두치에 도착했다. 쌍계동^{하동군 화개면 탑리}, 석주관^{구례군 토지면 송정리}을 거쳐 구례현 손인필의 집에서 하루를 묵은 후 8월 4일 압록강원곡성군 죽곡면 압록리을 거쳐 곡성에 도착한 그의 눈에 들어온 것은 텅 빈 관청과 민가뿐이었다. 8월 5일 옥과에서는 피난민들을 만나 말에서 내려 피난민들과 눈높이를 맞추며 그들을 위로하고 타일렀다. 그리고 8월 6일까지 옥과에 체류하면서 송대립으로부터 정탐 결과를 보고받았다.

8월 7일 순천으로 가려고 길을 떠나 곡성에 이르렀을 때, 선전관 원집을 만나 국왕의 유지를 받았다. 8월 8일 부유창순천시 주암면 창촌리, 구치순천시 주암면 행정리를 거쳐 순천에 도착해보니, 성 안팎에는 인적이 없고 의병활동을 하던 승려 혜희만이 찾아와 인사를 했다. 이순신은 그에게 의병장의 직첩을 내려주었다. 순천에서 대포와 화약, 편전을 비롯한 무기를 챙겨 8월 9일 낙안에 이른 이순신 앞에 백성들이 5리까지 줄을 서서 인사를 했다. 백성이 흩어진 까닭을 물어보니 병마사 이복남이 적이 쳐들어온다고 떠들면서 창고에 불을 지르고 달아난 까닭이라고 했다.

군량미 걱정을 하던 이순신이 향한 곳은 보성 조양창보성군 조성면 우천리 고내마을이었다. 1597년 8월 9일 혹시나 곡식이 있을지 모른다고 생각하고 찾아간 조양창에서 군량미 600석을 확보한 이순신은 김안도의 집으로 갔다. 힘든 여정에 지쳐 있던 이순신은 양곡을 확보하고 안도감에 김안도의 집에서 이틀을 묵으며 지친 몸을 추슬렀다. 이틀 동안 이순신은 배홍립, 송희립, 최대성 등과 확보한 군량미를 옮기기 위한 구체적 방안에 대해 의논했고, 그 사이 군사들은 허기진 배를 채우며 먼 길을 떠날 준비를 했다. 이순신은 몸이 성하지 않았지만 계속 그곳에 머물고 있을 수 없었다.

8월 11일 이순신은 박실朴谷마을로 향했다. 지금의 고내마을에서 오봉산 자락을 따라서 대동, 신방, 감동, 파청마을을 지나 박실마을에 도착하여 양산원의 집으로 갔다. 집에는 아무도 없었지만, 창고에 곡식이 가득 쌓여 있었다. 이를 거둬들인 이순신은 군량미 걱정을 완전히 해소할 수 있었다.

양산원의 집에 머물고 있을 때 군관 송희립과 최대성이 찾아왔다. 최대성은 보성 일대의 상황과 왜군의 실태를 보고했다. 이순신은 더 자세한 정보를 얻기 위해 연안 포구와 장흥 회령포 등지로 전령을 보내고, 보성 관원과 선소 군관들에게는 소집 명령을 내렸다. 보성 군수가 가장 먼저 달려왔다. 8월12일 거제 현령 안위와 발포 만호 소계남도 뒤를 이어 합류했다. 첩보를 수집하러 나간 군관들도 속속 돌아왔다. 경상우수사 배설과 다른 장수들의 소재도 파악했고, 칠천량해전에서 살아남은 함대의 이동상황도 소상히 전했다.

8월 15일 열선루에서 수군을 철폐하고 권율과 합세하여 육상에서 싸우라는 국왕의 유서를 받은 이순신은 비장한 각오를 담아 장계를 올렸다. '금신전선 상유십이今臣戰船 尙有十二'라는 유명한 문장이 담긴 글이 바로 이 장계이다.

아직도 신에게는 12척의 전선이 있습니다. 죽을힘을 다하여 싸

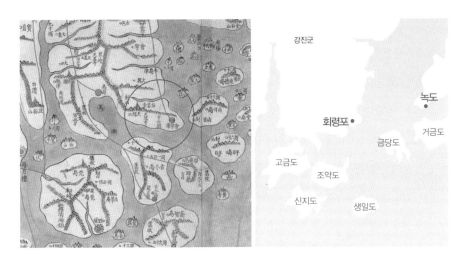

이순신이 배설로부터 12척의 배를 인수받은 회령포(동여도와 현재 위치)

우면 아직도 싸울 수 있습니다. 비록 전선이 적지만, 신이 죽지 않고 살아 있는 한 적이 감히 우리를 업신여기지 못할 것입니다.

이틀 후인 8월 17일 이순신은 보성읍에서 봇재를 넘어 율포를 거쳐 남쪽 해안의 백사정白沙汀, 보성군 회천면 벽교1리 명교마을과 군영구미회천면 전일2리 군학마을로 향했다. 명교마을 백사정은 우물이 좋아 식수가 풍부하고, 모래 해변이 넓어 수군이 진을 치고 머물기 좋은 곳이다. 명교마을에 도착한 이순신은 백사정에서 말과 군사를 쉬게 했다. 곧바로 경상우수사 배설이 남은 배 12척을 가지고 기다리고 있을 군영구미로 가기 위해서였다. 이순신은 배설에게 전령을 보내 전선을 이끌고 군영구미로 와서 대기하라는 명령을 내려놓은 상태였다.

그러나 8월 17일 군영구미에 도착했을 때 배설은 보이지 않았다. 군사들과 함께 군수품을 싣고 바다로 나가려고 했던 배 12척도 보이지 않았다. 배설이 이곳을 거치지 않고 장흥 회령포로 가버린 것이다. 계획에 차질이 생겼지만 왜군이 한나절 간격으로 뒤에서 추격해오는 상황에서 그곳에서 더 이상 지체할 수는 없었다.

이순신은 바다로 나아가기 위해 이 마을 출신인 김명립, 마하수 등에게 배를 구해올 것을 부탁했다. 다음 날인 8월 18일 아침에 군영구미 해변에 마하수, 백진남, 정명열, 김안방, 김성원, 문영개, 변홍원, 정경달 등이 탄 10여 척의 어선이 나타났다. 이순신은 곧바로 그동안 확보한 무기와 식량 등을 이들 배에 싣고 바다로 나섰다. 배설과 함께 있을 조선 수군의 판옥선 12척을 찾기 위해서였다.

8월 18일 회령포장흥군 회진면 회진리에 도착한 이순신은 다음 날 19일에 배설로부터 남은 배 12척을 인수했다. 그리고 이곳에서 병사들과 함께 나라를 위해 죽기로 맹세했다.

나라의 위태로움이 여기에 이르렀으니 우리가 어찌 한 번의 죽음을 두려워하랴.
이제 모두 충의에 죽어서 나라 지킨 영광을 얻자.

장흥 회령포에서 해남 어란으로 가면서 이진梨津, 해남군 북평면 이진리에 들렀다. 《난중일기》를 보면 1597년 8월 20일 이순신은 이진성

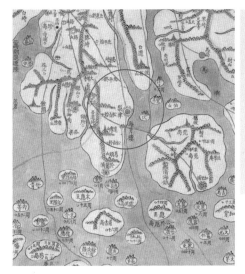

이순신이 명량해전을 준비하던 이진(동여도와 현재 위치)

아래 창사倉舍에서 3일 동안 머물렀는 기록이 있다. 한동안 창사라는 곳이 어디인지를 두고 논란이 일었으나 창사는 지명이 아닌 이진성 아래 바닷가에 있는 창고 건물임이 밝혀졌다.

　토사곽란으로 인사불성의 지경이었지만 자신의 몸을 돌볼 여유는 없었다. 8월 24일 이순신은 아침 일찍 이진에서 도괘해남군 북평면 남성리, 속칭 칼쾡이를 거쳐 어란포해남군 송지면 어란리에 도착했다. 당포의 어부가 방목하는 소를 끌고 가면서 왜군이 왔다고 헛소문을 내자, 이순신은 그 자의 목을 베어 효시했다.

　8월 26일 망군 임준영이 말을 타고 와서 왜군이 이진에 도착했다고 알렸다. 이때 전라우수사 김억추가 형편없는 판옥선 한 척을 타고 와서 합세했다. 8월 28일 갑자기 내습한 적선 8척을 추격하여 갈두까지 몰아내고 그날 저녁에 장도獐島, 해남군 송지면 내장리에 진을 쳤다. 이것이 어란포해전이다.

8월 29일 이순신은 장도에서 진도 벽파진碧波津, 진도군 고군면 벽파리으로 건너갔다. 그리고 그곳에서 불과 20일도 안 되는 기간에 명량해전을 위한 전력을 정비했다. 구례, 옥과, 벌교, 보성을 지나 회령포에 도착했을 때 120명에 불과했던 병사가 명량해전 직전에는 1,500명 정도로 늘어났다.

9월 7일양력 10월 16일 어란 쪽에서 벽파진으로 내습해온 적선 13척을 물리쳤는데, 이것을 벽파진해전이라 한다. 벽파진에서 보름 남짓한 시간 동안 명량해전을 준비한 이순신은 명량해전 하루 전날인 9월 15일 해남 우수영으로 가서 진을 치고 적을 막았다. 그리고 9월 16일, 아침부터 어란포에서 몰려오는 적선 133척 중 33척을 격파하고 명량의 기적을 이루어냈다. 긴박한 조선 수군 재건의 여정은 진주 손경례의 집에서부터 시작하여 벽파진에서 막을 내렸다.

::
다시 일어서는 조선 수군

한 많은 서해유랑

1597년 9월 16일양력 10월 25일 명량해전에서 승리한 이순신은 이를 하늘이 돌본 행운이라 생각하면서 급히 서해로 이동했다. 13척의 판옥선으로 133척의 일본 대군을 물리친 것은 실로 기적에 가까운 일이었다. 명량해전 당일인 9월 16일 오후 4시 무렵 모든 전투 상황이 종료되었고, 이순신 함대는 진도 벽파정 아래에서 출발하여 당사도신안군 암태면 당사리로 향해 부지런히 노를 저어 밤이 깊어 목적지에 도착했다. 당사도 방죽골에 도착한 조선 수군은 식수를 보충하고 그곳에서 밤을 새웠다.

왜 수군은 명량에서 치욕적인 패배를 당했지만 어란포를 비롯한 후방에는 아직도 300척이 넘는 배가 대기하고 있었고 바로 전력을 재정비하여 반격해올 가능성이 있었다. 일본 수군의 후속부대는 명량해전에서 패전한 다음 날부터 대대적인 반격을 개시하여 진도에 상륙했고, 그곳에서 이순신을 도운 민간인들을 살육하고 이순신을 추격하기 시작했다.

이순신은 적의 주력부대가 곧 추격해올 것을 예상했다. 하지만 그 지역의 날씨와 지리를 잘 알고 있던 이순신은 전략적으로 후퇴하여 20일 정도만 버티면 왜군이 더 이상 추격해올 수 없다는 것도 알고 있

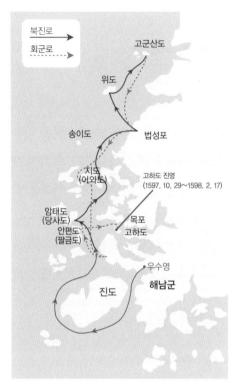

의 라벨:
북진로
회군로
고군산도
위도
송이도
법성포
지도
(어외도)
고하도 진영
(1597. 10. 29~1598. 2. 17)
암태도
(당사도)
안편도
(팔금도)
목포
고하도
우수영
진도
해남군

명량해전에서 13척의 배로 기적 같은 승리를 거둔 이순신은 수군 재건을 위해 서해안을 따라 고군산의 선유도까지 올라갔다가 내려와 고하도에 진영을 꾸렸다.

었다. 곧 혹독한 겨울로 접어들면 서해 바다에는 강한 북서풍이 불고 폭설이 내리는 날이 많아지기 때문이다. 날이 추워지면 노 젓는 격군들이 손발에 동상이 걸려 제대로 기동을 할 수 없게 된다. 그러면 왜군은 해상작전을 포기하고 그들의 소굴인 안골포 등지의 왜성으로 물러날 것이 분명했다.

다도해해상국립공원이라는 말처럼 신안군 일대는 수많은 섬이 있어 열세의 조선 수군이 숨어 다니면서 치고 빠지는 게릴라전을 수행하기 좋은 장소이다. 9월 17일 이순신 함대는 당사도에서 다시 북쪽으로 올라가 어외도於外島, 신안군 지도읍 어의도까지 이동했다. 어의도에 가니 명량해전에서 조선 수군을 도운 300여 척의 피란선이 먼저 와 있었다. 이순신은 그곳에서 이틀을 머물며 나주 진사 임선 등으로부터 승전 축하와 함께 군사들을 위한 양식을 제공받았다.

잠깐의 휴식을 취한 이순신은 어의도를 출발해 9월 19일에 칠산 앞바다영광군 낙월면와 법성포영광군 법성면 법성리, 홍농영광군 홍농읍을 거쳐 9월 20일에 위도부안군 위도면 위도를 지나서 계속 북상하여 9월 21일에는 고군산도군산시 옥도면 선유도에 도착했다. 삼도수군통제사로 재임명된 이후 불과 두 달도 안 되는 기간 동안에 병든 몸으로 어란포해전, 벽파진해전에 이어 명량대첩을 승리로 이끈 이순신은 고군산도에 머물면서 다시 건강이 나빠졌다. 식은땀이 흐르고 탈진 상태에 이르기도 했지만 혼신의 힘으로 버티면서 전선을 정비하고 전열을 가다듬었다. 선유도에서 12일 동안 머물면서 나주 목사 등을 만나고, 선조에게 올리는 명량해전 승첩장계를 작성하여 군관 배세춘 등을 시켜 배편으로 서울로 보냈다. 이순신이 선유도에 머물던 기간 중에도 일본 수군은 이순신 함대를 추격하고 있었다. 당시 일본 수군의 동태는 강항이 쓴《간양록看羊錄》에 자세히 기록되어 있다.

강항은 1597년 남원성전투에서 군량 조달을 담당하던 종사관이었는데, 남원이 함락된 뒤 고향 영광으로 돌아와 의병을 모집하여 왜군에 맞섰다. 하지만 전세가 불리해지자 이순신 휘하에 들어가려고 가족을 배에 태워 이순신 진영으로 가던 중에 일본군에게 사로잡히고 말았다. 9월 23일 영광군 칠산 앞바다에서 도도 다카토라에게 붙잡혀 다음 날인 24일 무안의 해안으로 끌려갔을 때 바다는 이미 왜선으로 가득했다. 도도 다카토라는 임진왜란 최초의 해전인 옥포해전에서 이순신에게 참패하고 겨우 목숨을 부지한 채 육지로 도망친 적이 있었는데, 지독한 악연으로 명량에서 다시 이순신과 만났다.

　도도 다카토라는 강항이 공부를 많이 한 선비임을 알아보고 통역을 붙여 심문하면서 이순신이 어디에 있는지를 물었다. 강항은 기지를 발휘하여 이순신은 지금 태안 안행량安行梁에 있는데, 그곳은 배들이 자주 표류하고 난파되는 험한 수로라고 답했다. 게다가 명나라 수군 1만여 척이 이곳을 가로막고 있으며 이순신도 합세했다고 거짓말까지 했다. 당시 명나라 수군은 중국에서 출발도 하지 않은 상태였고, 무안에서 고군산도까지는 하루 정도면 갈 수 있는 거리였으나 강항의 말을 그대로 믿은 왜군은 남쪽으로 돌아섰다. 개인 문집은 간혹 사실을 부풀려 자신의 업적을 미화하는 경향이 있지만《간양록》의 기록은 상당한 신빙성이 있어 보인다. 강항은 일본에 포로로 잡혀갔다가 전쟁이 끝난 후 1600년에 풀려나 조선으로 돌아왔으며 일본에 주자학을 전파한 것으로 널리 알려져 있다.

　한편 명량해전 참패 소식에 화가 난 육지의 왜군은 수군과 합세하여 조선 민간인들을 대상으로 잔인한 보복을 자행했다. 영광, 무안, 해남 등지를 완전히 초토화하고 충청도 아산의 이순신 본가까지 달려가 불을 지르고 화풀이를 했다. 명량해전 직전에 이순신이 머물렀던 진도 지역도 왜군의 보복을 피하지 못했다. 왜군은 명량해전 다음 날인 9월 17일 진도로 가서 많은 민간인들을 죽이거나 노예로 끌고 갔다. 그때의 만행을 말해주는 '정유재란 순절묘역'진도군 고군면 도평리 이 아직도 그 형태가 남아 있다.

10월 3일 이순신은 고군산 선유도를 출발해 다시 남하하여 법성 포에 도착했다. 북상했던 해로를 따라 내려오면서 10월 8일에는 어 의도에, 10월 9일에는 해남 전라우수영에 도착했다. 23일 만에 다시 찾은 우수영성 안팎은 인가가 하나도 남아 있지 않았고 사람의 자취 도 보이지 않았다. 이때 서해 남부 일대의 정찰을 맡은 사람은 미조 항 첨사 김응함이다. 김응함이 10월 10일 밤에 정찰을 마치고 돌아 와 일본군이 퇴각하고 있음을 알렸다. 폐허가 된 우수영에 머물 수 없었던 이순신은 10월 11일 신안의 안편도安便島, 신안군 팔금면 팔금도로 향했다. 그날을 《난중일기》는 이렇게 기록하고 있다.

동쪽 전망에는 앞에 섬이 있어서 멀리 바라볼 수 없으나, 북쪽 으로는 나주와 영암의 월출산이 통하였고, 서쪽으로 비금도에 통하여 시야가 환하게 트였다.

팔금도 원산리의 채일봉에 올라가 주변을 둘러보면 이순신이 묘 사한 풍경이 그대로 나타난다. 그날 밤 이순신은 바다를 바라보며 다 음과 같이 노래했다.

봄날처럼 따뜻하여

아지랑이 하늘거리고

달빛이 비단결 같아

홀로 봉창에 앉으니

이 마음 가눌 길 없어

천 갈래 만 갈래 찢어지누나.

10월 13일 아침 이순신이 기다리던 임준영이 탐후선을 타고 팔금
도로 돌아와서 보고하기를 그동안 일대에서 만행을 부리던 왜군은
10월 11일에 모두 도망쳤다고 했다. 신안 물목의 요지인 팔금도에서
전열을 가다듬은 조선 수군은 점차 과감한 수색작전을 펼쳐 10월 24
일에는 해남에 있던 왜군의 식량 322섬을 빼앗아 돌아오기도 했다.

그런데 10월 14일 저녁에 겉면에 '통곡慟哭'이라는 글자가 쓰인 편
지 하나가 이순신에게 도착했다. 막내아들 면이 아산에서 왜군에게
살해되었다는 기별이었다. 고향 아산에서 어머니를 지키던 면이 이
순신에게 보복을 하러 온 왜군에 맞서 싸우다가 전사한 것이다. 사랑
하는 자식을 앞서 보내고 애타는 심정을 《난중일기》에서는 다음과
같이 적고 있다.

하늘이 어찌 이다지도 인자하지 못하신고. 간담이 타고 찢어지
는 듯하다. 내가 죽고 네가 사는 것이 이치에 마땅하거늘, 네가
죽고 내가 살았으니 이런 어긋난 일이 어디 있을 것이냐. 천지가

참참하고 해조차도 빛을 잃었구나. 슬프고 슬프도다. 내 아들아, 나를 버리고 너는 어디로 갔느냐.

전략적 요충지 고하도

안편도에서 여러 슬픈 소식을 접한 이순신은 건강이 다시 악화되었다. 코피를 한 되나 흘린 날도 있었다. 그러나 바람 앞의 등불 같은 나라를 위하여 10월 29일 안편도를 떠나 목포의 보화도목포시 유달동 고하도로 향했다. 그날의 《난중일기》를 보자.

> 새벽 2시경 첫 나팔을 불고 배를 출발하여 목포로 향하는데, 이미 비와 우박이 섞여 내리고 동풍이 약간 불었다. 목포에 갔다가 보화도로 옮겨 정박하니 서북풍을 막을 만하고 배를 감추기에 아주 적합했다. 그래서 육지에 올라 섬 안을 돌아보니 지형이 매우 좋으므로 진을 치고 집 지을 계획을 세웠다.

유달산 아래 영산강 입구의 고하도는 바깥 바다에서 바라보면 잘 보이지 않는 곳에 위치하여 함대를 숨기기 좋은 장소이자 전략적 요충이다. 뿐만 아니라 곡창지대로 들어가는 영산강 입구를 지키고 서해로 진출하는 적을 막을 수 있는 일석이조의 효과를 노릴 수 있는 장소가 바로 고하도였다. 해남의 화원반도 끝자락에 있는 달리도와 외달도가 고하도로 들어가는 입구를 막고 있다. 고하도 끝당골은 영산강 하구에 가까운 곳으로 움푹 들어간 지형이라 이순신의 표현대로 배를 숨기기가 아주 좋은 곳이다. 지금은 매립으로 고하도와 연결이 되었지만 고하도 바로 앞에 장구도와 허사도가 막고 있어 바깥바다에서 수군 진영을 찾아내기는 매우 어려운 지형이다. 지리에 능통한 이순신의 탁월한 선택이었다.

고하도는 《난중일기》에서 보듯 임진왜란 당시에는 보화도로 불렸다. 지형이 용의 형상을 하고 있는 섬이라 용머리라고도 했고, 병풍처럼 펼쳐져 있다 하여 병풍도라고도 불렸다. 《난중일기》에는 고하도의 북쪽 봉우리 쪽에서 소나무를 베어다가 진영의 건물과 군량창고를 짓는 과정이 자세히 나온다. 또한 고하도에는 소나무가 많아 전선을 만들 수 있는 장소였다.

고하도에서 이순신은 민간 선박에 대한 해로통행첩을 발행하여 군량미를 확보했다. 해로통행첩은 수확기도 아닌 겨울철에 군량을 확보할 수 있는 기발한 아이디어였다. 이런 아이디어를 제안한 이순신의 참모는 회재 이언적의 손자인 20대 청년 이의온이었다. 바닷길을 다니는 민간 배에 통행증을 발급해주고 보호해주는 대신 곡식을 받는 것이다. 해로통행첩을 만들고 나서 이순신은 3도의 연해를 통행하는 모든 배들은 공사선公私船을 막론하고 통행첩이 없으면 모두 간첩선으로 간주하여 처벌한다는 명령을 내렸다. 그리고 선박이나 선주의 신원을 조사하여 간첩과 해적행위의 우려가 없는 자에게는 선박의 대소에 따라서 큰 배 3섬, 중간 배 2섬, 작은 배 1섬의 곡식을

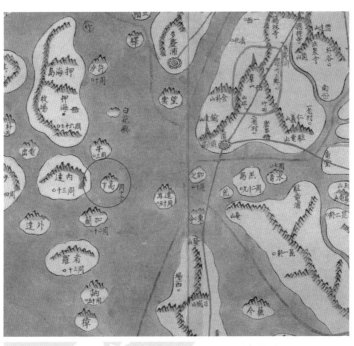

이순신이 수군 재건을 위해 선택한 고하도(동여도와 현재 위치)

바치도록 했다. 피난민들은 모두 재물과 곡식을 배에 싣고 다녔기 때문에 쌀을 바치는 것을 어렵게 여기지 않았고 또한 이순신에 대한 믿음이 있었기에 아무런 불평 없이 곡식을 내놓았다. 고하도에서 108일간 머물면서 조선 수군이 재기할 수 있는 힘을 기른 이순신은 마침내 고금도로 향했다.

조명 연합함대의 기지, 고금도

고금도의 전략적 중요성을 파악한 이순신은 1598년 2월 17일양력 3월 23일 목포 고하도에서 강진의 고금도로 진을 옮겼다. 이순신은 고금도의 넓은 농지를 활용하여 군량미를 대량으로 확보하고, 불과 1년도 안 되는 기간에 예전의 한산도 시절을 능가하는 군세를 만들어냈다. 삼남 일대를 떠돌던 피난민들도 이순신 곁에만 가면 살 수 있다며, 고금도로 몰려들어 민가가 수만 호를 이루었다. 이순신 부대는 이들 피난민들로부터 수군 병력을 충원하기도 하고, 둔전에서 농사를 짓게 하거나 염전에서 소금을 생산하게 하여 전쟁 물자를 조달하는 데 큰 도움을 받았다. 고금진에서 완벽하게 수군을 재건한 이순신은 절이도해전, 흥양 고도해전, 순천왜성공방전, 노량해전에서 승리하여 임진왜란 7년 전쟁을 종식시켰다.

고금진은 이순신 장군에게는 마지막 진영이었으며, 명나라 수군이 조선 수군과 함께 연합함대를 편성한 곳이다. 매립사업으로 고금도와 연결된 묘당도는 노량해전에서 전사한 이순신과 명나라 부총

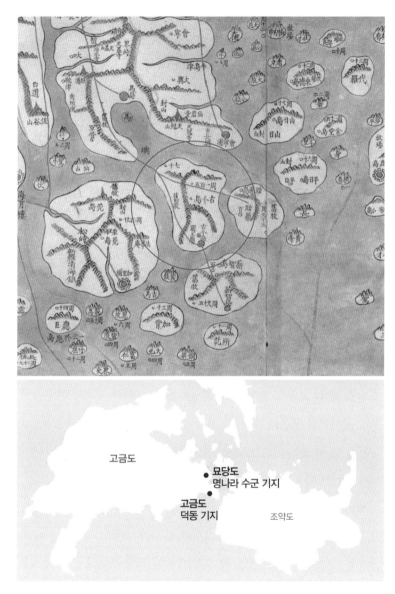

이순신이 마지막 결전을 준비한 고금도(동여도와 현재 위치)

병 등자룡鄧子龍의 시신이 임시로 안치된 곳이기도 하다. 1963년에 완도 고금도는 사적 제114호 '완도 묘당도 이충무공 유적'으로 지정되었다. 충무사를 포함한 '묘당도 이충무공 유적'은 1960년에 고적 제160호로 지정되었다.

이순신의 고금진은 현재의 전남 완도군 고금면 덕동리 포구에 자리 잡고 있었다. 덕동마을 서쪽에는 망덕산이 있고, 마을 남쪽에는 신지도가 동서로 길게 가로놓여 있다. 동남쪽으로는 약산도와의 사이에 좁은 해협이 있는데, 이곳에서 자세히 살펴보면 고금진은 전라우수영, 전라좌수영, 통영의 삼도수군통제영이 있는 강구안과 유사한 지형임을 금세 알 수 있다. 전라좌수영에는 오동도로 나가는 좁은 목이 있고, 전라우수영은 명량이라는 좁은 목이 근처에 있다. 통영 삼도수군통제영 강구안도 근처에 착량판데목이라는 목이 있다. 이런 목 근처의 움푹 들어간 포구는 수군 기지로서는 최고의 위치이다. 외부에서 볼 때 잘 보이지 않아 배를 숨기기 좋고 바람과 파도의 영향을 덜 받는 장소이기 때문이다. 적이 쳐들어 올 때 목을 지키면 효율적으로 방어를 할 수 있는 이점도 있다. 이순신의 고금진 터에 조선 후기 첨사진이 들어선 이유도 이곳이 전략적 요충이었기 때문이다.

명나라 진린 함대는 현재 충무사가 있는 묘당도에 자리 잡고 있었다. 묘당도는 원래 고금도에 딸린 부속섬이었으나 일제강점기 때 매립하여 두 섬이 연결되었고, 지금은 언뜻 보면 묘당도는 없는 것처럼 보인다. 명나라 수군은 조선 수군의 진영과 불과 1킬로미터도 안 되는 묘당도에 기지를 정하고 연합함대를 편성했다. 진린은 광동 수군 5,000여 명을 이끌고 1598년 7월 16일 고금도에 도착했고, 미리 와 있던 계금季金의 병력과 합세하니 그 규모는 8,000명에 이르렀다. 지금 충무사 앞쪽의 넓은 갯벌은 수심이 얕아 배가 정박할 수 없을 것으로 보인다. 매립의 영향으로 400년 이상 뻘이 퇴적되어 이렇게 되었으나 명군이 머물고 있을 당시에는 목선 전함이 얼마든지 드나들 수 있는 넓고 깊은 포구였다.

명나라의 진린은 1598년 고금도 수군 진영 안에 군사들의 안녕과 무운을 빌기 위해 관운장을 모시는 관왕묘를 설치했다. 문묘文廟가 공자를 모시는 사당이라면 관운장을 모시는 관왕묘는 대표적인 무묘武廟이다. 일제강점기 때 일본인들이 관왕묘를 파괴하고 유물들을 바다에 수장시켜버렸으나 1945년 해방 이후 고금도의 유림들이 관왕묘가 있던 자리에 사당을 다시 지어 충무사라 이름하고 이순신을 모셨다.

2부 /

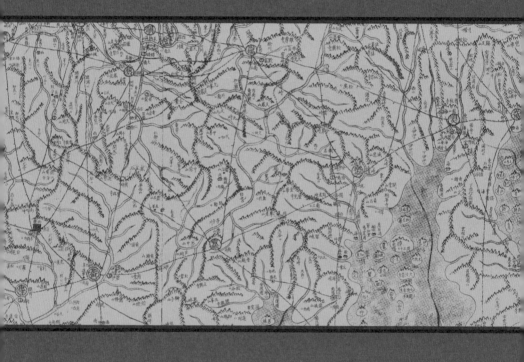

천문과 지리의 전략가

명량은 우수영에서 3리 쯤 되는 곳에 위치하고 있는데 물살이 세고 빨라 파도소리가 항상 굉장하다. 양편에는 돌산이 우뚝 서 있고 포구는 몹시 좁은데 공이 쇠줄을 병 모가지 같은 곳의 물속을 가로 건너 매어 놓았다. 적선이 여기에 이르러서는 쇠줄에 걸려 거꾸로 엎어지는 것이 수를 헤아릴 수 없었다. 양편 바위 위에 쇠줄을 걸었던 말뚝 구멍이 지금도 완연한데 사람들은 모두 이충무공이 쇠줄을 매고 왜적을 잡던 곳이라 일컫는다.

4

이순신의 전략전술

::

남해안의 특징을 간파하다

우리나라 남해안은 리아스식 해안으로 길고 복잡한 해안선을 갖고 있다. 부산에서 목포까지의 해안선 길이는 직선거리의 약 8배나 된다. 그리고 침강해안의 특성상 다도해라고 불릴 정도로 섬이 많아 한려해상국립공원과 다도해해상국립공원의 절경을 품고 있다.《난중일기》나《임진장초》만 살펴보아도 곶串, 구미龜尾, 포浦, 량梁, 치峙와 같은 글자가 들어간 지명이 많다는 것은 금세 알 수 있는데, 이는 모두 복잡한 해안선 때문에 생긴 지형을 가리킨다.

곶串은 바다쪽으로 불쑥 튀어나온 반도 모양의 지형을 말하며, 구미龜尾는 곶의 안쪽으로 들어간 후미진 해안이나 모래사장을 칭하는 경우가 많다. 포浦는 말 그대로 포구를 뜻하는데, 사람이 사는 갯마을로 인근에는 대부분 갯벌이 형성된다. 량梁은 주로 육지와 섬 사이 또는 섬과 섬 사이의 좁은 협수로를 말하는데, 강처럼 좁고 깊게 들어간 포구의 입구를 량이라고 부르는 경우도 있다. 유체역학의 원리인

'베르누이의 정리'에 따라 이런 곳은 밀물과 썰물 때 조류가 엄청난 속도로 흐른다. 치峙는 곳보다는 작은 규모의 산등성이가 바다 쪽으로 돌출한 곳이다. 임진왜란 당시의 지명을 예로 들면 다음과 같다.

곶 : 백야곶

구미 : 화준구미, 군영구미

포 : 옥포, 적진포, 회령포

량 : 초량, 칠천량, 고리량, 견내량, 착량, 명량

치 : 매왜치, 가오치

　남해안의 이런 지리적 특성은 왜군과의 전투에서 큰 역할을 했는데, 이순신은 이런 지리적 정보를 잘 활용했다.

량梁을 지키고, 포浦를 공격하다

남해안에는 량이 많다. 량梁은 좁은 물길을 말하는데, 글자 그대로 대들보와 같은 외나무다리 하나만 걸치면 건널 수 있는 곳이다. 《난중일기》나 《임진장초》에도 수많은 량이 나온다. 동쪽에서부터 서쪽으로 하나씩 살펴보면, 초량, 고리량, 견내량, 착량, 가배량, 사량, 노량, 백서량, 마량, 달량, 명량 등이 있다.

　초량은 부산과 영도 사이의 병목이고, 고리량古里梁은 창원시 마산합포구 구산반도와 저도 사이의 협수로를 말한다. 견내량은 통영반

이순신은 남해안의 요지인 량梁을 지켜 적의 길목을 차단했다.

도와 거제도 사이의 좁은 해협이고, 착량은 통영시와 미륵도 사이의 좁은 목이다. 가배량은 가오치라고도 하는데, 경남 고성군 도산면과 삼산면 사이의 좁은 목을 일컫는다. 사량은 통영시 사량면 사량도의 상도와 하도 사이에 있는 좁은 수로이다. 노량은 경남 하동군과 남해군을 잇는 남해대교 아래의 협수로로, 이순신이 마지막 전투를 벌였던 곳이다. 명량대첩의 현장인 명량은 전남 해남군 하원반도와 진도 사이의 수로로, 울돌목이라고도 불린다. 그밖에도 백야곳과 백야도 사이의 백서량, 강진과 고금도 사이의 마량, 해남과 완도 사이의 달량 역시 좁은 협수로이다.

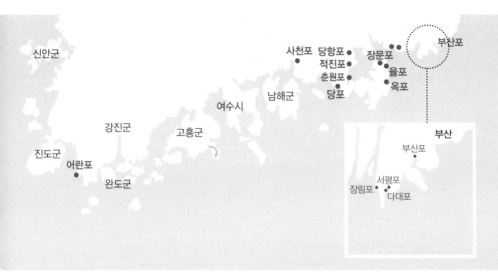

남해안에 위치한 포浦는 주로 왜군을 공격할 때 중요한 지리적 요지였다.

이순신은 량을 지켜 적의 길목을 차단했다. 여수에서 한산도로 진을 옮겨 견내량을 지킨 것이 대표적인 예다. 통영과 거제도 사이의 협수로인 견내량은 부산포, 안골포, 웅포 등지의 적이 곡창지대인 호남으로 진출하는 길목이었다. 이곳을 지키기 위해 이순신은 1593년 7월 14일 견내량 바로 아래의 한산도로 진을 옮겼다.

남해안에 있는 '포'도 주목할 필요가 있다. 이순신이 적을 공격할 때는 '포'를 공격했다. 도망갈 곳이 없는 포구의 입구를 막아 적의 퇴로를 차단하고 포격전을 펼쳐 승리를 거두었다. 옥포, 합포, 적진포, 당포, 당항포, 율포, 안골포, 웅포, 장림포, 서평포, 다대포, 부산포, 장문포 등이 왜군에게서 승리를 거둔 장소이다.

　이처럼 이순신은 전투에서 남해안의 량과 포를 적극적으로 활용했다. 함대를 이동하면서 하룻밤을 자고 갈 때는 사량이나 착량과 같은 협수로 안쪽의 깊숙한 포구에서 머물렀다. 깊숙한 량 안쪽의 후미진 곳에 본대의 닻을 내리고 출입구에 탐망선을 배치하면 안전을 도모할 수 있었기 때문이다. 결론적으로 포를 공격하고 량을 지키는 것이 지리에 능한 이순신만의 전략이었다.

남해 항행의 기본, 연안항해법

임진왜란 당시의 배는 노와 돛으로 항행하는 무동력선이었다. 요즘처럼 GPS는 꿈도 꾸지 못했을 시기이니, 낮에는 먼 산이나 섬 같은 지형지물을 표지판 삼아 항해하는 지문항해를 하고, 밤이 되면 달이나 별자리를 보고 항해하는 천문항해를 하는 방법밖에는 없었다. 조선 수군 중에서 이런 항해의 대가는 어영담이었다. 많은 사람들이 의문을 제기하는 것 중에 하나가 왜군이 부산포나 안골포 쪽에서 전라도 방면으로 진출할 때 거제도 남단을 돌아서 우회하면 되는데 왜 군이 물길이 험한 견내량통영시 용남면과 거제시 사등면 사이의 협수로을 고집했을까 하는 것이다. 마찬가지로 명량해전에서도 진도 남단으로 돌아가지 않고 군이 명량 협수로를 택한 이유를 궁금해한다.

　바다의 날씨는 예측할 수 없고 조류와 해류의 흐름도 정확히 읽어내기가 쉽지 않다. 맑았다가도 금세 구름이나 해무가 끼고 바람이 부는 경우가 많다. 부산포, 안골포 등지의 왜군이 견내량을 통하지 않고 거제도 남단을 지나 전라도 방면으로 가려면 해상의 많은 변수들로 인해 위험을 무릅써야 했다. 거제도 남단은 망망대해 태평양으로, 거제도 동쪽 해안을 따라 내려와 거제도 남단을 돌아설 때 자칫 악천후를 만나 대규모 선단이 흩어지면 수습하기가 쉽지 않다. 물때를 잘못 만나 견내량 쪽에서 내려오는 강한 썰물을 만나면 조류에 밀려 매물도 아래까지 떠내려갈 수도 있다. 매물도 아래는 쿠로시오 해류가 북동진하는 해역이다. 왜군은 이런 위험을 피해 거제도 남단을 돌지 않고 비교적 안전한 연안항해를 택하여 견내량을 넘나들었다. 진도 남단을 돌지 않고 울돌목을 택한 것도 이와 비슷한 이유였지만, 여기에는 다른 이유도 있었다. 명량해전 당시 왜 수군은 육군보다 먼저 한양으로 진출하기 위해 혈안이 되어 있었던 터라 순류를 타고 지름길인 명량을 돌파하려고 했다.

남해의 해류를 결정하는 쿠로시오 난류

일본과 한국 사이로 흐르는 해류는 쿠로시오 난류의 지류인 동한난류이다. 필리핀 쪽에서 올라와 대한해협을 지나 동해로 북상하는 것이 이 지역 바닷물의 흐름이다. 임진왜란 당시 배의 항해에는 바람, 파도, 안개, 비, 조류, 해류와 같은 자연현상이 중요한 역할을 했다. 해류는 거대한 바닷물의 움직임이고, 조류는 하루 2번씩 반복되는 밀물과 썰물을 말하는데, 이런 해류와 조류를 잘 이용하면 노 젓는 사람의 수고를 줄이고 수월하게 목적지에 도착할 수 있다.

1274년 10월 3일 여몽연합군이 일본 정벌에 나섰을 때 출발지는 마산 합포였다. 1차 원정군은 대선 300척, 경쾌선 300척, 급수용 소선 300척, 모두 900여 척의 함대와 몽골군 25,000명, 고려군 8,000명, 민간인 사공 6,700명 등 병사 39,700명을 이끌고 일본으로 향했다. 마산을 출발해 대마도에 도착한 제1차 원정군은 승전을 거듭했으나 한밤에 갑자기 들이닥친 태풍 때문에 많은 전선과 병사를 잃고 철수했다. 여기서 출발지인 마산 합포를 주목할 필요가 있는데, 합포에서 출발하여 썰물을 이용해 거제도 동쪽 해안을 따라 내려가면 지심도와 매물도를 지나 홍도 아래로 진출할 수 있다. 이곳에서 쿠로시오 난류를 타면 쉽게 대마도에 도착할 수 있다.

1419년 조선 태종이 대마도 정벌에 나설 때의 출발지는 견내량이었다. 227척의 배와 1만 7,285명의 수군이 통영과 거제도 사이의 견내량에 집결했다. 썰물 때 견내량에서 조류를 타고 한산도와 비진도 쪽으로 진출하여 구을비도 아래쪽으로 내려가 쿠로시오 난류를 타면 손쉽게 대마도로 갈 수 있다. 우리나라에서 대마도로 가는 직선거리가 가장 가까운 곳은 부산포였지만, 일본 정벌에 나설 때 합포나 견내량을 출발지로 삼았던 이유는 쿠로시오 난류 때문이었다.

이순신은 해류와 조류의 흐름을 누구보다 잘 알고 있었다. 정유재란 때 선조는 이중첩자의 거짓 보고에 속아 이순신에게 서생포울산 앞바다로 가서 가토 부대를 공격하라고 명령했지만, 이순신은 일개 첩자의 정보를 믿고 출동하는 것은 자살행위라고 판단하고 왕명을 거역했다. 이순신이 이런 결정을 내린 것은 요시라의 간계도 믿을 수 없었지만, 당시 겨울철 해상의 날씨와 쿠로시오 난류를 잘 알고 있었기 때문이다. 한산도에서 서생포까지 가려면 남해와 동해가 만나는 바다의 변덕스러운 날씨를 마주해야 했고, 쿠로시오 난류라는 복병도 기다리고 있었다. 이런 상황에서 긴 항해를 했다가는 전투를 하기도 전에 노 젓는 격군들의 힘이 다하여 지칠 것이 분명했다. 거기다가 바닥이 뾰족하고 속도가 빠른 유선형의 첨저선尖底船인 아타케부네를 타고 대한해협을 건너다니는 일본군을 바닥이 평평한 평저선平底船인 판옥선으로 큰 바다에서 따라잡을 수 없다는 것도 잘 알고 있었다. 배의 구조상 첨저선은 풍랑이나 해류를 만나도 헤치고 나갈 수 있지만, 평저선인 판옥선은 해류를 잘못 만나면 표류할 수밖에 없다.

결국 이순신은 왕명을 거역한 죄로 파직을 당했고, 이순신 대신 삼도수군통제사에 오른 원균의 명을 받은 경상우수사 배설이 절영도의 태종대 바깥바다까지 함대를 이끌고 진출했다가 거센 풍랑과 해류를 만나 5척은 두모포부산시 기장군 기장읍까지 밀려가고 7척은 가토의 부대가 있는 서생포울산까지 표류하여 적에게 도륙을 당하고 말았다. 이순신의 판단은 옳았고 이순신 없는 조선 수군은 칠천량에서 치욕의 패배를 당하고 몰락의 위기로 치달았다.

::

지리를 활용한 전략전술

정밀한 지도와 정교한 전략

이순신이 지리적 특성을 이용하여 전략을 세울 수 있었던 데에는 조선의 뛰어난 지도가 큰 역할을 했을 것으로 짐작된다. 우리나라에서 지도가 사용된 것은 삼국시대로 거슬러 올라간다. 1953년 평안남도 순천군 용봉리에서 발견된 고구려 요동성총에서 요동성의 지도가 발견되었고, 김부식의 《삼국사기》에는 고구려 영류왕 11년628년 9월 당나라에 사신을 보내면서 고구려 전도인 봉역도封域圖를 올렸다는 기록이 있다. 조선 태종 때인 1402년에 제작된 혼일강리역대국도지도混一疆理歷代國都地圖는 아시아 대륙과 유럽은 물론 아프리카까지 포함하고 있는 현존하는 동양 최고最古의 세계지도로, 당시로서는 가장 정밀하게 지형이 표현되어 있고 무엇보다 서양보다 100년이나 먼저 제작된 세계지도라는 점에서 의미가 있다.

세조 때인 1463년 정척과 양성지가 제작한 동국지도東國地圖는 현장 답사를 기초로 만든 조선 전기 최고의 지도이지만 그 원본이 전하지 않는다. 현재 국사편찬위원회에 소장되어 있는 조선팔도지도朝鮮八道地圖와 조선방역도朝鮮方域圖가 이 지도와 같은 유형의 지도로 추정된다. 이런 조선 전기의 지도를 바탕으로 영조 때 정상기는 100리를 1척으로 환산하는 방식인 백리척을 사용하여 축적지도인 동국지도東國

地圖를 만들었고, 이런 지도 제작 기술은 고산자 김정호의 대동여지도大東興地圖로 이어졌다. 대동여지도는 일제강점기인 1930년대에 일본이 삼각측량을 하여 정밀지도를 제작할 때까지 사용되었다.

도요토미 히데요시도 조선 침략에 앞서 새로 제작한 '조선채색지도'를 부대에 나누어주었다. 이것은 대마도 도주가 바친 조선 지도를 지역별로 여섯 부분으로 나누어 각각 다른 색을 칠한 지도인데, 경상도는 백국, 전라도는 적국, 충청도와 경기도는 청국, 강원도와 평안도는 황국, 함경도는 흑국, 황해도는 녹국으로 표시되어 있다. 이 지도를 바탕으로 조선을 점령한 뒤 각 지역을 통치할 장수까지 미리 정해두었다.

일본보다 앞선 지도 제작 기술을 가지고 있던 조선에서 이순신 역시 지도를 바탕으로 전략을 세웠을 것이다. 《난중일기》나 《임진장초》에 수많은 지명이 등장하지만 구체적으로 어떤 지도를 보았다는 기록은 없다. 15~16세기에 우리나라에도 한문으로 번역된 서양 지리서가 중국을 거쳐 들어왔고, 아라비아의 영향을 받은 프톨레마이오스 방식의 세계지도가 도입되어 지도 제작 기술에 변화가 일어났다. 무엇보다 이 시기는 조선 왕조의 성립과 더불어 정치적, 군사적 필요에 따라 우수한 지도가 많이 제작되었다. 이순신도 1557년명종 12년에 제작된 조선방역도 등 그 당시의 정교한 지도를 사용했을 것으로 보인다.

아무리 정교한 지도가 있어도 그것을 읽어내는 능력이 없으면 무용지물에 불과하다. 지도를 읽어내는 기술을 독도법讀圖法이라고 하는데, 군인들이 전장에서 지도를 해독하는 방법도 독도법의 하나이다. 컴퓨터로 최첨단 지리정보시스템을 활용한다고 해도 최종적으로 필요한 정보를 찾아내고 판단하는 것은 사람의 몫이다. 전장에서 유능한 지휘관이라면 지도만 들여다보아도 어디서 물소리가 나고 어디서 새소리가 나는지 알아야 한다. 백의종군 중이던 1597년 5월 24일 일기를 보면 체찰사 이원익의 부탁으로 이순신이 경상우도의 지도를 그려주었다는 기록이 있다. 그 지역의 지리에 능통한 사람이 아니면 불가능한 일이었다.

망산과 망군의 활용

지도를 통해 지리적 정보를 얻었다면, 적의 움직임을 파악하기 위해서는 망산과 망군을 이용했다. 남해안에는 유독 망산이라는 지명이 많다. 망산은 높은 곳에 올라가서 병사들이 망을 보던 산이다. 현재 지명으로만 살펴보아도 거제도에만 3개의 망산이 있고, 남해안을 통틀어서는 모두 10개가 넘는 망산이 있다. 한산도에서 제일 높은 산 또한 망산이라 불리고, 그 아래 동네 이름은 망골望谷이다. 조선시대에 변방의 위급한 상황을 서울로 알리는 장거리 통신수단이 봉수였다면, 이순신이 운용한 망군은 작전구역 내에서 이용하는 단거리 통신수단이라 할 수 있다.

《난중일기》를 보면 이순신이 망군들을 보내서 보초를 서고 망을

전라남도

신안군

벽방산 · 대금산 ·

통영시 · 거제시 ·

망마산 · 남해군

보성군

한산도 망산, 고동산

강진군

해남군 · 고흥군

진도군 · 달마산

완도군

남해안에는 이순신이 망군을 보내서 적의 움직임을 살피던 망산이 여럿 있다.

보게 했던 장소가 많이 등장하는데, 대표적인 곳이 경남 고성군에 있는 벽방산과 거제도 대금산, 해남 달마산, 여수 망마산, 한산도 제승당 입구에 있는 고동산이다. 같은 망군이지만 산이 아닌 해안의 중요 거점을 돌아다니며 정보를 수집하는 병사는 체탐군體探軍이라고 했다. 거제도 북단의 영등포거제시 장목면 구영리 등지가 체탐군을 내보냈던 장소이다.

한산도 망산

한산도에서 제일 높은 산인 망산은 해발고도 293미터로, 이 산에 올라가면 거제도와 통영 일대의 바다가 한눈에 들어온다. 맑은 날에는 동쪽으로 거제도 남단과 산달도, 가왕도, 장사도, 병대도까지 육안으로 관측되며, 서쪽으로는 미륵도와 상죽도, 하죽도까지, 남서쪽으로 학림도, 연대도, 부지도, 오곡도, 연화도, 국도까지 볼 수 있다. 남쪽으로는 용초도, 추봉도, 비진도, 매물도, 소지도, 구을비도를 바라볼 수 있으며, 북쪽으로는 화도, 방화도, 해간도, 견내량 근처까지 관측이 가능하다.

벽방산

벽방산은 통영시 광도면 안정리에 있는 산이다. 예전에는 벽발산이라고도 했는데, 이 산의 정상에서 바라보면 부산이나 웅천 방면에서 괭이바다로 진출하여 고성 쪽으로 나오는 배를 훤히 바라볼 수 있다. 이순신이 한산도에 머물면서 제한국이라는 망군을 보내어 적의 동태를 살피게 한 곳이 바로 벽방산 망봉이다.

거제도 대금산

거제도 대금산은 거제시 장목면 대금리 뒷산을 말하는데, 이순신이 한산도에 머물며 견내량을 지킬 때 망군을 내보낸 장소가 바로 대금산에 있다. 이곳에 올라가면 동쪽에서 나오는 적을 가장 잘 관측할 수 있을 뿐만 아니라 가덕 천성보와 안골포, 웅포는 물론 날씨가 맑으면 멀리 낙동강 하구의 장림포까지도 볼 수 있다.

한산도 고동산

한산도 제승당으로 들어가는 한산만 입구 왼쪽에 있는 높은 봉우리가 고동산이다. 제승당 수루까지 직선거리로 1.5킬로미터 정도 되는데, 이순신은 이곳에도 망군을 배치했다. 바깥 바다에서 한산도 수군 진영으로 잠입해 들어오는 적을 발견하기 위해서이다. 망을 보던 병사는 적선이 나타나면 고동을 불어 수루로 전달했다.

여수 망마산

여수시 시전동에 있는 선소마을 뒷산이 망마산이다. 여수 가막만의 깊숙한 곳에 전선을 건조하고 무기를 만드는 선소, 세검정, 군기창고 등이 있었고, 선소 북쪽에 있는 망마산은 병사들을 훈련시키고 적의 동태를 살피는 천연의 요새였다.

해남 달마산

해남 달마산은 명량해전 직전 이순신이 진도 벽파진에 머물 때 망군 임준영, 임중형 등을 내보냈던 산이다. 이 산에 올라가면 완도 쪽에서 서진해 오는 적선을 잘 관측할 수 있다. 명량해전 전에 적선이 이진과 어란포에 당도했다는 정보를 알려준 망군들이 자주 올라갔던 망봉 중의 하나가 해남의 달마산이다.

지형에 따른 탁월한 진법 활용

이순신은 지역의 지리적 특성과 그날의 상황에 따라 가장 적절한 진법을 활용하는 데에도 탁월했다. 진법은 중국에서 유래한 것으로, 전투를 할 때 일정한 대형을 유지하면서 병력과 장비를 배치하는 방식이다. 조선에서도 문종 때 수양대군이 쓴 《진법陣法》을 성종 때인 1492년에 발간한 바 있다. 이를 1742년 영조 때 다시 발간한 책이 《병장도설兵將圖說》인데, 그림과 함께 전투에서 사용되는 진법이 잘 설명되어 있다. 당시에는 원진圓陣, 직진直陣, 예진銳陣, 방진方陣, 곡진曲陣의 5가지 진형을 기본으로 하되 병력의 구성이나 지형에 따라 장사진長蛇陣, 학익진鶴翼陣 등의 보조적 진형을 익혀 전시에 사용하도록 했다. 그중 장사진은 긴 뱀처럼 움직이는 일렬종대 대형인데, 이를 좌우로 펼치는 것을 횡렬장사진 또는 일자진이라고 한다.

이러한 진법은 원래 육전을 기초로 발전되었으나, 이순신은 해전에서도 이런 진법을 적절히 활용했다. 바다는 육지와 달라 일정한 대형을 유지하는 것이 쉽지 않다. 조류의 흐름과 바람, 파도가 있어 육지에서보다 진법을 구사하기가 어렵기 때문이다. 거기에다가 적과 아군의 세력을 분석하고 복잡한 해안의 전투현장에 따라 각기 다른 진법을 구사해야 한다.

이순신이 진법에 얼마나 능통했는지는 조카 이분이 남긴 《행록》에 기록이 남아 있는데, 이 책에 따르면 "발포 만호가 되었을 때 감사 손식이 공을 불러다가 진서陣書를 강독하게 하고 진도陣圖를 그리게 하자 공이 붓을 들고 정묘하게 그려내니 감사가 꾸부려 한참 동안 들여다보다가 '어찌 이리 정묘하게 그리는가' 하면서 그 후에는 정중하게 대우하였다"라고 한다.

고금도 충무사에 소장되어 있는 《우수영전진도첩右水營戰陣圖帖》에 이순신 함대가 구사했던 다양한 진법이 자세한 그림으로 그려져 있다. 그중 첨자찰尖字札진은 함대의 배치가 마치 뾰족한 '첨尖' 자와 같고, 갑옷미늘인 '찰札' 자처럼 생겼다고 해서 붙인 진형 이름이다. 함대가 출전할 때 사용하는 진용으로 첨자진이라고도 하는데, 이순신이 여수에서 경상도 해역으로 제1차 출전을 할 때 이 진형을 사용했다. 곡진曲陣은 진의 모양이 '곡曲' 자를 닮았다고 하여 붙인 이름이며, 쉽게 다른 진형으로 바꿀 수 있는 것이 장점이다. 원진圓陣은 대장선을 중심으로 둥근 원 모양의 진형을 이루는 것이고, 하방영下方營은 함대가 정박할 때 치는 진형이다. 그 외에도 직진直陣, 예진銳陣, 이로행二路行, 좌우찰左右札, 청발방廳發放 등의 진법이 사용되었다.

이순신이 적재적소에서 다양한 진법을 구사할 수 있었던 것은 무엇보다 지리에 정통하고 다양한 정보망을 이용하여 적의 상황을 정확히 파악하고 있었기 때문이다. 학익진은 이순신이 한산대첩에서 이용하여 큰 승리를 거둔 진법으로 알려져 있지만, 사실은 여진족과의 전투에서 육군이 구사한 진형이었다. 바다에서 학익진을 구사하려면 아군의 세력이 적과 비슷하거나 우세해야 하고, 적이 공격해와야 하며, 학익진을 칠 수 있는 넓은 바다가 있어야 한다. 1592년 7월

8일양력 8월 14일 한산대첩 당시 이순신은 한산도와 미륵도 사이의 비교적 넓은 바다에서 학익진을 이용해 큰 승리를 거둘 수 있었다.

이순신이 다시 학익진을 사용한 것은 제2차 당항포해전에서였다. 1594년 3월 4일 적의 퇴로를 차단하기 위해 거제도 북단의 증도창원시 마산합포구 구산면 원전리 실리도, 일명 시리섬 일대에서 학익진을 쳤다. 한산도에서 대군을 이끌고 나왔으므로 아군의 세력이 우세했고 일대가 비교적 넓은 바다이므로 학익진이 가능했다. 학익진은 일렬로 진격해오는 적을 반쯤 포위하여 맨 앞의 적부터 타격하는 진형이다. 다시 말해 선두부터 집중포격을 가하고 뒤따르는 적을 순차적으로 격멸하는 방식으로, 선택과 집중의 포병전술을 구사할 수 있는 것이 학익진의 특징이다.

포구 안의 적을 공격할 때는 지형과 적의 동태에 따라 장사진이나 일자진을 이용했다. 적이 포구에 웅거하면서 밖으로 나오지 않을 경우에는 장사진으로 공격했다. 이는 육상의 포격으로부터 피해를 줄일 수 있는 최적의 진형인 일렬종대 대형으로, 계속하여 포구 안을 들락거리면서 공격하는 방법이다. 안골포, 웅포, 부산포, 장문포 등지의 적들이 넓은 바다로 나오지 않을 때 이 진형이 사용되었다.

적이 포구에서 넓은 바다로 탈출을 시도할 때는 횡렬장사진인 일자진을 쳐서 입구를 차단하고 포구 안으로 압박해 들어가면서 포격전을 펼쳤다. 옥포해전과 적진포해전, 당포해전, 당항포해전이 여기에 해당한다.

유능한 현장 전문가의 등용

이순신은 지리 전문가를 기용하여 적절히 활용했다. 제1차 출전에서 이순신은 여수를 출발하며 바다의 지리와 물때를 제일 잘 아는 광양 현감 어영담을 앞장서게 했다. 그리고 경상도 해역에서는 원균과 협의하여 경상도 장령을 선봉장으로 정하려고 비워두었다가 당포통영시 산양읍 삼덕리에서 경상도 수군과 합세한 후 옥포 만호 이운룡이 그 지역의 지형과 물때를 누구보다 잘 안다는 것을 알고는 그를 선봉장으로 임명했다.

경상도 해역으로 출전할 때 향도 역할을 했던 광양 현감 어영담은 경상도 함안 사람으로 임진왜란이 일어나기 전 사천 현감, 무장 현감 등을 지내다가 1591년 3월에 광양 현감으로 부임했다. 그는 옥포해전에서부터 제2차 당항포해전까지 모든 해전에 참전하여 큰 역할을 했다.

1593년 어영담이 이순신과 함께 웅포해전에 참전했을 때 광양현을 순찰하던 임발영이 장부에 기록하지 않고 양곡 600석을 저장해 둔 것을 문제 삼아 조정에 보고하여 어영담을 파직시키는 사건이 발생했다. 이때 이순신은 어영담을 적극 변호하여 다시 조방장으로 기용했다. 1596년 4월 9일 한산도에서 어영담이 전염병으로 숨을 거두자 이순신은 몹시 슬퍼하며 그날 일기에 "조방장이 세상을 떠났다. 애통함을 어찌 다 말하랴"라며 안타까운 마음을 적었다.

적의 동태를 파악하기 위해서 움직이던 망군과 체탐군들도 그 지역을 훤히 알고 있는 사람들이라 전투에서 큰 도움이 되었다. 벽방 망군 제한국, 괭이바다 일대의 체탐군 오수, 해남 달마산 일대에서 망을 보던 임준영, 임중형 등은 모두 그 지역의 지리에 밝은 사람들로, 이순신은 이런 전문가들을 기용하여 그 지역과 지형에 대한 정확한 정보를 수집하여 전투에 이용했다.

하늘과 바다의 흐름을 읽다

바다에는 하루에 두 번씩 밀물과 썰물이 교차한다. 바닷물의 수위에 따라 1물부터 15물까지로 구분하는데, 매달 8일과 23일은 반달이 뜨는 날로 15물인 조금이고, 보름과 그믐에는 8물인 사리가 된다. 조금 때에는 조수 간만의 차가 크지 않지만, 사리 물때에는 밀물과 썰물이 크게 움직인다. 해전에서 이런 조류의 특징을 알지 못하고 전투에 임했다가는 큰 낭패를 보기 십상이다. 반면에 조류의 움직임을 꿰뚫고 있다면 유리하게 전투를 이끌어나갈 수 있다. 대표적인 경우가 사리 물때를 만나면 유속이 엄청나게 빨라지는 명량의 조류 흐름을 이용한 명량해전이다.

큰 달과 작은 달이 있는 음력의 특성상 가끔 보름보다 하루가 늦은 16일에 조수 간만의 차가 더 큰 경우가 있다. 명량해전 당일인 1598년 9월 16일은 밀물과 썰물이 가장 빠르게 교차한 대조기였다. 그날 오전의 조류는 해남에서 목포 방향으로 흐르는 남동류였다. 명량의 최대 유속은 약 11노트 정도 되는데, 무동력선은 이 정도 속도를 거슬러 항행할 수 없다. 떠내려가지 않으려면 닻을 내리고 버텨야 하는데, 그것조차 위험천만한 일이다.

이순신은 이런 조건이 갖춰진 명량으로 왜군을 끌어들였다. 음력 보름 전후에 명량의 물살이 가장 센 것을 이용하여 협수로에서 한판 승부를 걸기로 미리 계획을 세웠다. 이길 수 있는 조건을 갖추어 놓고 싸우는 선승구전先勝求戰의 전략이었다. 우선 사리 물때인 대조기 하루 전인 9월 15일 벽파진에서 급히 우수영으로 진을 옮겼다. 조선 수군이 서해로 도망가는 것처럼 오해를 하게 만들기 위해서였다. 그때 왜군은 어란포에 와 있었다. 왜의 정탐선이 벽파진 바로 앞에 있는 작은 섬 감보도甘甫島, 진도군 고군면 벽파리 감부도의 산 그림자 사이로 접근 하여 정보를 수집해가기도 했고, 1597년 9월 7일에 왜선 13척이 벽파진을 공격했다가 이순신 함대의 추격으로 달아나기도 했다.

1597년 9월 16일, 이순신이 사활을 걸고 준비한 전투가 시작되었다. 그날 시간대별로 명량의 밀물과 썰물이 어떻게 교차했는지 살펴보자. 바다에서는 하루에 두 번 약 6시간 간격으로 밀물과 썰물의 방향이 바뀐다. 명량해전 당일에는 오전 6시 30분부터 해남에서 목포 방향으로 흐르는 남동류가 시작되었다. 전투가 시작된 오전 10시 무렵에는 유속이 최대속도인 11노트에 달했다. 왜군은 순류를 타고 진격해왔고 이순신이 탄 대장선은 강력한 물살에 저항하며 버텼다. 정오가 지나고 12시 40분에 조류가 잠시 멈추었다가 목포에서 해남 방면으로 흐르는 북서류로 바뀌었다. 이때를 이용하여 뒤로 물러나 있던 조선 수군의 판옥선 12척이 대장선과 합세하여 총반격을 펼쳤다. 그리고는 순식간에 왜선 33척을 격파해버리자 후미에서 따라오던 왜군 선단은 서로 엉켜서 멀리 벽파정까지 떠내려갔다. 이순신은 이들을 추격한 끝에 벽파정 아래에서 적장 마다시를 죽이고 극적인 승리를 거두었다. 시간대까지 정확하게 계산하여 바다의 물때를 이용한 이순신의 치밀한 전략이 승리를 거둔 역사적 순간이었다.

1598년 9월 22일 이순신과 진린 연합함대가 순천왜성에 있는 고니시 군을 공격할 때, 명나라 전선 40여 척이 순천만의 갯벌에 좌초되어 꼼짝도 못하는 상황이 벌어졌다. 명나라 지휘관들이 남해 바다의 물때에 대한 지식이 없었기 때문에 일어난 사고였다. 이순신 함대는 그날 바다의 물때를 알고 미리 빠져 나왔다. 명나라 배들이 꼼짝도 못하자 왜군은 성벽을 타고 내려와 배를 불사르기 시작했다. 이순신은 이들을 구출하기 위해 7척의 전선을 보내면서 여의치 않으면 물이 더 빠져 나가기 전에 돌아오라고 명령했다. 결국 썰물에 좌초된 명나라의 배를 구하지 못했고, 이로 인해 명나라 수군이 입은 피해는 막대했다. 하지만 조선 수군은 명나라를 돕는 과정에서 전력을 잃었을 뿐 정작 전투에서 입은 피해는 미미했다.

때와 장소에 따른 전선 운용

임진왜란 초기에 조선 수군의 배는 전선戰船과 구선龜船, 협선挾船 그리고 포작선鮑作船으로 이루어져 있었다. 이순신은 제1차 출전에서 판옥선과 협선, 포작선으로 함대를 구성했다. 제2차 출전의 사천해전부터 구선龜船인 거북선이 등장한다. 이밖에도 《난중일기》와 《임진장초》, 《선조실록》에는 척후선, 탐후선, 탐망선, 통선, 경쾌선, 경예선, 초탐선 등 다양한 배의 이름을 볼 수 있다.

포작선은 민간 동원선이거나 해상 의병들이 타고 수군을 따라 나섰던 고기잡이 배이다. 척후선은 이순신이 타는 것보다 규모가 작은 판옥선으로, 옥포해전 직전에 사도 첨사 김완과 여도 권관 김인영이 이 배를 타고 나가 적을 발견하고 통신용 화살인 신기전을 쏘아올렸다. 탐후선은 이순신이 경상도 해역으로 출동했을 때 여수 본영을 오가면서 어머니께 안부를 전하는 등 연락 임무를 수행한 배이고, 탐망선은 당포해전에서 본대가 포구 안을 공격할 때 바깥 바다에 배치하여 망을 보게했던 배이다. 경쾌선은 작고 빠른 배로, 제1차 출전 당시 당포에서 만나기로 한 원균이 정해진 시간에 나타나지 않자 전령선으로 띄우기도 했다. 통선은 웅포해전에서 얕은 포구로 진입하다가 전복된 판옥선이며, 경예선은 제2차 당항포해전에서 어영담을 지휘 장수로 하여각 도에서 차출한 가볍고 날랜 전선이다. 초탐선은 명량해전에서 조선 수군의 판옥선 후미에 배치했던 작은 배이다.

이처럼 여러 종류의 배 이름이 등장하지만 기본적으로는 전투선과 비전투선으로 구분할 수 있다. 1592년 전쟁 초기의 전투선은 판옥선과 거북선이었는데, 그중에서 대형 전선인 판옥선이 주력 전투함이었고 거북선은 돌격선 역할을 했다. 나머지는 5명 가량이 탈 수 있는 비무장선인 협선을 용도에 따라 탐망선, 탐후선, 경쾌선, 초탐선 등으로 활용한 것이다. 제2차 당항포해전에 동원된 경예선 역시 특별히 경예선이라는 배가 있었던 것이 아니고 판옥선 중에서 작고 빠른 배들을 차출한 것이었다. 임진왜란을 거치면서 1593년부터는 협선을 사후선이라 했다.

조선의 주력 전선인 판옥선은 삼포왜란과 을묘왜변을 거치면서 더욱 크고 강력해진 왜선에 대항하기 위해 명종 때 개발한 전투선이었다. 판옥선 중에서 제일 큰 배를 상선上船 또는 좌선座船이라고 하는데, 160여 명 정도 승선할 수 있는 크기로, 주로 통제사나 수사가 이 배에 탔다. 이보다 작은 1호선은 각 수군 진영의 장수가 승선하여 전투를 지휘했다. 1호선보다 크기가 작은 2호선도 있었는데, 1호선과 2호선에는 120~140여 명이 승선할 수 있었다.

1593년 7월 여수에서 한산도로 진을 옮긴 후부터 이순신은 전선 건조에 전력을 다하여 정유재란 때에는 전선이 170여 척에 달했고, 비전투선까지 합치면 모두 250척이 넘는 배가 있었다. 작은 판옥선에 뚜껑을 덮어 거북선을 만들었는데, 임진왜란이 발발했을 때, 좌수영구선, 방답구선, 순천구선 3척의 거북선이 있었다. 그 당시의 선박 건조 기술은 배 목수들의 경험에 의한 것이었으며, 정형화된 설계도가 없었다. 그래서 같은 판옥선이라도 크기가 제각각이었고, 거북선도 좌수영구선과 통제영구선이 각각 달랐다. 협선 또한 크기가 조금씩 차이가 났으며 똑같은 제원을 가진 협선은 한 척도 없었다.

이순신은 각 지역의 지형에 따라 각각의 배들을 적절히 운용했다. 적을 유인하러 갈 때는 가볍고 빠른 판옥선을 보냈다. 한산대첩 당일 아침에 견내량에 정박해 있는 적선을 유인하기 위해 김완이 타고 나간 척후선은 작고 날랜 판옥선이었다. 적의 퇴로를 지키는 복병선으로는 비교적 큰 배를 배치했다. 당항포해전 다음 날 이순신이 일부러 남겨둔 배 한 척을 타고 나오던 패잔병들을 격파한 것은 당항만 입구의 양도창원시 마산합포구 진전면 창포리 앞의 섬에 매복해 있던 방답 첨사 이부 이순신의 1호선을 비롯한 복병선 4척이었다. 괭이바다 해상봉쇄작전을 할 때 견내량과 증도 일대에서 봉쇄에 참여한 배들은 비교적 큰 전선이었으며, 얕고 깊숙한 포구에 있는 적을 칠 때는 경예선을 동원했다. 제2차 당항포해전 때 어영담의 특수임무부대가 여기에 해당된다. 웅포해전에서 2호선 판옥선인 통선이 얕은 바다로 진입하다가 부딪혀 전복되는 사고가 나자 이순신은 자신이 지휘를 잘못 했다고 자책하기도 했다.

탐망선은 본대로부터 멀리 내보내어 적의 동태를 살피거나 포구 안에서 전투가 벌어졌을 때 바깥 바다에 배치하여 적의 후속부대가 오는지 경계하는 역할을 했다. 웅포해전이 끝나고 1593년 5월부터 이순신은 한산도와 걸망포통영시 산양읍 신전리 신봉 마을에 머물며 견내량을 지키기 위해 탐망선을 자주 내보냈는데, 개인 무장만 한 채로 4~5명이 협선을 타고 나가서 적정을 살피다가 적이 나타나면 재빨리 본대에 알리는 것이 이들의 역할이었다. 탐망선은 주로 적이 출몰할 수 있는 요지에 내보냈다. 견내량 북쪽의 가참도거제시 사등면 창호리 가조도와 거제도 청슬거제시 사등면 지석리, 영등포거제시 장목면 구영리 등이 대표적인 곳이다.

　왜군이 대규모로 주둔해 있던 부산포를 공격할 때 많은 포작선이 전선을 따라 출전했다. 포작선은 물이나 땔나무 등의 보급물자를 싣고 전선을 따라 다니던 작은 고기잡이 배였지만 큰 전선과 섞여 항진하면 대단한 세력을 가진 전단인 것처럼 보이게 하여 적을 위축시키는 심리전 효과가 있었다. 주로 어부들인 포작鮑作은 위급한 상황이 발생하면 죽창이나 몽둥이, 돌 등을 이용하여 자체 방어를 했는데, 명량해전에서 13척의 판옥선 뒤에서 북을 울리며 응원한 100여 척의 배가 초탐선과 포작선이었다.

괭이바다 해상봉쇄작전

거제도 북쪽 진해만 일대의 바다를 괭이바다라고 한다. 그 부근에 대광이도와 소광이도 두 개의 섬이 있고 지역민들이 광이도를 괭이섬이라 부르는 까닭에 괭이바다라고 불리지만, 이는 지역 주민들만 부르는 이름일 뿐 공식 명칭은 아니다. 칠천도와 가조도, 저도, 광이도廣耳島 등의 섬과 함께 현재 많은 조선소들이 들어서 있는 괭이바다를 포함해 진해만, 거제도　일대는 임진왜란 당시 조선 수군과 일본 수군이 가장 많은 전투를 벌인 곳이다.

　《난중일기》와《임진장초》에는 괭이바다 근처의 지명이 상당히 많이 등장한다. 합포, 적진포, 당항포, 고리량, 아자음포, 읍전포, 어선포, 시구질포, 춘원포, 증도, 궁도, 형도, 지도, 세포, 칠천량, 장문포, 영등포, 견내량 등이 모두 괭이바다 인근의 지명들이다. 괭이바다는 왜군이 부산포에서 출발하여 견내량을 지나 곡창지대인 호남으로 진출하는 길목에 있는데, 이순신은 괭이바다 일대의 지리적 중요성을 꿰뚫어보고 1593년 7월 여수에서 한산도 두을포통영시 한산면 두억리 의항마을로 진을 옮긴 후 고성의 벽방산통영시 광도면 안정리에 망군을 파견하여 서진해 오는 적의 동태를 살피게 했다. 괭이바다는 두 곳만 봉쇄하면 밖으로 빠져나갈 길이 없다. 견내량을 막고 창원시 마산합포구 구산면 원전리와 거제시 장목면 구영리 사이의 해협을 막아버리면 독 안에 든 쥐의 형국이 된다. 이순신은 이 바다에서 합포해전, 적진포해전, 당항포해전, 장문포해전, 제2차 당항포해전 등의 전투를 치렀고 모두 승리했다.

강화협상이 진행되던 1594년에 괭이바다를 봉쇄하고 왜군을 물리친 가장 큰 전투가 제2차 당항포해전이다. 한산도 진영에 있던 이순신은 견내량을 마지노선으로 하여 부산포, 웅포, 안골포 등지의 왜군들이 서쪽으로 진출하지 못하도록 막고 있었다. 조선 수군의 위세에 눌려 거제도 북단의 영등포거제시 장목면 구영리 서쪽으로는 진출할 생각을 하지 못하던 왜군들이 협상기간 중 휴전을 악용하여 수시로 괭이바다로 진출하고 종종 견내량까지 넘어오는 일이 발생했다. 그럴 때 마다 조선 수군이 한산도에서 발진해서 왜군은 쫓아내곤 했다.

읍전포
해전

시구질포해전

어선포해전

2차 당항포해전

아자음포

고리량

남포

저도

증도

영등포

광이도

율포

장문포

이수도

소소포

적진포

가참도

칠천도

춘원포

칠천량

고성군

구화역

지도

세포

청슬

견내량

거제도

옥포

통영

이순신은 괭이바다의 지리적 특성을 이용하여 이곳에서 많은 전투를 벌였고, 그중에서 견내량과 증도를 막는 해상봉쇄작전으로 큰 승리를 거둔 것이 제2차 당항포해전이다.

1594년 3월 4일 괭이바다로 진출한 적선 31척을 이순신의 해상봉쇄작전과 어영담이 지휘한 특수임무부대의 기동작전으로 괴멸시킨 것이 제2차 당항포해전이다. 이 작전의 일등공신은 벽방산 망봉에서 적의 동태를 살피던 제한국이었다. 1594년 3월 3일양력 4월 22일 오후 2시 무렵 벽방산에서 괭이바다를 바라보고 있던 제한국의 눈에 적선이 나타났다. 대선인 아타케부네가 10척, 중선인 세키부네가 14척, 소선인 고바야부네가 7척으로 모두 31척이었다. 그중 21척은 고성의 당항포고성군 회화면 당항포리로 들어가고 7척은 오리량창원시 마산합포구 구산면 구복리와 저도 사이의 해협으로, 3척은 저도창원시 마산합포구 구산면 돝섬로 들어가는 것을 포착했다. 제한국은 즉시 한산도의 이순신에게 이 사실을 알렸고, 곧바로 대규모 해상봉쇄작전이 개시되었다.

3월 3일 밤 은밀하게 한산도를 출발한 이순신 함대는 견내량을 지나 밤 10시 무렵 지도紙島, 통영시 용남면 지도리 앞바다에 진을 치고 하룻밤을 보냈다. 다음 날인 3월 4일 새벽에 이순신은 전선 20여 척으로 견내량을 봉쇄한 후 주력 부대를 이끌고 거제도 북단의 증도창원시 마산합포구 구산면 원전리 실리도로 가서 학익진을 펼쳐 적의 퇴로를 완벽하게 차단했다.

곧이어 어영담이 지휘하는 특수임무부대가 대대적인 수색작전에 나섰다. 이순신은 전라좌도에서 10명, 전라우도에서 11명, 경상우도에서 10명 모두 31명의 장수와 경예선을 차출하여 어영담을 인솔 장수로 하는 특수임무부대를 편성하고 당항포, 오리량 등지로 급파했다. 제한국이 알려준 정보는 정확했다. 조선 수군이 먼저 진해선창창원시 마산합포구 진동면 진동리으로 치고 들어가자 그곳에 정박해 있던 적선 10척은 해안선을 따라 도망치기 시작했다. 그중 6척은 진해선창 서쪽의 읍전포창원시 마산합포구 진동면 고현리로, 2척은 어선포고성군 회화면 어신리로, 2척은 진해선창 동쪽의 시구질포창원시 마산 합포구 진동면 주도리 왜꼬지 쪽으로 달아났다. 적은 포위된 상태였고 견내량과 거제 북단을 막아 폐쇄된 꽹이바다 안에서 독 안에 든 쥐나 다름없었다. 이날 어영담이 이끄는 특수임무부대는 읍전포에서 왜선 6척, 어선포에서 2척, 시구질포에서 2척 모두 10척을 불태워 격침시켰다.

그날 밤 이순신 함대는 아자음포阿自音浦, 고성군 동해면 외산리에서 진을 치고 하룻밤을 새웠다. 3월 5일 당항포 앞바다에 이른 이순신 함대의 본대는 당항포로 들어가는 입구인 당목동진교 다리아래의 좁은 목에 이르러 바깥에서 들어올 적에 대비하기 위해 근처의 양도창원시 마산합포구 진전면 창포리 앞의 섬에 복병선을 배치하고, 어영담을 시켜 당항만 안쪽의 적을 치게 했다. 놀란 적들은 배를 버리고 산으로 도망했고, 조선 수군은 나머지 21척의 적선까지 남김없이 불살라버렸다. 제2차 당항포해전을 당항포 이외의 여러 곳에서 승리한 작은 전투를 묶어서 진해해전이라고도 한다. 당시 진해는 지금의 창원시 진해구가 아닌 마산합포구 진동면 진동리인데, 그 앞바다가 진해이기에 그곳에서 벌어졌던 해전도 바다의 이름을 따서 붙여지게 되었다.

제2차 당항포해전에서 완벽하게 승리할 수 있었던 것은 어영담의 특수임무부대가 적을 수색하여 격멸할 수 있도록 적절한 해상봉쇄 작전을 펼쳤기 때문이다. 또한 괭이바다 일대의 지리를 완벽하게 알고 있었던 이순신의 탁월한 작전 덕분이었다.

진해선창을 기준으로 이순신이 남긴 기록과 현재 지명을 자세히 대조해보면 당시의 상황을 재현해볼 수 있다. 진해선창에서 서쪽으로 가면 진동면 고현리, 진전면 율티리, 창포리를 지나 당항만 입구의 동진교 다리 아래 당목이 나온다. 당목은 소소강당항만의 옛 이름으로 들어가는 입구로, 마산합포구 진전면과 고성군 동해면 사이의 병목을 말한다. 창포리에서 동진교 다리를 건너지 않고 해안선을 따라 오른쪽으로 들어가면 진전면 시락리와 고성군 회화면 어신리옛 이름은 어선를 지나 당항포리가 나온다. 계속 당항만 끝으로 들어가면 고성군 마암면 두호리가 나오는데, 그곳에서 다시 반대 방향으로 당항만을 빠져나오면, 고성군 동해면 장기리, 양촌리 검포마을, 외산리를 거쳐 동진교 아래 당목으로 나온다.

어영담이 당항포에 있는 적을 치려고 당항만으로 들어가다가 날이 저물어 하룻밤 정박한 곳은 아자음포아잠개였다. 《난중일기》에서는 이곳을 '아자음포'라고 한 반면 《임진장초》에서는 '당항포 입구唐項浦口를 가로막아 진을 치고 밤을 새웠다'라고 기록하고 있다. 두 기록을 합쳐보면 고성의 아자음포는 고성군 동해면 외산리 일대로 추정된다. 당항만을 빠져나오면 당목 입구에 양도라는 섬이 있는데, 어영담이 당항포의 적을 치고 있을 때 이순신은 양도 근처에 대기하면서 바깥 바다를 경계하고 있었다.

다시 진해선창에서 동쪽 시구질포 쪽으로 도망간 왜군의 행적을 더듬어 현재 지명을 따라가보자. 진해 선창 바로 아래에 마산합포구 진동면 광암리옛 이름 광바구가 있고, 거기서 동쪽으로 산모롱이를 돌아서면 수우도라는 섬과 주도리가 나온다. 주도리는 옛날부터 '왜꼬지'라고 불리기도 했다. '곶이'나 '꼬지'는 육지가 바다 쪽으로 튀어나온 곳串에서 유래한 말인데, 앞에서도 언급했듯이 그 지역의 어르신들을 인터뷰해보니 왜꼬지는 이순신이 왜군들을 줄줄이 꼬챙이에 꿰어서 죽인 곳이라고 한다. 따라서 1593년 3월 10일《임진장초》에 나오는 시구질포는 왜꼬지로 추정된다.

왜꼬지 동쪽에는 임진왜란 당시 의병장으로 활동한 제말 장군의 묘가 있는 다구리라는 마을이 있는데, 옛 이름은 하구지이다. 하구지 앞에는 대섬이 있고 그곳에서 해안선을 따라 구둘여와 반영개를 지나면 진동면 도만리옛 이름 도만개가 나오는데, 이곳이 마산합포구 구산면과의 경계이다. 도만리에서 순차적으로 해안선을 따라 동쪽으로 가면 구산면 마전리옛 이름 삼밭개, 군령마을옛 이름 군영개, 배올, 오룡치옛 이름 오동구치, 명주리옛 이름 명지개, 모랑개, 욱곡리옛 이름 울실, 여섬, 내포리, 반동리, 구복리, 돝섬, 닭섬, 징섬, 쇠섬, 장구섬, 심리, 용호, 원전, 실리도가 나온다. 진전면 창포리에서 구산반도 서안西岸까지를 임진왜란 당시 진해땅이라고 했다.

《임진장초》에 나오는 오리량伍里梁은 구복리와 돝섬 사이의 좁은 해협으로 일명 '콰이강의 다리'가 있는 곳이다. 이순신이 저도라고 한 곳은 돝섬으로, 지금도 저도리라는 마을이 남아 있다. 학익진을 펼쳐 왜군의 퇴로를 차단한 증도甑島의 현재 지명은 실리도이다. 과거에 '시루 증甑' 자를 사용해서 불리던 이 섬을 지역민들은 시리섬이라 한다. 구산면 원전리에서 바라보면 이 섬의 모양이 콩나물시루처럼 생겼는데, 시루는 경상도 사투리로 시리라고 한다. 하지만 일제강점기 때 지명을 한자로 바꾸면서 시리섬은 실리도가 되어버렸

저도 쇠섬   •시리섬

제2차 당항포해전에서 이순신이 학인진을 펴 왜군의 퇴로를 차단했던 증도의 현재 지명은 실리도로, 현지인들 사이에서는 시리섬이라 불린다.

다. 안타까운 일이다.

이순신이 선택한 천혜의 정박지

이순신 함대가 하룻밤을 묵기 위해 정박했던 장소의 지형을 살펴보면 매우 흥미롭다. 대표적인 장소가 사량, 착량, 칠천량, 송진포, 당포 등이다. 낮에 전투를 하거나 노를 젓다가 지친 병사들을 편안하게 쉬게 하려면 일단 바깥 바다에서 볼 때 잘 보이지 않는 곳이 필요했다. 그 다음으로는 풍랑이 일어도 바람막이가 되어 파도가 잔잔한 곳이어야 했고, 기습에 대비한 경계가 용이한 지형이라야 했다. 물과 땔나무까지 보충할 수 있는 곳이라면 금상첨화였다. 이순신은 이런 조건을 모두 알고 있었다. 그래서 그가 주목한 곳이 바로 성터였다. 삼국시대나 고려시대부터 내려오는 성터에는 반드시 우물과 민가가 있고, 민가에 사는 조선 백성들로부터 중요한 정보를 수집할 수 있기 때문이었다.

1592년 5월 4일 제1차 출전을 할 때 거쳐 간 경로만 보아도 대부분이 성터 아래의 포구임을 알 수 있다. 제1차 출전 당시 이순신 함대는 여수에서 새벽에 출발하여 남해도의 평산포, 곡포, 미조항 등을 수색하고 창선도와 사량도 곁을 지나 소비포所非浦, 경남 고성군 하일면 동화리에서 진을 치고 1박을 했다. 동여도에는 이곳에 둥근 톱니바퀴 모양의 성 표시와 함께 소을비포所乙非浦, 이두식 음차로는 솔비포라고 적혀 있다. 소을비포성은 해안에 돌출한 구릉 정상부를 성내로 삼고, 해안 경사를 따라 8부 능선 부분에 타원으로 축조한 석축성이다. 조선 전기에 설치된 소을비포진이 있던 이곳은 주변이 바다로 둘러싸여 천연 해자를 갖추고 있는 것과 같았다. 성지 남쪽에 사량진이 있던 사량도가 위치하여 전망은 넓지 못하지만 태풍의 영향을 거의 받지 않아 현재까지도 각종 어선의 대피소로 널리 활용되는 곳이다.

소비포에서 1박을 한 이순신 함대는 다음 날 당포통영시 산양읍 삼덕리로 진출했다. 구항마을, 원항마을 당포마을을 합쳐서 현재 삼덕리로 불리는 당포는 고려 공민왕 때 최영 장군이 성을 쌓고 왜구를 방비하던 곳이다. 동여도를 보면 이곳에도 성의 표시가 되어 있다. 제1차 출전 때뿐만이 아니라 여수에서 경상도 해역으로 출전할 때마다 이순신은 빠짐없이 당포에서 정박했다. 1592년 7월 7일양력 8월 13일

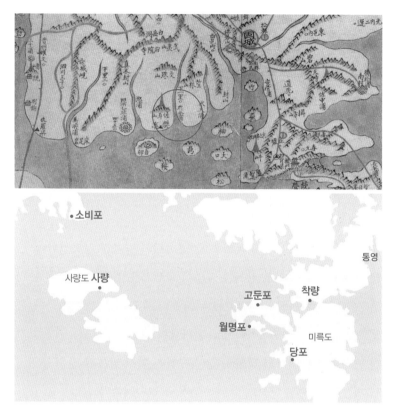

이순신은 하룻밤을 정박할 때도 그곳의 지리적 특성을 면밀하게 살폈는데, 그중에서도 소비포는 경상도 해역으로 제1차 출전을 할 때 들렀던 곳이다.(동여도와 현재 위치)

한산대첩 하루 전에도 이순신 함대는 당포에서 물과 땔나무를 보급받고 목동 김천손으로부터 적선 70여 척이 견내량에 있다는 제보를 받았다.

사량통영시 사량면 진촌리, 착포량통영시 당동, 칠천량거제시 하청면 칠천도 옥계리도 이순신 함대가 자주 정박하여 자고 간 곳이다. 량梁은 조류가 험한 곳이지만 주류에서 비켜 들어간 곳은 조류와 바람을 모두 피할 수 있고 양쪽 출입구에 탐망선 1척씩만 내보내면 적의 기습을 막을 수 있는 최고의 장소다. 웅포해전에서 낮에 전투를 하고 밤에 돌아오는 모항 역할을 한 곳은 소진포蘇秦浦, 거제시 장목면 송진포리였으나 바람이 거세게 부는 날이면 소진포가 아닌 칠천량으로 들어가기도 했다.

지형에 맞는 최적의 무기체계

조선 수군의 주력선인 판옥선은 배 밑바닥이 평평한 평저선이다. 그래서 선체가 물속으로 잠기는 부분이 상대적으로 적다. 거북선도 기본구조 역시 판옥선과 같으므로 역시 물속에 잠기는 부분이 적다. 협선도 그 기본은 통구미선이므로 밑바닥이 평평하다. 이런 구조를 가진 평저선은 우리나라 남해와 같이 수심이 얕고 암초가 많은 해역에서 기동하기 좋다.

반면에 일본의 주력선인 아타케부네와 중형 전선인 세키부네, 소형 전선인 고바야부네 모두 첨저선으로, 속력은 평저선보다 빠르지만 물속으로 잠기는 부분이 많아 얕은 포구에서 운용하기는 불리한 반면 넓고 깊은 바다에서 유리하게 전투를 할 수 있는 구조다.

무기체계로 보면 조선의 배는 판옥선 상장 갑판에 양쪽으로 대포를 8문 정도를 거치하여 포격전을 펼칠 수 있고 거북선도 포혈을 통하여 대포를 발사할 수 있다. 선박 건조 기술의 차이로 왜선은 갑판

위에서 대포를 쏠 수 없었다. 철제 못을 사용한 왜선은 대포를 쏘면 진동으로 배가 깨지기 때문에 함포를 장착할 수 없어 조총을 기본 무기로 운용했다.

이렇게 선박과 무기체계가 다른 관계로 전술도 달랐다. 조선 수군은 적을 일정한 거리에 두고 포격으로 격파하는 당파전술이 기본이었다. 반면 왜 수군은 조총의 유효사거리인 50미터 이내로 접근하여 사격을 하고 상대편의 배에 붙어 사다리나 그물을 타고 올라가서 칼싸움을 벌리는 것이 기본 전술이다.

이런 여러 가지 상황을 고려하여 이순신은 때와 장소에 따라 적절한 작전을 펼쳤다. 한산대첩에서는 견내량에 있는 적을 넓은 바다로 유인해냈다. 견내량의 좁은 지형에서 혼전이 벌어지면 왜군이 우리 배로 타고 올라올 가능성이 많았기 때문에 한산도 앞바다의 비교적 넓은 곳으로 끌어내어 학익진으로 당파전술을 구사했다.

정유재란 때 적이 대마도에서 건너오는 것을 요격하라는 선조의 명령을 이순신이 거절한 것은, 겨울철 부산의 태종대 앞바다는 풍랑이 심하고 조류와 해류가 급한 곳이라 조선의 평저선으로 일본의 첨저선을 이길 수 없다고 판단했기 때문이다. 비교적 얕은 포구를 공격하는 데는 판옥선이 일본 군선보다 한 수 위였다. 그래서 이순신은 항상 포구에 있는 적을 선제공격했다.

섬을 이용한 은폐전술

우리나라 남해는 전형적인 침강해안으로 섬이 많다. 이순신은 이런 지형의 특징을 잘 알고 있었다. 주력 함대를 한산도 앞바다의 섬과 포구 속에 숨겨두고 판옥선 5~6척으로 적을 유인해서 넓은 바다로 끌고 나와 대파한 것이 대표적인 예다. 견내량에서 일시에 돛을 올리고 조선 수군의 판옥선을 추격하던 왜군은 시야가 가려진 섬과 깊숙한 포구에서 조선 수군이 일시에 나타나 학익진을 펼칠 것을 예측하지 못했다. 현장의 지리를 꿰뚫고 있던 이순신의 은폐전술에 적이 당한 것이다.

1592년 6월 5일 당항포해전에서 이순신 함대는 당항포 내만에 깊숙이 들어간 적을 소탕하고 적선 26척 중 25척을 불태워 격침시켰다. 그날 이순신은 명령을 내려 적선 한 척은 온전히 남겨두라고 했다. 허겁지겁 육지로 도망간 왜병들이 피란민들을 괴롭힐까봐 내린 결정이었다. 그러고는 당항포 내만에서 괭이바다로 빠져나오는 입구인 양도 뒤에 복병선 4척을 배치했다. 예상대로 다음 날 아침 남겨둔 한 척의 배에 왜군 패잔병들이 개미떼처럼 타고 나오는 것을 매복해 있던 복병선이 격침시켜버렸다.

1593년 2월 18일 웅포해전에서는 포구 안의 적을 밖으로 유인하면서 웅포 앞바다의 송도松島, 창원시 진해구 연도동 솔섬에는 복병선을 배치했다. 사도 첨사 김완을 복병장으로 하여 송도 뒤에 숨어 있게 하고 다른 배들이 포구로 들어가며 유인하자 적선 10여 척이 따라 나왔다. 이때 복병선이 갑자기 나타나 기습공격을 펼쳐서 많은 적을 사살했다.

앞서 살펴보았듯이 제2차 당항포해전에서 해상을 봉쇄하고 복병선을 배치한 곳도 거제도 북단의 증도창원시 마산합포구 구산면 원전리 실리도와 견내량 북쪽 괭이바다 출구 쪽에 있는 섬 지도통영시 용남면 지도리였다. 1598년 7월 18일 조선과 명나라의 연합함대가 고금도에 있을 때 왜군의 함대 100여 척이 금당도 쪽으로 진격해왔다. 이순신은 녹도 만호 송여종에게 8척의 전선을 주어 절이도고흥군 금산면 거금도로 나아가 숨어 있게 했다. 이때에도 복병선을 배치한 곳은 섬 뒤쪽이었다. 적이 볼 수 없는 섬 뒤에 복병선을 배치하여 퇴로를 차단하거나 기습공격을 펼치는 전술은 지리를 꿰뚫고 있는 이순신의 장기였다.

::

전투보다 철저한 전투 준비

승패를 가른 보급물자

전투에 필요한 무기만큼 중요한 것이 보급물자이다. 그중 제일 중요한 것이 식량과 탄약이지만 물과 땔나무도 못지않게 중요했다. 물은 식수로서도 긴요하고 밥을 해먹기 위해서도 반드시 필요했다. 정유재란 당시 울산성전투에서 성 안에 갇혀 포위된 왜군이 샘물이 말라

고전했다는 기록만 보아도 물의 중요성을 알 수 있다. 1597년 7월 원균이 지휘하던 조선 수군이 칠천량해전에서 패한 이유 중 하나도 물이었다. 전선에 충분한 물을 싣지 않고 부산포 쪽으로 출전했다가 생쌀을 씹어 먹은 병사들이 설사병에 걸리기도 했고, 탈수로 목이 말라 물을 마시러 가덕도에 올라간 병사 400명 이상이 매복해 있던 일본 육군에게 도륙을 당한 것이 결정적 패인이었다.

땔나무 역시 취사와 난방을 하거나 화약인 염초를 끓여서 제조하는 데 꼭 필요했다. 군사가 진영에 머물 때는 둔전에서 나온 짚이나 야산에서 벤 마른 띠풀, 소나무가지 등으로 밥을 해먹고 난방도 했다. 그러나 출전하여 해상으로 나갈 때면 부피가 적은 장작이나 숯을 싣고 다녀야 했다. 이순신을 돕던 해상 의병들은 고기잡이 배인 포작선에 땔나무와 물을 싣고 판옥선이나 거북선을 따라 나서는 경우가 많았다. 전투선은 한 달분의 군량을 항상 싣고 다니도록 되어 있다. 그밖에 부식도 저장하고 솥에 불을 지펴 밥도 지었다. 전투선에는 밥을 짓는 투석간이 있는데 이곳에 물독을 들여놓고 물을 담아 두었다. 그러나 물은 많이 싣고 다니지 않았으며 정박지의 샘에서 수시로 물을 길어 보충했다.

이처럼 물과 땔나무가 중요하기에 이순신은 출전할 때 충분한 양을 실었지만, 중간 기착지에서 반드시 재충전을 했다. 1592년 5월 4일 제1차 출전 당시 여수에서 새벽에 출발한 이순신 함대는 저녁 나절에 소비포에 도착하여 추가로 물을 확보했다. 한산대첩 하루 전인

1592년 7월 7일 당포에서도 물과 땔나무를 보충했다. 1592년 5월 7일 옥포해전 직후 물과 땔나무를 보충하기 위해 이동한 곳은 영등성 아래의 영등포거제시 장목면 구영리였다. 낮에 전투를 마치고 밤에 정박할 진영으로 돌아갈 때에도 샘물 사정이 좋은 곳에 들러 물을 길어 가는 경우가 많았다. 1593년 2월 18일 웅포해전에서 낮에 전투를 마치고 사화랑沙火郞, 창원시 진해구 명동리 삼포마을 진영으로 돌아가면서 원포院浦, 창원시 진해구 원포동 학개에 들러 물을 길어 갔다. 걸망포巨乙望浦, 통영시 산양읍 신봉리 걸망개도 이순신 함대가 한산도로 들어갈 때 자주 들러 물을 길어 간 곳이다.

날씨가 추운 겨울에는 진중에서 난방도 해야 하므로 땔나무가 더 필요했다. 그래서 출전을 했다가 진영으로 돌아오는 길에 나무가 많은 산이나 섬에 올라가 땔나무를 해오는 경우가 많았다. 1594년 10월 초순 거제도 장문포거제시 장목면 장목리에서 장문포해전을 치르고 한산도로 복귀하던 조선 수군은 돌아오는 길에 흉도거제시 사등면 오량리 고개도에 내려 띠풀 260동을 베었다는 기록이 있다. 여기서 '동'은 한 명이 짊어질 수 있을 정도로 묶은 땔나무 다발을 말한다.

띠풀은 겨울철에 바싹 마르면 순간적으로 불이 잘 붙어 청솔가지에 불을 붙일 때 불쏘시개로 사용하기도 하고, 엮어서 초가집의 이엉으로도 활용했다. 1598년 11월 18일양력 12월 15일 노량해전이 시작되고 한밤중에 북서풍이 강하게 불 때 조선 수군은 화공을 펼치면서 신화薪火를 사용했다. 신화는 근접전이 벌어질 때 불을 붙여 적선으로 던

지던 나뭇단이다. 이때 마른 띠풀을 짚단 정도의 크기로 묶어서 적선에 던지고 불화살을 쏘면 적선은 금방 화염에 휩싸이게 된다.

장기간 작전을 수행할 때 배에 싣고 다닌 취사용 연료는 잘게 쪼갠 장작이나 숯이었다. 부피가 크고 화재의 위험이 있는 띠풀은 항해 중 취사연료로는 부적절했다. 한산도 숯덩이골은 이런 수요를 충족시키기 위하여 숯을 구워 비축했던 장소였다.

적의 병참선을 차단하다

전쟁에서 승리하려면 원활한 보급이 아주 중요하다. 아무리 잘 훈련된 정예 병력도 식량을 비롯하여 의복이나 신발 등의 물자를 제때 보급 받지 못하면 전쟁에서 제대로 싸울 수 없다. 그래서 물자를 공급하는 루트인 병참선을 유지하고 보호하는 것은 전쟁의 승패를 가르는 중요한 요소다.

제2차 세계대전 당시 독일군이 러시아의 모스크바까지 깊숙이 쳐들어갔다가 혹독한 추위와 눈 때문에 병참선이 끊어져 참패한 역사가 있다. 시베리아의 추위 속에서 식량과 탄약마저 떨어진 독일군은 제대로 전투도 못해보고 후퇴했다. 한국전쟁 때 낙동강 방어선을 사수할 수 있었던 것도 부산항을 통하여 미군과 유엔군의 전쟁물자가 제때 보급되었기 때문이다. 반면 북한군은 인천상륙작전으로 병참선이 끊기며 북으로 패퇴할 수밖에 없었다.

임진왜란 때에도 병참선이 무엇보다 중요했다. 일본군은 부산포로 상륙한 후 불과 20일 만에 서울을 함락시켰다. 옛날 전쟁에서 무장한 보병부대가 탄약과 군량미를 싣고 하루에 전진할 수 있는 거리는 대략 30리 정도였다. 부산포에서 한양 경복궁까지의 거리는 현재의 고속도로를 기준으로 하면 약 330킬로미터 정도이다. 이것을 리里로 환산하면 약 825리인데, 보병이 정상적으로 진군하면 약 27.5일 정도 걸리는 거리이다. 그러나 왜군은 파죽지세로 밀고 올라와 부산포에 상륙한 지 불과 20일 만에 한양에 당도했다. 이때부터 일본군은 긴 병참선이 생겼다. 과거의 전쟁은 군량 전쟁이라 할 정도로 식량이 중요했다. 병참선이 길어지면 그것을 보호하기가 쉽지 않다. 뒤를 돌아보지 않고 너무 깊숙한 곳까지 진출한 왜군에게 문제가 생기기 시작했다.

1592년 5월 7일 조선 조정은 평양으로 피난을 갔지만, 이날부터 이순신은 옥포해전과 합포해전을 승리로 이끌고 연전연승하면서 왜군의 해상 보급로를 끊어버렸다. 그해 7월 8일양력 8월 14일의 한산대첩을 계기로 남해의 제해권을 완전히 확보한 이순신이 적의 해상 수송로를 완벽하게 차단한 것이다. 선조는 평양을 지나 의주로 향하고 있었는데, 일본의 제1군 고니시 유키나가 부대는 평양에서 오래 농성을 하면서 선조를 바짝 추격하지 않았다. 그 이유는 정확히 밝혀지지 않았지만, 병참선이 끊어진 상황에서 더 이상 북상하는 것은 무리라고 판단했을 가능성이 높다. 부산포에서 우마차나 병사들의 등짐으로 식량과 탄약을 운반하는 것보다 배를 이용하면 한 번에 한강이나 대동강으로 훨씬 많은 짐을 수월하게 가지고 갈 수 있지만, 이순신이 바다에서 버티고 있으니 다른 방법이 없었다.

육상에서도 들풀처럼 일어난 의병들도 예상치 못한 변수였다. 초기 의병은 사대부 집안의 노비들이 주축을 이루는 향병鄕兵의 성격이었다. 임진왜란 개전 초 경상도에서 일어난 의병은 스스로 모인 자모의병自募義兵이며 자기 고장을 지키는 향보의병鄕保義兵이었다. 왜군의 공격에서 벗어나 있던 전라도 지역의 의병은 왕을 지키기 위하여 서울 쪽으로 올라간 근왕의병勤王義兵이었는데, 관에서 불러서 모인 의병이므로 소모의병召募義兵이라고도 한다.

의병은 소규모에서부터 많게는 3,000명 정도의 대규모 부대도 있었다. 이들은 주로 게릴라전을 벌여 적에게 막대한 타격을 입히고 왜군의 육로 병참선을 차단하여 전쟁의 승기를 잡는 데 결정적 역할을 했다. 전쟁이 진행될수록 의병들은 점차 관군으로 편입되었고 의병장들에게는 임시 벼슬을 내려지기도 했다. 하지만 전쟁 말기에는 이들이 반란이나 쿠데타를 일으킬 것을 두려워한 조정에서 의병장들을 토사구팽시켰다. 김덕령이 장형을 받아 곤장을 맞고 사망했고, 곽재우도 산으로 들어가 은둔해버렸다.

곽재우, 정인홍 등 의병장들은 주로 지방의 선비들이었으며 그 부대원들은 농민이나 노비 등이 대부분이었는데, 선비와 상민을 연결하는 고리는 향약 또는 동약이었다. 의병장들은 학연과 지연에 따라 서로 연합했다 흩어지기도 했는데, 경상좌도는 퇴계 이황을 정신적지주로하는 동인 선비들이 주축을 이루었고, 경상우도는 남명 조식 계열의 비주류 선비들이 중심이 되었다. 전라도 의병인 김천일, 고경명 등과 충청도 옥천에 일어난 조헌, 함경도의 정문부 등도 대부분 지역 선비들이었다. 전란 후에는 주전론과 주화론으로 갈려 남인과 북인이 되는 정치사의 이면에 의병장들도 있었다.

의병은 이순신의 해상 활동과 더불어 임진왜란을 승리로 이끈 주역이다. 이들 중에는 이순신을 따라다니며 의병활동을 한 오익창 등 전라도 해상 의병의 활동이 돋보이며, 평양성 탈환전투에서 임전무퇴와 살생유택의 정신으로 참전한 승군의 역할도 높이 평가된다. 의병의 가장 큰 공로는 게릴라전을 펼쳐 적의 병참선을 끊어놓은 것이다.

기상을 읽고 전투를 준비하다

아리스토텔레스의 《기상학Meteorologica》에는 날씨가 인류의 역사를 지배한다는 말이 나온다. 《손자병법》에도 '천시와 지리를 알면 온전하게 이길 수 있다知天知地 勝乃可全'라고 했다. 역사적으로 날씨가 전투에 영향을 미친 경우는 많다. 임진왜란 개전 초기에 신립 장군은 남한강변에 배수진을 치고 넓은 평야에서 기병전술을 구사하고자 했다. 그러나 갑자기 내린 폭우로 일대가 진흙탕로 변하여 말이 제대로 움직일 수 없게 되면서 왜군에게 궤멸되고 말았다. 나폴레옹이 웰링턴 장군에게 패한 워털루 전투도 패인은 비였다.

《삼국지》에 나오는 적벽대전에서 조조가 제갈량에게 패한 원인 역시 겨울철 남동풍이란 기상이변을 제대로 예측하지 못하여 대규모 화공을 당한 데 있었다. 고려와 몽고의 여몽연합군이 일본정벌에 나섰다가 실패한 이유는 강력한 태풍 때문이었고, 고려 말에 명나라 정벌에 나섰다가 위화도회군을 한 이성계가 내세운 회군의 명분 중 하나는 장마였다. 한국전쟁 때 미 해병 1사단은 장진호전투에서 개마고원의 혹독한 추위 때문에 고전했다. 그 외에도 날씨 때문에 인류 역사가 바뀐 사례는 수없이 많다.

우리나라는 전형적인 대륙성기후이다. 여름은 무더위가 극심하고 겨울에는 반대로 혹독한 한파가 몰아닥친다. 이런 기후의 특성을 잘 모르고 1592년 늦은 봄에 조선을 침공한 일본군은 두 달도 안 되어 혹독한 더위와 싸워야 했고, 다시 5개월 후에는 한겨울의 추위에 시달려야 했다. 더위는 그런대로 버틴다고 해도 허술한 옷을 입고 추위를 견디기는 힘들었다. 1592년 12월 한겨울에 명나라 원군이 압록강을 건너고 곳곳에서 의병이 일어나자 추위를 이기지 못한 왜군은 이듬해 봄까지는 남쪽 해안지방으로 남하하여 왜성을 구축하고 웅거하며 강화협상을 시작했다.

의외로 전장에서 전투를 하다가 목숨을 잃는 병사들만큼이나 굶어 죽거나 얼어 죽는 경우도 많았다. 보급로가 끊어지고 고립되어 식량과 물은 바닥이 나고 겨울 추위까지 겹쳐 큰 대가를 치른 대표적인 예가 1598년 1월 29일의 울산성전투이다. 조명 연합군은 울산왜성을 포위하고 고사작전에 들어갔다. 식량이 바닥난 가토 기요마사 부대는 말을 잡아먹고 성 안에 있는 풀뿌리까지 캐어 먹으면서 연명했다. 물이 없어 오줌을 받아 마시다가 갈증을 못 이겨 성 밖으로 물을 가지러 나온 왜병들이 매복해 있던 조명 연합군에게 사살 당하거나 투항해오는 경우도 있었다. 추위가 얼마나 혹독했던지 대부분의 병사들은 손에 동상이 걸려 진물이 나고 손가락이 없어진 자가 수도 없이 많았다. 가토 기요마사는 자결할 생각까지 했으나 가까스로 달려온 구원병들의 도움으로 생명은 부지할 수 있었다.

《난중일기》를 보면 이순신만큼 날씨를 세심하게 관찰한 장수도 없다는 것을 금방 알 수 있다. 1594년 1월 1일부터 5일까지의 일기를 보면 같은 비라도 "비가 퍼붓듯이 내렸다", "비는 그쳤으나 흐렸다", "비가 계속 내렸다"라고 매일 다르게 기록하고 있다. 같은 달 20일 일기에는 "맑으나 바람이 세게 불어 춥기가 살을 에듯 하였다. 각 배에서 옷을 갖춰 입지 못한 사람들이 거북이처럼 웅크리고 추위에 떠는 소리는 차마 듣지를 못하겠다"라고 기록되어 있다.

해상 전투는 날씨가 결정적 영향을 미친다. 요즘처럼 자동항법장치도 없고 무동력선으로 전투를 하던 시기에는 안개가 끼거나 큰 바람이 불어 풍랑이 일면 제대로 전투를 할 수 없었다. 계절적 요인인 추위나 더위도 크게 영향을 미쳤다. 봄에 조선을 침공한 일본군은 반년도 못 되어 한반도의 겨울이 얼마나 혹독한지를 깨달았다. 명나라 원군의 개입으로 일본군은 남쪽 해안으로 후퇴했다고 하지만 실제로 날씨의 영향도 컸다. 추위와 배고픔을 견디지 못해 따뜻한 남쪽나라로 후퇴할 수밖에 없었다.

　명량해전 직후 이순신은 섬이 많아 숨기 좋고 매복하기 좋은 서해 남부 해상으로 후퇴했다. 당사도를 거쳐 영광 법성포, 위도, 선유도까지 갔다가 다시 남하하여 영산강 입구의 고하도에 진을 쳤다. 이때 이순신은 서해바다를 약 20일만 유랑하면 왜군의 대부대가 더 이상 추격해오지 못한다는 것을 알고 있었다. 본격적인 겨울이 되면 추위로 격군들이 손에 동상이 걸려 노를 저을 수 없는 상황이 되기 때문이다.

　명량해전은 1597년 9월 16일에 있었지만 그날은 양력으로 10월 25일이다. 지구온난화가 진행된 지금보다 그때가 더 추웠을 것은 쉽게 짐작이 된다. 명량해전보다 10일 전인 9월 6일 난중일기에 "바람이 조금 가라앉았으나 추위가 엄습하니 격군들 때문에 매우 걱정되었다"라는 기록이 있다. 10월 21일 일기에는 "사경새벽 2시에 비가 오다 눈이 오다 했다. 바람이 몹시 차가워 뱃사람들이 추워서 얼지 않을까 걱정이 되어 마음이 잡히지 않았다"라고 적고 있다.

　양력 11월 중순이면 한겨울로 접어들면서 서해에는 눈이 많이 내리고 북서풍도 거세게 불어 해상작전이 거의 불가능해진다. 천문과 지리에 밝았던 이순신은 이런 사실을 모두 예측하고 섬이 많은 신안 일대에서 게릴라전을 펼치다가 1597년 10월 29일 고하도에 정착하여 겨울을 넘겼다.

5

이순신이 싸운 현장 속으로

::

전투편제

임진왜란과 정유재란을 통틀어 이순신은 모든 해전에서 승리했다. '23전 23승'이라는 사람도 있고 '44전 43승 1무'라는 재미있는 주장도 있다. 이런 논란이 생긴 이유는 2004년에 쓴 나의 저서《이순신이 싸운 바다》에서 부산포해전을 장림포해전, 화준구미해전, 다대포해전, 서평포해전, 절영도해전, 초량목해전, 부산포해전으로 세분해 놓았기 때문이다. 명량해전 직전에 있었던 어란포해전과 벽파진해전도 정식 해전으로 명명했다. 고금진 시절의 절이도해전도 해전명으로 넣었으며, 순천왜성 공방전도 따로 구분하여 장도해전이라는 이름을 붙였다.

그런데 이순신을 연구하는 사람에 따라 1593년에 견내량을 봉쇄하고 적을 막아낸 일련의 작전도 해전으로 분류하여 견내량해전이라고 하기도 하고, 1594년 10월 1일 장문포해전 중에 이순신함대가 영등포를 잠시 들렀다 온 것을 '영등포해전'이라고 부르기도 한다. 해전이라고 판단할 수 있는 기준이 서로 다르기에 해전을 몇 전 몇 승이라고 잘라 말할 수는 없다. 여기서는 이런 논란과 관계없이 임진 왜란과 정유재란 중 이순신과 원균이 싸워서 이겼거나 진 전투 모두를 시간대별로 정리해 보았다.

1592년 5월 4일 이순신은 전라좌수영을 출발하여 경상도 해역으로 출전하면서 다음과 같이 임무분장을 했다.

선봉장주력부대의 맨 앞에 서는 지휘관: 경상도 장령을 선정키로
　　하고 비워 둠
중위장주력부대의 중간에서 부장들을 통솔하는 장수: 방답 첨사 이
　　순신(제승방략에 따르면, 위장 아래 5명의 부장이 있다.)
좌부장주력부대의 좌측면을 맡는 지휘관: 낙안 군수 신호
전부장주력부대의 전방을 담당하는 지휘관: 흥양 현감 배흥립
중부장주력부대의 가운데를 맡는 지휘관: 광양 현감 어영담
유군장적의 후미나 측방을 기습공격하는 유격부대 지휘관: 발포 가장
　　나대용
우부장주력부대의 우측면을 맡는 지휘관: 보성 군수 김득광
후부장주력부대의 후미를 담당하는 지휘관: 녹도 만호 정운
좌척후장주력부대 보다 앞서 좌측방에서 나아가면서 정찰 임무를 수행
　　하는 지휘관: 여도 권관 김인영

우척후장주력부대 보다 앞서 우측방에서 나아가면서 정찰 임무를 수행

하는 지휘관: 사도 첨사 김완

한후장후방 경계부대 지휘관: 군관 최대성

참퇴장적의 퇴로를 차단하는 지휘관: 군관 배응록

돌격장적의 진중으로 뛰어들어 돌격전을 하는 지휘관: 군관 이언양

미정 : 순천 부사 권준 (관찰사 전령으로 전주로 감)

이런 장령들의 임무는 제승방략에 따라 전라좌수영 관할의 오관 오포에서 병력을 차출하여 전시체제의 보직을 다시 부여한 것이다. 제승방략은 기본적으로 육전에 적용했던 것인데, 해전에서는 상당 부분 융통성을 갖고 운용했다.

임진왜란 초기의 전투편제는 5위 진법과 제승방략의 분군법에 의해 조직되었다. 5위의 최고지휘관은 대장大將이라 부르고, 각 위의 지휘관은 위장衛將, 각 부의 지휘관은 부장部將이라고 칭했으며, 유군遊軍의 지휘관은 유군장이라고 했다. 대장은 위장을 호령하고, 위장은 부장과 유군장을, 부장은 통장統將을, 유군장은 영장領將을, 통장과 영장은 여수旅帥를, 여수는 대정隊正을, 대정은 오장伍長을, 오장은 자기의 오졸伍卒을 각각 지휘했다.

5위의 편제에서 위衛, 부部, 통統의 상위체계는 중앙에서 파견된 지휘관이 맡았으나, 여旅, 대隊, 오伍, 졸卒의 하위체계는 토착 군사로 조직되었으며, 최하위 부대는 125명으로 조직된 1여 단위였다. 제승방

략의 분군법에 의하면 큰 군사편제는 전방부대, 후방부대, 특수부대로 나뉘었다. 전방부대는 대장의 지휘 아래 선봉장과 중위, 좌위, 우위, 전위, 후위의 5위장으로 구성되었다. 5위장 아래에는 유군장과 중부, 좌부, 우부, 전부, 후부의 5부장으로 구성되었다.

유격전을 맡았던 유군장은 그 고을의 종5품 문관인 판관이나 종6품 종사관 출신의 군관이 맡았고, 5부장은 각 고을에 소속된 진보의 종3품 첨사, 종4품의 만호, 종9품의 젊은 군관들이 맡았다. 그밖에 돌격을 전담하는 돌격장突擊將, 후방에서 군량미와 군사 장비를 수송하는 치중장輜重將을 두었으며, 퇴로를 차단하는 참퇴장斬退將, 관할하는 성이나 보의 군사를 거느리고 본부를 방어하는 별도장別都將이 있었다. 이런 제승방략의 분군법이 해전에서 엄격하게 적용되지는 않지만, 제1차 출전 당시 장령들의 임무 분장을 보면 제승방략의 골격을 유지하고 있다.

::

제1차 출전

옥포해전

1592년 5월 4일양력 6월 13일 새벽 이순신은 전라좌수영 소속의 판옥선 24척, 협선 15척, 포작선 46척을 이끌고 여수를 출발하여 제1차

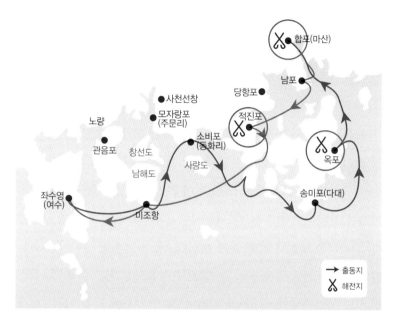

이순신의 1차 출전도

출전을 시작했다. 이중에 전투를 하는 전선은 판옥선 24척이며, 협선
은 수군의 비무장 연락선이었고, 포작선은 민간 고기잡이배로 적에
게 위세를 보이기 위해 함께 출전한 비전투선들이었다.

　이순신 함대는 남해도의 평산포, 곡포, 상주포 등을 수색하며 미
조항을 끼고 돌아 창신도와 사량도 사이를 지나 오후 늦게 소비포경
남 고성군 하일면 동화리에 도착하여 1박을 했다. 다음 날 당포통영시 산양
읍 삼덕리로 진출하여 한산도에서 판옥선을 1척을 타고 온 원균과 합
류했다. 뒤이어 옥포 만호 이운룡 등 9명의 경상우도 수군장들이 3척

의 판옥선과 2척의 협선을 가지고 합세했다. 당포에서 경상우도 수군과 연합한 이순신 함대는 한산도와 용초도 근처를 지나 장사도, 가왕도, 병대도 근처를 경유하여 5월 6일에 거제도 남단을 돌아 송미포松未浦, 거제시 남부면 다대리에 도착하여 하룻밤을 보냈다.

다음 날인 5월 7일 새벽에 이순신 함대는 우척후장 김완과 좌척후장 김인영을 선두로 적이 있을 것으로 예상되는 가덕도 방면으로 북상했다. 이날 낮 12시경 앞서 가던 척후선이 옥포만에 약 30여 척의 왜선이 정박하고 있음을 발견하고는 신기전을 쏘아 본대에 알려왔다. 신기전은 점화를 하면 자체 추진력으로 로켓처럼 날아가는 화살인데, 옥포해전에서 통신용 신호탄으로 사용되었다.

이때 이순신은 장졸들에게 "가벼이 움직이지 말라. 침착하게 태산같이 무게 있게 행동하라勿令妄動 靜重如山"라고 지시했다. 첫 전투에서 공포심과 전쟁 경험 부족을 극복하고 여유와 냉철함을 가질 수 있도록 한 말이었다.

이순신 함대는 옥포 포구 안으로 진입하여 왜군 선단을 공격해 들어갔다. 선봉장인 옥포 만호 이운룡이 돌격하자 전열을 갖추지 못한 왜군은 해안선을 따라 탈출을 시도했다. 이순신 함대에 맞선 왜군 선단은 옥포만 일대에 상륙하여 주변 지역의 민가를 약탈하고 있었다. 옥포만으로 돌입하는 이순신 함대를 발견한 왜군들은 급히 승선하여 선봉 6척이 먼저 응전해왔다. 조선 수군은 이들을 포위하면서 총통과 화살을 쏘았고, 일본 수군은 조총으로 응사했다. 조선 수군은

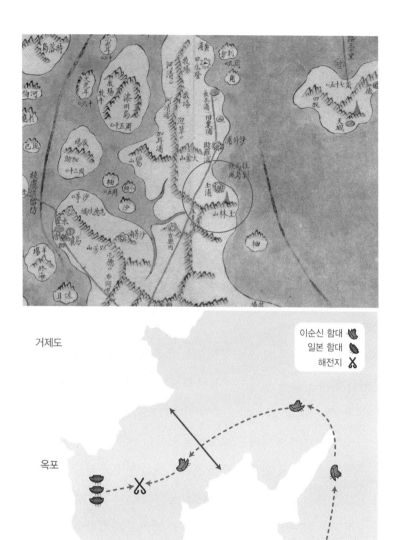

옥포해전이 벌어졌던 옥포 앞바다(동여도)와 옥포 해전도

퇴로를 봉쇄하고 일자진인 횡렬장사진을 펼쳐 함포사격을 퍼부으며 적을 해안선 쪽으로 밀어부쳤다. 포위망을 뚫고 바깥으로 탈출을 시도하던 왜 수군은 포위망에 갇혀 26척이 격침되었다. 적장 도도 다카토라는 겨우 목숨만 부지한 채 육지로 도망을 갔다. 이 전투에서 조선 수군은 함포사격으로 적을 격파하는 당파전술을 사용하여 위력을 발휘했다. 이것이 임진왜란 해전에서 최초의 승리를 거둔 옥포해전이다. 옥포해전에서 승리한 조선 수군은 거제도 북단의 영등포거제시 장목면 구영리로 진출하여 물과 땔나무를 보충하고 1박하기 위해 이동했다.

합포해전

1592년 5월 7일양력 6월 16일 정오경에 거제 옥포에서 최초로 승리한 이순신 함대는 물과 땔나무를 보급하기 위해 거제도 북단의 영등포거제시 장목면 구영리로 이동했다. 이때 척후선으로부터 적선 5척이 가까운 곳에서 항행하고 있다는 보고가 들어왔다. 이순신 함대는 오후 4시 무렵에 출동하여 현재의 마산합포구 구산면 반도 동측으로 들어가 합포만 깊은 곳까지 추격했다. 쫓기던 적선들이 정신없이 달아나다 급한 나머지 배를 버리고 합포合浦, 창원시 마산합포구 산호동에 상륙하여 숲속에서 바다를 향해 조총을 쏘기 시작했다.

이순신 함대는 사정거리 밖에서 적정을 살피다 기습적으로 다시 포구 안으로 쳐들어가 적선 5척을 파괴하고 불태운 후 밤중에 노를

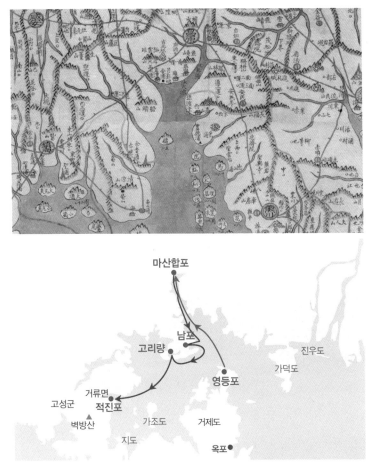

합포해전과 적진포 해전지 인근 지역(동여도와 현재 지도)

재촉하여 구산면 반도 끝에 있는 남포藍浦, 마산시 구산면 난포리로 내려와

정박했다. 이것이 합포해전이다. 이순신 함대는 다음 날 고리량古里梁,

창원시 마산합포구 구산면 구복리와 저도 사이의 해협 일대를 수색한 후 고성의

적진포積珍浦로 향했다.

적진포해전

합포해전에서 승리하고 남포에서 1박한 이순신 함대는 1592년 5월 8일 아침 일찍 적선이 고리량창원시 마산합포구 구산면 구복리와 저도 사이에 정박 중이라는 정보에 따라 일대를 수색했으나 찾지 못하고 남하하던 중 적진포고성군 거류면 화당리에 이르러 포구에 정박하고 있는 적선 13척을 발견했다. 왜군들은 배를 포구에 매어두고 상륙하여 민가를 습격하고 재물을 탈취하고 있었다. 이곳에서 도망가는 적을 무찌르고 대선 9척, 중선 2척을 격파했다. 2척의 적선은 겨우 도주하고 나머지는 수장되었는데, 이것이 바로 적진포해전이다.

적진포 해전지 비정

적진포 해전지에 대한 논란은 2014년 1월 24일 고성박물관에서 열린 '조선시대 경상도 고성지역 수군 진보와 남촌진'이라는 학술대회에서 종식되었다. 이때 동아대학교 박물관장과 총장을 역임한 심봉근 박사 등이 참석하여 적진포는 경남 고성군 거류면 화당리 남촌성 아래의 포구라고 비정比定했다. 그동안 적진포를 두고 조성도 님은 통영시 광도면 적덕리라고 했고, 나 또한 실수로 적진포를 고성군 거류면 당동리라고 주장한 적이 있다. 지역민들 중에는 동해면 내산리라고 주장하는 사람도 있다. 하지만 동여도에는 남촌성이 정확하게

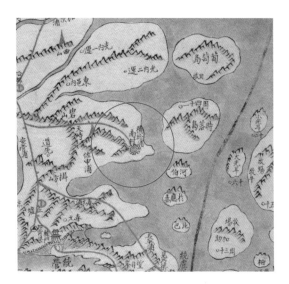

적진포 해전이 벌어졌던 지역(동여도)

그려져 있고 적진포積珍浦라고 표기되어 있다. 동여도만 한 번 더 세심하게 보았더라면 나도 이런 실수를 범하지는 않았을 것이다.

고리량

고리량이 현재 어디인지를 밝히고 있는 기록을 찾기는 쉽지 않았다. 다만 마산합포구 구산면 어디쯤의 협소한 해협일 것이라고 생각만 하고 있었다. 그런데 제포를 취재하러 갔다가 창원시 진해구 웅천동에서 2004년 6월 27일에 만난 양상조 옹이 결정적인 제보를 해주었다. 예전에 태풍이 오면 웅천은 태풍을 정면으로 맞게 되어 배를 몰고 피항을 갔다. 그때 구산면 고리섬 쪽의 움푹 들어간 곳을 피항지로 이용했는데, 그곳이 돝섬과 구산면 구복리 사이라는 것이다. 구산면과 돝섬을 연결하는 일명 '쾌이강의 다리' 근처에 깊이 들어간 곳이 고리량이다.

::

제2차 출전

사천해전

1592년 5월 4일부터 5월 9일까지 제1차 출전에서 옥포해전, 합포해전, 적진포해전을 승리로 이끈 이순신은 실전 경험을 토대로 제2차 출전을 준비하며 부대 정비에 주력하고 있었다. 이때 왜군은 경상도 일대에서 서진을 계속하고 있었다.

한여름 더위가 기승을 부리기 시작한 5월 27일양력 7월 6일에 경상 우수사 원균으로부터 10여 척의 적선이 사천, 곤양까지 침투하여 노략질을 하고 있으며, 노량으로 대피 중이라는 통보를 받았다. 원래 이순신은 6월 3일에 이억기 장군과 함께 2차 출전을 준비하고 있었으나 상황이 이처럼 급해지자 이억기에게는 다음에 만나기로 약속하고 예정을 앞당겨 5월 29일 이른 새벽 전라좌수영을 출발하여 2차 출전을 결행했다.

전선 23척을 주력으로 한 이순신 함대에 처음으로 거북선 2척이

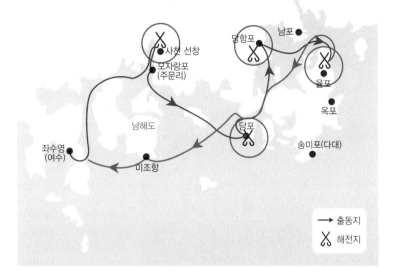

이순신의 2차 출전도

합세했다. 군관 나대용이 지휘하는 수군들이 오늘날 조선소에 해당하는 선소에서 피땀 흘려 만든 거북선은 이미 시험 운항을 마치고 함포사격 연습까지 끝낸 상태였다.

　남해 노량에 이르니 원균이 전선 3척을 거느리고 하동 선창하동군 금남면 노량리에서 기다리고 있었다. 그때 가까운 해상에서 적선 1척이 나타나 곤양에서 사천 쪽으로 달아나고 있었다. 이순신 함대가 추격하자 왜군은 배를 버리고 상륙했고 방답 첨사 이순신과 남해 현령 기효근이 대포를 쏘아 그 배를 불태워버렸다.

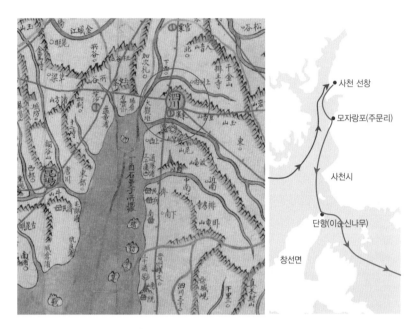

사천해전이 벌어졌던 사천만 부근(동여도)과 사천 해전도

　　이순신과 원균의 연합함대가 사천 선창까지 진출해 들어가자 왜
군 400여 명이 12척의 큰 배를 정박시킨 채 선창 위 고지에 포진하고
있었다. 마침 썰물이라 가까이 접근할 수 없어 뒤로 물러나자 왜군은
산에서 내려와 마치 이겼다는 듯이 총을 쏘고 함성을 지르며 날뛰었
다. 1리쯤 물러났던 조선 수군이 거북선을 선두로 총공격을 가하자
일본 함선들은 만조로 물이 차오르는 사천 포구 쪽으로 밀려났고, 이
순신은 전 함대에 독려하여 적선을 선창 안으로 바짝 밀어붙였다.

　　왜 수군은 육지에 있던 병력의 지원을 받으며 뭍으로 도망하려 했으나 대부분의 병력이 격침되는 배와 함께 수장되고 말았다. 이 전투에서 군관 나대용이 총탄을 맞고 이순신도 왼쪽 어깨에 총탄을 맞아 관통상을 입었으나 우세한 화력으로 적선을 한 척도 남기지 않고 파괴하는 대승을 거두었다.

연합함대는 싸움이 끝나고 사천만을 빠져나오면서 모자랑포_{사천군 용현면 주문리}에서 하룻밤을 지냈다. 그다음 날인 6월 1일에 사량도 쪽으로 내려오면서 청선도 단항마을_{남해군 창선면 대벽리}에 들러 왕후박나무(속칭 이순신 나무)밑에서 군사들을 쉬게 하고 점심을 해먹고 갔다는 이야기가 전해온다.

당포해전

1592년 6월 2일_{양력 7월 10일} 당포_{통영시 산양읍 삼덕리}에는 왜군의 전함 대선 9척, 중선과 소선 12척 등 21척이 닻을 내리고 있었고, 육상에는 당포성을 점거한 왜군 300여 명이 포진하고 있었다.

사천해전에서 승리한 이순신은 6월 1일에 적정을 수집하면서 사량도에서 하룻밤을 보냈고, 적이 당포에 있다는 소식을 듣고 다음 날 오전 8시경 거북선을 선두로 하여 당포로 진격해갔다. 10시경에 공격 명령이 떨어지자 거북선은 적 함선 중 대장이 타고 있는 누각이 있는 배를 향하여 돌격했고, 그 뒤를 따라 전 함대가 함포사격을 하면서 돌진했다. 적의 대장은 붉은 휘장을 두른 누각에서 일산을 쓰고 있었는데, 두려워하는 기색이 전혀 없었다.

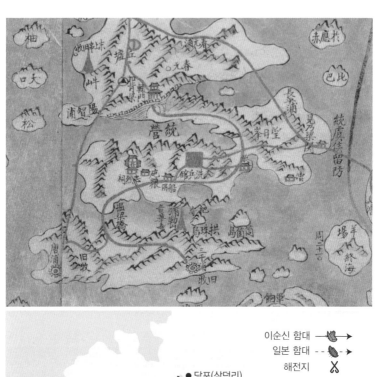

이순신 함대 ━━
일본 함대 ─ ─
해전지 ✗

당포(삼덕리)

미륵도

곤리도

당포 부근(동여도)와 당포해전도

거북선이 들이받으면서 각종 총통을 쏘자, 대장선이 서서히 침몰하기 시작했다. 이때 중위장 권준이 활로 적장을 맞추자 사도 첨사 김완과 군관 진무성이 적선 위로 뛰어올라 적장 구루시마 미치유키來島通久의 목을 베어버렸다. 구루시마 미치유키는 명량해전에서 전사한 구루시마 미치후사來島通總의 형이다. 대장선이 파손되고 대장이 죽자 적의 사기는 땅에 떨어지고 오합지졸이 되어 육지로 도주하기 시작했다. 이에 아군은 적의 함대를 모두 불태워버리고 여세를 몰아 육상까지 추격하려 했으나 마침 왜군의 대선 20여 척이 다수의 소선을 거느리고 거제도 방면으로부터 접근해온다는 급보가 탐망선으로부터 날아들어 추격을 멈추었다. 육상의 적을 포기한 대신 이순신 함대는 새로 나타난 왜군 선단을 치려고 했다. 그러나 먼 해상에서 아군을 발견한 적선들은 도주해버리고 날이 저물자 이순신 함대는 창신도남해군 창선면 창선도로 물러나 1박을 했다.

이날 소비포 권관 이영남이 대장선에 포로로 잡혀 있던 울산 출신의 여종 억대億代와 거제도 소녀 모리毛里를 구출했다. 우후 이몽구는 왜군의 대장선을 수색하여 금부채 하나를 발견했는데, 그 부채에는 도요토미 히데요시가 가메이 코레노리龜井玆矩에게 하사했다는 글이 새겨져 있었다. 가메이 코레노리는 이날 부채를 버리고 도망쳐서 구사일생으로 살았으며, 후에 일본으로 가서 도쿠카와 이에야스를 주군으로 섬기게 된다.

당항포해전

당포해전에서 승리한 후 창선도에서 하룻밤을 지낸 이순신은 6월 3일 이른 아침부터 적이 도망간 개도통영시 산양읍 추도 일대를 수색하면서 서서히 동진하여 저녁에 고성 고둔포통영시 산양읍 풍화리 고둔개에서 자고 다음 날 당포통영시 산양읍 삼덕리 앞바다로 이동했다. 이곳에서 이 지역 병사 강탁으로부터 도망간 적선 20여 척이 거제 방면으로 갔다는 정보를 입수했다. 이 무렵 기다리던 이억기가 25척의 함선을 끌고 나타나 합류하자 병사들의 사기는 하늘을 찌를 듯했다.

아군은 바로 당포를 떠나 6월 4일 지금의 통영대교 부근 판데목이 있는 착량에서 하룻밤을 새면서 작전을 숙의했다. 이곳에서 김모를

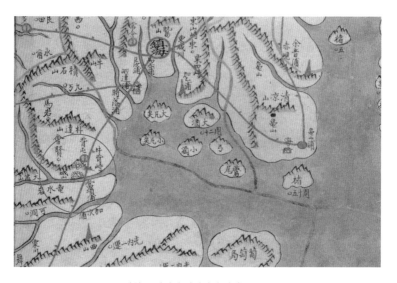

당항포 해전이 벌어졌던 지역(동어도)

진해(마산합포구 진동면)

당항포　어선포

아자음포

남포(난포)

증도
(시리섬)

영등포(구영)

칠천도

장문포
(장목)

적진포(화당리)

춘원포(황리)

가조도

견내량

통영시

거제도

미륵도

한산도

이순신 함대 ⟶
일본 함대 ---▶
해전지 ✕

당항포 해전도

포함한 거제도민 7~8명으로부터 당포에서 조선 수군에 쫓긴 왜선들
이 견내량을 통과하여 괭이바다 서쪽 당항포고성군 회화면 당항포리에 정
박하고 있다는 정보를 입수했다.

　6월 5일 이순신은 전라우수사 이억기, 경상우수사 원균과 함께 연
합함대 51척을 이끌고 견내량을 지나 당항포로 향하고 있었다. 이때
진해鎭海, 창원시 마산합포구 진동면 진동리 연안에 포진하고 있던 유숭인 휘

하의 함안 육군으로부터 당항포는 포구가 좁으나 전선의 출입이 가능하고 포구 안은 넓어서 해전이 가능하다는 사실을 알아냈다. 조선의 연합함대는 곧바로 지금의 동진교 다리가 있는 당목에서 가까운 양도 뒤에 전선 4척을 숨겨두고 거북선을 선두로 47척을 몰고 당항만으로 진격해 들어갔다.

놀란 동네 사람들이 산 위에서 내려다보니 조선 수군의 척후선으로 보이는 배가 나타나자 두호리 근처에 있던 왜선들이 추격해 내려가다가 당항포 앞에서 멈춰 진을 치고 북과 징을 울리며 기세를 올렸다. 그러나 잠시 후 척후선이 물러간 방향에서 거북선을 앞세운 이순신 함대가 위풍당당하게 나타나 비호처럼 왜선을 때려 부수자 일순간에 당항포 앞바다는 불바다로 변하고 말았다. 왜군들은 검은 깃발에 '나무묘법연화경南無妙法蓮花經'이라는 흰 글자를 써서 배에 달고 있었다. 24~25세 정도 되어 보이는 적장이 화살을 10발 이상 맞고 크게 울부짖으며 층각선 위에서 떨어졌다.

여기서 왜군의 대선 9척, 중선 4척, 소선 13척을 수장시키며 민간인들을 해칠 것을 염려하여 1척을 남겨 퇴로를 열어주었다. 다음 날 6월 6일 남겨둔 왜선 1척이 왜적 100여 명을 싣고 나오는 것마저도 당항만 입구의 양도에 매복해 있던 조선 수군이 격파했다. 당항포해전에서 겨우 살아남은 적들은 뭍으로 도망을 가버렸는데, 그곳을 '도망개'라 한다. 도망갔던 왜군들도 멀리 가지 못하고 지금의 배둔 남쪽 갯가에서 대부분 잡혔고, 그곳은 '잡안개'라고 불린다.

율포해전

당항포해전에서 승리한 이순신 함대는 적을 찾아 괭이바다와 가덕도 일대를 계속 수색하다가 1592년 6월 7일양력 7월 15일 아침 10시경 증도창원시 마산합포구 구산면 원전리 실리도 앞바다에 진을 치고 있었는데, 탐망선장 이전과 탐망군 오수가 와서 가덕 해상에서 적 3명을 사살했다고 보고했다. 이순신 함대가 정오 즈음에 거제도 북단의 영등포거제시 장목면 구영리 앞바다에 이르니 왜군 대선 5척과 소선 2척이 율포거제시 장목면 율천리 밤개에서 나와 부산포 쪽으로 도망치고 있었다.

　이순신 함대는 곧바로 추격을 시작했다. 마침 남풍이 불어 항진하기가 어려웠으나 아군은 율포 바깥바다까지 끈질기게 추격했다. 거리가 점점 좁혀지자 적은 무거운 짐을 바다에 버리면서 계속 도주했다. 추격을 당한 왜군이 육지로 달아나는 것을 이몽구를 비롯하여 김완, 정운, 어영담, 구사직 등이 힘을 합하여 사살했고, 왜선은 모두를 격파하거나 나포하여 불태우는 전과를 올렸다.

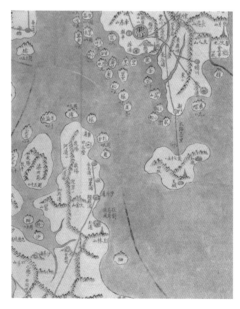

율포해전이 벌어졌던 율포와 옥포 부근(동여도)

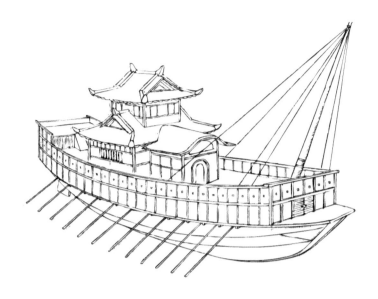

왜군의 주력 전선이었던 아타케부네

그날 추격전이 벌어졌을 때 양국 함선 간의 속도 차이는 어떠했을까. 당시 선박의 속도는 노 젓는 방법과 돛에 좌우되었다. 판옥선은 돛이 두 개인데, 일본 군선은 대개 하나였다. 또 판옥선의 경우 노 한 자루에 4~5명이 배치되어 한 명은 예비로 쉬면서 교대하는 방식으로 노를 저었으나 일본 함선에서는 노 하나를 한 명이 젓고 있었다. 판옥선과 아타케부네의 속력은 비슷한데, 단시간에 적군을 따라잡아야 하는 추격전에서는 노를 젓는 격군의 수에 따라 속력이 좌우된다. 율포해전 당일에 역풍인 샛바람이 불었으니 돛이 2개인 조선 수군의 판옥선은 배 앞쪽에 달린 돛을 비스듬히 조종하여 역풍항진을 하여 일본 수군을 따라잡을 수 있었다.

율포해전을 마치고 이순신은 몰운대汶雲臺, 부산시 사하구 다대동 몰운대까지 진출했다가 송진포松津浦, 거제시 장목면 송진포리로 돌아와 함대를 포진시켰다. 6월 8일과 9일 양일간 안골포, 제포, 합포 일대를 수색했으나 적을 발견하지 못했다. 이후 귀환하여 6월 9일에는 미륵도의 당포를 지나 6월 10일 남해도 미조 앞바다에 도착한 후 원균과 이억기 연합함대를 해산하고 각각 본영으로 개선했다.

::

제3차 출전

한산대첩

1592년 7월 7일 당포통영시 산양읍 삼덕리에서 물자를 보충하고 전열을 가다듬은 이순신 함대는 이 고장의 목동 김천손으로부터 견내량에 적선 70여 척이 정박해 있다는 정보를 입수한 후 다음 날인 7월 8일 양력 8월 14일 아침 한산도 앞바다로 진출했다. 조선 수군은 이미 7월 6일에 노량 해역에서 이순신의 전라좌수영군 24척, 이억기의 전라우수영군 25척, 원균의 경상우수영군 7척을 합해 모두 56척의 전선과 거북선 3척으로 연합함대를 편성한 상태였다.

연합함대가 한산도 앞바다에 이르자 견내량에서 방화도 쪽으로 왜군의 대선 1척과 중선 1척이 척후선으로 나와 있다가 조선의 연합함대를 정찰하고는 견내량 쪽으로 들어가는 것이 보였다. 이때 견내량에는 김천손이 알려준 내용과 거의 일치하는 대선 36척, 중선 24척, 소선 13척의 총 73척의 왜선이 진을 치고 있었다.

이날 견내량에 집결한 일본군의 전력을 분석해보자. 36척으로 가장 수가 많았던 대선 아타케부네는 전장이 약 20미터 정도 되는 주력 전투함으로, 배의 앞부분인 이물에 대포용 총구가 하나 있고 나머지 부분에는 조총용 총구가 있다. 조총병 약 30명을 포함해서 전투원이 60명가량 승선할 수 있으며, 노 하나에 1명씩 배치된 수부가 80명 정도 있다. 주력 무기인 조총은 3교대에 의한 연속 사격방식으로 사격을 하며 유효사거리는 50미터 정도였다.

24척이 동원된 중선 세키부네는 노 젓는 수부 약 40명, 조총병 20명을 포함하여 약 30명의 전투요원이 승선하는 배로, 대포는 탑재하지 않았다. 마지막으로 13척이 있던 소선 고바야부네는 작은 관선이라 불리며, 노 20개에 20명의 수부가 매달리고 조총병 8명을 포함하여 약 10명의 전투원이 승선하는 배이다.

한편 조선 연합함대의 전력은 거북선 3척과 판옥선 56척이었다. 판옥선은 조선 수군의 주력 전투함으로, 임진왜란 당시 충무공 이하 수사급 지휘관이 탑승한 판옥선은 배의 밑바닥 길이가 약 20미터에 탑승인원 160명, 노는 16자루 정도였다. 기타 수군장이 탑승한 판옥선은 전장 약 16미터에 탑승인원이 120~140명, 노는 12~14자루였

조선의 판옥선은 평저선으로, 내부에 함포를 장착할 수 있고 180도 회전이 가능하여 당파전술에 유리한 구조였다.

던 것으로 추정된다.

　판옥선의 특징 중 하나는 비전투요원과 전투요원을 분리 배치한 다층전투함이라는 것이다. 즉 노를 젓는 격군格軍, 키를 잡는 타공舵工, 돛의 줄을 조정하는 요수, 배 바닥에 고인 물을 퍼내는 무상無上 등의 비전투요원들은 판옥선 내에 숨기고, 활을 쏘는 사부射夫, 포를 쏘는 포수砲手와 화포장火砲匠과 같은 전투요원들은 맨 위의 갑판에 배치하여 적을 내려다보며 공격할 수 있게 했다. 이처럼 비전투요원들을 전투요원과 분리시킴으로써 전투 효율을 높일 수 있었다. 상장 위의 넓은 갑판은 대포를 설치하기에도 좋고, 높은 곳에서 쏘기 때문에 사정거리도 늘릴 수 있는 장점이 있었다.

판옥선의 또 다른 특징은 배의 밑바닥이 평평하여 제자리 회전이 가능하다는 점이다. 이 기능을 적극 활용하면, 좌현의 포를 발포할 때 우현은 장전하고, 좌현의 발포가 끝나면 배를 회전시켜 우현을 적에게로 향하여 발포하는 사이에 다시 좌현이 장전할 수 있다.

판옥선에 비해 왜군 전함 아타케부네는 선박 건조 기술의 차이로 인하여 대포를 줄로 매달아야 쏠 수 있을 정도로 진동에 쉽게 깨졌다. 배를 건조할 때 사용하는 나무의 재질도 조선 수군이 사용한 적송이 일본 수군의 삼나무나 전나무보다 견고했고, 철제 못을 사용하지 않고 배를 짜 맞추는 기술도 조선 수군이 한 수 앞서 있었다.

당시 왜군은 칼을 들고 상대방의 배 위로 기어올라 접전을 벌이는 단병접전을 주로하고 있었다. 각개 병사는 칼을 가지고 있었으며 그들의 장기는 접근전을 벌여 해적처럼 상대편 배에 기어올라 육박전을 펴는 등선육박전술이었다. 이런 전술은 해적들이 주로 사용하기도 했으나 16세기 유럽은 물론 전 세계 어디에서나 가장 흔한 전법이었다.

반면에 이순신 함대는 주로 함포를 사용하여 원거리에서 적을 격파하는 당파전술을 이용했다. 이 때문에 적이 우리 배에 올라오지 못하게 하는 것이 중요했다. 한산해전이 있던 날, 이순신이 판단하기에 견내량은 지형이 좁아 물살이 세고 암초가 많아 조선의 주력 함선인 판옥선의 활동이 자유롭지 못하고 배끼리 부딪히면 적의 등선육박 전술에 말려들 우려가 있었다. 또한 아군의 장기인 포격전을 하기 어려울 뿐만 아니라 만약 형세가 불리해지면 적이 뭍으로 도망칠 우려가 있었다.

이런 이유에서 이순신은 왜군을 넓은 한산도 앞바다로 끌어내어 일거에 전멸시키기로 작전을 짰다. 한산도는 거제와 통영당시는 고성 사이에 위치하여 사방으로 헤엄쳐 도망가기가 어렵고 혹시 패잔병들이 섬에 상륙하더라도 먹을 것이 없어 굶어 죽을 수밖에 없는 곳이었다. 먼저 조선 연합함대의 판옥선 5~6척이 왜군의 척후선을 추격하여 공격하는 척하다가 물러나자 왜적들은 일제히 돛을 올리고 한산도 앞바다까지 따라 나왔다.

73척의 대선단이 있던 왜군은 5~6척의 판옥선 정도는 쉽게 섬멸할 것으로 생각하고 전속력으로 추격해왔다. 그때 삼칭이마을옛 삼천진, 통영시 산양읍 영운리 포구와 인근의 죽도대섬 뒤에 숨어 있던 50여 척의 조선 함대가 일시에 나타나 학익진으로 왜군의 선단을 반쯤 포위했다. 적의 선봉이 포위망 깊숙이 걸려들자 지자총통, 현자총통, 승자총통을 비롯한 함포가 일제히 불을 뿜었고 화살이 셀 수도 없이 적선을 향해 날아갔다. 집중포화로 왜군의 선봉 주력선 2~3척이 순식간에 불길에 휩싸였다. 꼬리를 물고 뒤따르던 적선들은 반격은 하면서도 기세가 꺾여 퇴각하려 했으나 서로 좌충우돌하며 혼란만 가중되

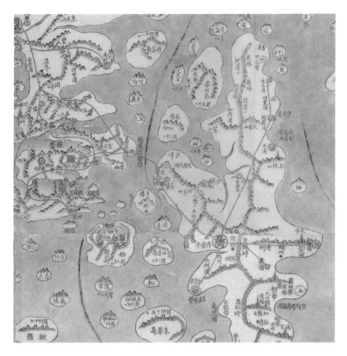

한산대첩이 벌어진 한산도 부근(동여도)

었다. 이에 사기충천한 우리 수군은 앞다투어 맹공격을 가하여 모두 59척을 격파하거나 나포하여 왜군의 주력 함대를 궤멸시켰다. 후미에서 전투를 지휘하던 왜장 와키자카 야스하루脇坂安治는 갑옷에 화살을 맞은 채 구사일생으로 살아남았고, 전선 14척을 이끌고 견내량을 빠져나가 괭이바다를 지나 김해로 도망쳤다.

전투 중 바다에 떨어져 익사한 왜군의 수는 헤아릴 수 없을 정도였는데, 격파된 왜선의 숫자로 볼 때 약 9,000명이 수장된 것으로 추정된다. 바다에 떨어져 살아남은 패잔병 400여 명은 헤엄쳐 한산도로 올라갔다. 그날 한산도 일대에서는 거의 하루 종일 전투가 있었다. 날이 저물자 이순신은 궁한 적은 쫓지 않는다는 병법의 원칙에 따라 왜군을 더 이상 추격하지 않고 견내량 한쪽 바다에서 밤을 새웠다.

진주성전투, 행주산성전투와 함께 임진왜란 3대첩으로 꼽히는 한산대첩의 역사적 의의는 크다. 개전 초기 해안 포구에서 국지전으로 치른 그동안의 전투와 달리 한산해전은 넓은 바다에서 정면으로 맞붙

임진왜란의 3대 대첩으로 손꼽히는 한산대첩의 해전도

은 한판 승부였다. 이 전투에서 조선 수군이 승리함으로서 왜군은 곡창지대인 호남으로의 진출이 좌절되고 병참로가 끊기며 북진이 어렵게 되었다. 반면 조선의 부대는 후방의 군량을 확보하고 보급로를 지켜 전국을 수복하는 결정적 계기가 되었다.

안골포해전

한산대첩 이틀 후인 1592년 7월 10일양력 8월 16일 가덕도로 진출한 조선 연합함대는 왜군의 함선이 안골포安骨浦, 창원시 진해구 안골동에 있다는 정보를 듣고 곧 항진하려 했다. 하지만 풍랑 때문에 거제 온천도溫川島, 거제시 하청면 칠천도에 진을 치고 하룻밤을 보냈다.

7월 10일 새벽 연합함대는 다시 배를 띄워 작전을 개시했다. 전라 우수사 이억기는 포구 바깥 바다인 가덕도 주변에 진을 치고 있다가 본대가 접전을 하게 되면 복병을 남겨서 배치한 뒤에 곧 본대의 해전 현지로 달려와서 전투에 가담하도록 계획을 세웠다. 이순신 함대가 학익진으로 먼저 진격하고, 경상우수사 원균의 함대 7척이 그 뒤를 따라 안골포로 일제히 진격했다.

안골포에 이르러 포구 안을 살펴보니 대선 21척, 중선 15척, 소선 6척 모두 42척의 왜군의 함선이 있었다. 그중 3층각이 있는 대함 1척과 2층각이 있는 대함 2척은 포구에서 밖으로 향하여 떠 있었으며, 나머지 함선들은 차례로 열을 지어 정박하고 있었다. 그런데 포구의 지세가 좁고 수심이 얕아 썰물 때 물이 빠지면 판옥선 같은 배는 쉽게 출입할 수 없었다. 연합함대는 몇 번이나 적을 유인하여 포구 밖으로 꾀어내려고 했으나 한산도에서 크게 당한 왜군은 쉽게 유인작전에 말려들지 않았다. 형세가 급해지면 육지로 도망갈 생각으로 일부러 험한 곳에다 진을 치고 배를 포구 안 깊숙한 곳에 매어두고 나올 생각을 하지 않았다.

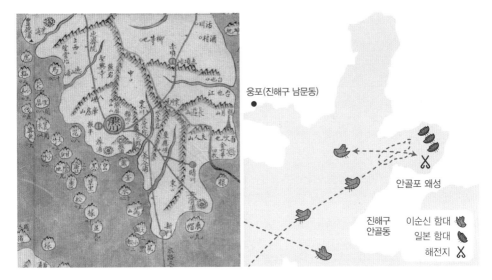

안골포해전이 벌어진 지역(동여도)과 안골포 해전도

연합함대는 번갈아 포구 안으로 진격하여 각종 총통으로 함포사격을 퍼부어 일본 함대를 불태우려고 했다. 이때 전라우수사 이억기가 복병선을 배치해놓고 달려와 합세하여 공격하기 시작했다. 아군함대 50여 척이 일시에 포를 쏘고 화살을 퍼부어 안골포의 산과 바다를 흔들어놓으니 수많은 적이 죽거나 다쳤다.

이렇게 종일토록 전투를 치른 끝에 적을 대부분 깨뜨렸으며 살아남은 적병은 모두 도망쳐 상륙해버렸다. 그런데 근처의 백성들이 산골짜기로 피신한 자가 많아 만약 적함을 모두 불태워 버릴 경우 산속의 백성들이 살육을 당할 위험이 있었다. 이런 까닭에 연합함대는

안골포 지역의 고지명

1 영등포: 거제시 장목면 구영리   2 풍덕포: 창원시 진해구 풍호동

3 원포: 창원시 진해구 원포동   4 사화랑: 창원시 진해구 명동 삼포마을

5 웅포: 창원시 진해구 남문동   6 송도: 창원시 진해구 연도동 솔섬

7 안골포: 창원시 진해구 안골동   8 천성: 부산시 강서구 천성동

9 가덕진: 부산시 강서구 성북동   10 명지도: 부산시 강서구 명지동

약 1리쯤 물러나 밤을 새우고 있었다.

그런데 7월 11일 새벽 다시 돌아와서 보니 적들이 닻줄을 끊고 밤을 이용하여 도망가고 없었다. 전날 싸우던 곳으로 가보니 죽은 적병을 12곳에 모아 놓고 불태웠는데 아직 타다 남은 사체가 쌓여 있었다고 한다. 이로써 적군의 사상자가 무수하였다는 것을 짐작할 수 있다.

조선 연합함대는 7월 11일 도망간 적을 수색하면서 부산포 인근의 몰운대까지 진출하여 시위한 후 저녁에 가덕도 천성으로 돌아와 잠깐 머물면서 적으로 하여금 조선 함대가 오래도록 머무는 것처럼 의심하도록 했다. 그 후 밤을 이용하여 회군한 다음 7월 12일에 한산도를 경유하여 7월 13일에 여수 본영으로 귀환했다.

이 해전에서만 왜군의 함선 20여 척을 격파하고 목을 벤 적군이 250이 넘었다. 그러나 한산대첩과 안골포해전을 합친 제3차 출전에서 조선군 또한 전사 19명, 부상 116명이라는 피해를 입었다.

::

제4차 출전

장림포해전

한산도해전 이후 도요토미 히데요시의 특명으로 왜군들이 부산 서쪽으로는 얼씬도 하지 않자 이순신은 마지막 목표인 부산포 공략에 나섰다. 이것이 1592년 8월 24일양력 9월 29일부터 9월 2일까지 진행된 제4차 출전이다. 이때 출전한 조선 수군의 함대는 173척에 달했다.

한산도해전까지 조선 수군이 보유한 전선은 전라좌수군이 24척, 전라우수군 25척 그리고 경상우수군이 7척으로 대략 56척에 불과했다. 하지만 제4차 출전에서 전함의 수가 거의 3배로 증가했는데, 이는 제3차 출전 이후 전라좌수군과 우수군이 전선 건조에 총력을 다해 노력한 결과 전선 수가 74척으로 늘어났고, 장거리 출동이라 보급품의 수송을 위해 비전투함인 소형 협선이나 고기잡이 배인 포작선까지 모두 동원한 결과였다.

일본 수군은 1592년 7월 한산도해전에서 치명타를 입은 이후 한 달가량 남해안 일대에서 이렇다 할 움직임을 보이지 않은 채 침묵을 유지했다. 그러던 중 한양에 주둔하고 있던 왜군이 경상도 지방으로 이동하며 대부분의 병력을 김해에 집결시키는 한편 군수 물자를 부산으로 운반했다.

조선은 일본군의 이와 같은 움직임을 보고 본국으로 철군을 준비하는 것이라고 판단했다. 이에 경상감사 김수는 전라좌수사 이순신에게 일본군이 달아나지 못하도록 해상통로를 차단해줄 것을 요청했다. 이순신은 전라우수사 이억기와 경상우수사 원균의 함대를 합류시켜 총 173척으로 연합함대를 편성하여 부산포 공략에 나섰다.

8월 24일 오후 4시 즈음 여수를 출발한 연합함대는 8월 25일 당

포통영시 산양읍 삼덕리에서 경상우수군과 합류했다. 8월 29일 낙동강
하구에 도착하여 일대를 수색하던 중 장림포부산시 사하구 장림동에서
왜선 6척을 만나 이를 가볍게 불태워버리고 계속 근방을 수색했으나
더 이상 적을 발견할 수 없어 가덕도 북쪽으로 회항하여 밤을 지냈다.

화준구미해전

1592년 9월 1일 아침 8시 무렵 이순신 함대는 낙동강 하구의 몰운대
를 돌면서 거센 샛바람을 맞으며 화준구미부산시 사하구 다대동 화손대 동
측 내만까지 겨우 노를 저어 갔다. 낙동강 하구 쪽에서 배가 몰운대를
돌아서려면 보통 거센 동풍과 파도를 만나기 쉽다. 이순신은 그곳에
서 적선 5척을 손쉽게 격파하고 불태워버렸다.

장림포해전과 화준구미해전이 벌어졌던 지역(현재 위치)

다대포해전

다대포_{부산시 사하구 대대동}는 전략적으로 중요한 곳이라 성과 봉수대가 있었던 곳이다. 임진왜란 발발 사실을 최초로 관측한 곳이 다대포 응봉의 봉수군들이었다. 1592년 9월 1일 오전에 화준구미를 지난 조선 수군은 다대포에 이르러 적선 8척을 격파했다.

서평포해전

연합함대는 화준구미를 지나 서평포_{부산시 사하구 구평동}로 진출했다. 조선 수군은 1592년 9월 1일 여기서 적선 9척을 격파했다. 현재 이곳에는 감천항이 있고 내만이 넓으며 입구에는 암남공원 아래와 건너편에 방파제가 있다.

절영도해전

서평포를 지나 계속 부산포 쪽으로 진출하던 조선의 연합함대는 절영도_{부산시 영도}에서 적선 2척을 격파하고 부산포로 넘어가는 초량목_{부산시 중구 중앙동 영도다리 아래}으로 향했다.

초량목해전

부산포로 진출하면서 화준구미에서 절영도까지 샅샅이 수색하여 적선 24척을 불태워 버린 이순신이 먼저 척후선을 보내어 적정을 살피게 했다. 적진을 살펴본 척후선에서 대략 470여 척의 적선이 부산포

선창과 해안에 줄지어 정박하고 있으며 적 선봉의 대선 4척이 초량목으로 나오고 있다는 보고를 받았다. 적의 대형 군선인 아타케부네 4척을 초량목에서 격파한 이순신은 독전기를 높이 휘두르고 북을 울리며 긴 뱀 모양의 진형인 장사진을 치고 부산포부산시 동구 좌천동, 범일동 일대로 진군했다.

부산포해전

1592년 9월 1일양력 10월 5일 부산포로 진입하면서 이순신은 "우리 함대가 이미 노출되어 있는데 만일 위세를 가지고 지금 공격하지 않고 다른 해전 때처럼 유인전술이라도 쓴다면 적의 사기를 북돋아주는 결과가 될 것이다"라고 하면서 독전기를 휘둘렀다.

조선 수군의 위세에 눌린 470여 척의 왜군 함대는 감히 나와 싸우지도 못하고 배를 버리고 육지로 올라가 총, 화살, 편전 그리고 철환을 비 오듯 쏘아댔다. 왜군 진영에는 포로가 된 조선 병사들도 함께 있어서 우리 수군들의 가슴을 아프게 했다. 부산포해전이 얼마나 치열했는지는 《임진장초》의 〈부산파왜병장釜山破倭兵狀〉을 보면 알 수 있다.

> 그동안 4차례 출전하고 10여 회 접전하여 모두 승첩하였으나 만약 장수와 사졸들의 공로를 논한다면 이번 부산싸움보다 더한 싸움이 없겠습니다. 전일의 전쟁 때에는 적선의 수가 많아도 70여 척 미만이었는데, 이번에는 적의 소굴에서 500여 척

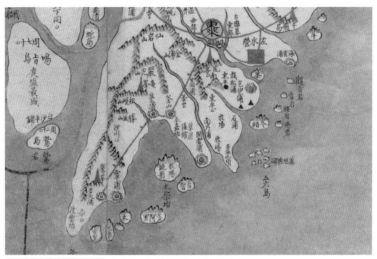

부산포해전이 벌어졌던 지역
(동여도)과 부산포 해전도

과 종일토록 접전하여 적선 100여 척을 깨뜨리고 적으로 하여

금 겁내어 떨게 하였으니 비록 목을 벤 것은 적으나 힘껏 싸운

장졸의 공로는 지난 어느 싸움보다 훨씬 더 하였습니다.

부산포해전에서 왜군을 완전 소탕하지는 못했으나 그들의 본거지를 위협하여 돌아갈 길을 염려하게 했고, 이 때문에 왜적들은 더 이상 연해안을 약탈할 생각은 할 수 없게 되었다. 하지만 안타깝게도 그날 선봉에 서서 용감히 싸웠던 녹도 만호 정운이 전사했다. 지금 부산시 사하구 다대동 몰운대에는 정운 장군의 충절을 기리는 순의비가 있고, 부산포해전이 벌어졌던 양력 10월 5일을 '부산 시민의 날'로 지정하여 기리고 있다.

::

웅포해전

제1차 웅포해전

임진왜란이 발발한 다음 해인 1593년 초에 이순신은 선조로부터 명나라 이여송이 대군을 거느리고 반격하면 왜군이 도망갈 것이니 바다의 퇴로를 차단하라는 명령을 받았다. 어명을 받은 이순신은 우선 적의 심장부였던 부산포로 가는 길목에 있는 웅포창원시 진해구 남문동의 적을 공략하기 위해 1593년 2월 6일양력 3월 8일 새벽에 나팔을 불어 돛을 올리고 여수를 출발했다.

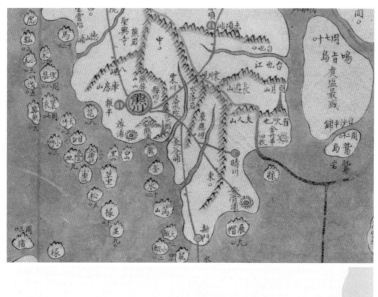

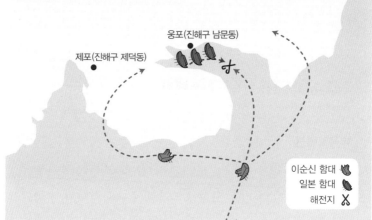

웅포해전이 벌어졌던 지역(동여도)과 웅포 해전도

웅포 지역의 고지명도

　거센 샛바람을 맞으며 저녁나절에 겨우 사량도에 도착한 이순신은 2월 7일 견내량에 도착하여 기다리던 원균과 합세하여 견내량에서 하룻밤을 묵었다. 다음 날 원균은 전라우수사 이억기가 시간에 맞춰 오지 않은 것에 몹시 역정을 내며 기다리지 말고 먼저 떠나자고 재촉했으나 이순신은 조금만 더 기다리자고 원균을 설득했다. 정오 무렵에 과연 이억기가 40여 척의 함선을 이끌고 나타나면서 병사들의 사기는 하늘을 찌를 듯했다.

　저녁에 온천도溫川島, 거제시 하청면 칠천도까지 진출하여 1박을 한 후 2월 9에는 하루 종일 비가 억수같이 쏟아져 포구에 발이 묶여 있다가 2월 10일 오전 6시 무렵 온천도를 출발하여 바로 웅포로 향했다. 이순신은 부산포를 강타하려는 목표를 오랫동안 마음에 품고 있었기에 웅포의 적들이 험한 지형에 배를 감추고 소굴을 만들고 있어 어쩔 수 없이 웅포에 있는 왜군을 먼저 제거해야만 했다. 하지만 웅포의 왜군은 이순신 함대와의 해상 결전을 피하며 그들이 구축한 진지에서 나오지 않았다. 게다가 산 속의 진지에서 그들의 함선을 엄호하면서 사격을 하는 탓에 이순신이 계획한 해상 전투는 실현되지 못했다. 이날 《난중일기》는 "두 번이나 적을 유인하려고 하였으나 우리 수군을 겁내어 나올 듯하면서도 도로 들어가버리니 끝내 잡아 없애지 못한 것이 원통하다"라고 안타까운 심경을 적고 있다. 부득이 밤 10시 무렵에 송진포거제시 장목면 송진포리로 회항한 이순신은 그곳에서 밤을 지내고 하루 동안 휴식을 취했다.

제2차 웅포해전

2월 12일 새벽 이순신은 다시 삼도의 수군을 지휘하여 웅포로 진격했다가 또다시 퇴각하며 유인술을 폈으나 왜군은 여전히 조총만 쏘며 함대를 움직일 생각을 하지 않았다. 유인에 실패한 이순신은 이날은 소진포가 아닌 칠천량으로 향했다.

제3차 웅포해전

2월 18일 아침에 이순신은 전 함대를 지휘하여 다시 웅포에 이르렀으나 왜군들은 여전히 응전하지 않았다. 사도 첨사 김완을 복병장으로 임명하여 송도창원시 진해구 연도동 솔섬에 숨어 있게 한 다음 여러 전선으로 포구를 공격하여 왜군을 유인하자 적이 뒤따라 나왔다. 이순신은 이 기회를 놓치지 않고 숨겨두었던 복병선으로 10여 척의 왜선을 포위했고, 이설과 이언양에게 왜선 3척을 끝까지 추격하게 하여 배에 타고 있던 100여 명을 사살했다. 하지만 이미 배는 포구 안쪽으로 깊이 들어간 뒤였기에 사로잡지는 못했다. 이후 사기가 크게 떨어진 왜군이 다시는 밖으로 나오지 않자 이순신은 사화랑沙火郎, 창원시 진해구 명동 삼포마을으로 회항하여 밤을 새웠다.

제4차 웅포해전

2월 20일 새벽에 사화랑을 떠나 심한 샛바람을 받으면서 또다시 웅포로 진격했다. 그러나 전투가 시작될 즈음 폭풍이 불면서 전선들이 서로 충돌하여 파손될 지경이 되자 전투를 계속할 수 없었다. 흥양, 방답, 순천과 본영에서 폭풍으로 배 각 1척이 부딪혀 깨지는 사고가 나자 이순신은 무리한 공격은 도리어 손해를 입게 된다고 판단하고 즉시 호각을 불고 깃발로 신호를 하여 전투 중지 명령을 내렸다. 그리고 전 함대를 소진포로 이동시켜 다음 날까지 그곳에 머무르면서 새로운 작전을 논의했다.

제5차 웅포해전

2월 22일 새벽에 소진포를 출발한 이순신 함대는 거센 샛바람을 거슬러 사화랑으로 진출하여 바람이 멎기를 기다렸다. 바람이 조금 잦아들자 삼혜와 의능 두 승병장과 의병장 성응지를 웅포왜성 서측인 제포로 보내어 상륙하는 척하고, 포작선 등 변변치 않은 배들을 동쪽으로 보내 역시 상륙하는 척한 후 주력 부대는 정면으로 치고 들어갔다. 성동격서聲東擊西의 전략으로 공격한 것이다. 그러나 아쉽게도 이날 조선 전선 두 척이 포구로 돌입하다가 얕은 곳에 좌초되어 전복되는 사고가 났다. 전라우수사 휘하의 진도 지휘선 한 척도 적에게 포위되었으나 가까스로 구출해낸 후 그날 밤 다시 소진포로 돌아왔다. 이순신은 이날의 사고를 두고 참으로 통분할 일이라면서 모두가 원균 때문이라고 적고 있다.

제6차 웅포해전

2월 24일 소진포를 출발한 이순신은 영등포거제시 장목면 구영리 앞바다에서 심한 풍랑을 만나 칠천량거제시 하청면 칠천도 옥계리으로 피항했다. 일기가 좋지 않아 소진포 대신 칠천량에 머물고 있던 이순신은 2월 28일 새벽에 가덕도로 진출했으나 웅천의 적들은 웅크리고 있을 뿐 나와서 대항할 생각을 하지 않았다. 이순신은 낙동강 하구까지 진출했다가 할 수 없이 사화랑으로 돌아와서 머물렀다.

제7차 웅포해전

3월 6일에 다시 웅포를 공격하니 적의 무리들이 급히 산 중턱으로 도망쳐서 진을 쳤다. 이날 조선 수군은 총통에 철환을 넣어 마구 쏘고 활로 비 오듯 편전을 쏘아 많은 적을 죽이고, 억류되어 있던 사천 출신의 조선 여인 포로 한 명을 구출했다. 그날 밤 칠천량으로 돌아와

머문 후 다음 날 거을망포통영시 산양읍 신전리 신봉 마을 걸망개를 거쳐 한
산도로 갔다.

1593년 2월 6일 여수에서 출전한 이래 두 달 가까이 해상에서
작전 임무를 수행한 군사들은 피로에 지쳐 있었다. 또한 시급을 요
하는 여러 문제를 해결하지 않으면 더 이상 해상에 머물며 작전을
수행할 수 없는 상황이었다. 이순신은 일단 삼도 연합함대를 해체하
고 한산도에서 사량도를 거쳐 1593년 3월 11일 전라좌수영으로 귀
환했다.

이순신은 이때부터 한산도에 주목하기 시작했다. 장차 진영을 옮
겨올 적지로 보아 두었다가 1593년 7월 14일양력 8월 10일 여수에서
한산도 두을포통영시 한산면 두억리 의항마을로 진을 옮겼다.

::

견내량 봉쇄작전

1593년 6월 24일양력 7월 22일 이순신이 머물고 있는 한산도 망하응포
望何應浦, 통영시 한산면 두억리에는 큰비가 내리고 온종일 거센 바람이 불
었다. 여수에서 한산도로 진영을 옮긴 것은 다음 달인 7월 14일이었
으나, 이순신은 이때 이미 한산도에서 전선 건조를 하고 있었다. 저
녁나절에 영등포거제시 장목면 구영리 망군에게서 적선 500여 척이 송진

포거제시 장목면 송진포리로 모여 들었는데 선봉은 칠천량거제시 하청면 칠천도 옥계리에 이르렀다는 보고를 받았다. 저녁 8시 무렵에는 대금산거제시 장목면 대금리 망군도 비슷한 보고를 했다. 다음 날인 6월 25일 아침에 이순신은 전라우수사 이억기와 함께 적을 칠 계획을 세웠다. 왜군의 기세는 대단했으나 연일 비가 내리는 탓에 쉽게 기동을 못하고 있었다. 6월 26일 아침에도 큰비가 내리고 남풍이 거세게 불었다. 아침 일찍 숨어서 적의 동태를 감시하던 복병선이 와서 적의 선발대로 보이는 중선과 소선 각 1척이 견내량 인근의 오량역거제시 사등면 오량리까지 진출했다고 보고했다.

이순신은 즉시 호각을 불고 출동명령을 내려 적도화도로 가서 진을 치고 적을 가로 막았다. 다음 날인 6월 27일 정오 무렵 적선 두 척이 견내량에 나타났으나 이순신 함대가 추격하여 쫓아버렸다. 그날 저녁에 강진의 정탐선 1척이 견내량에서 적과 싸운다는 소식이 들려왔다. 이날 밤 이순신은 불을도방화도 바깥에 진을 쳤다. 다음날 6월 28일 아침 이순신 함대가 견내량으로 달려가자 적들은 모두 달아나 버렸다.

1593년 7월 3일 적선 여러 척이 견내량을 넘어왔으나 이순신 함대가 추격하자 도망쳐버렸다. 그다음 날에도 수많은 적이 늘어서서 위세를 보였다. 이때 이순신은 걸망포통영시 산양읍 신전리 신봉마을, 걸망개에 진을 치고 있었다. 7월 5일 새벽 망군에게서 적선 10여 척이 견내량으로 넘어왔다고 보고를 받았다. 이순신 함대가 곧바로 출동하

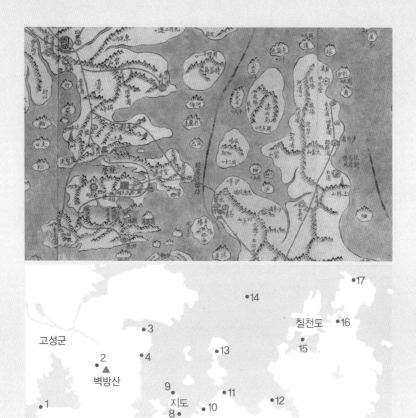

견내량 부근(동여도)과 고지명

1 가오치: 통영시 도산면 오륜리   2 벽방산: 통영시 광도면 안정리

3 적진포: 고성군 거류면 화당리   4 춘원포: 통영시 광도면 황리

5 구화역: 통영시 광도면 노산리   6 견내량: 통영시 용남면과 거제시 사등면 사이 해협

7 오량역: 거제시 사등면 오량리   8 형도: 거제시 사등면 오량리 고개섬

9 지도 : 통영시 용남면 지도리   10 청슬: 거제시 사등면 지석리

11 세포 : 거제시 사등면 성포리   12 유자도: 거제시 장평동 귤도

13 가참도: 거제시 사등면 창호리 가조도   14 광이도: 거제시 하청면 광이도

15 칠천량: 거제시 하청면 칠천도 옥계리   16 장문포: 거제시 장목면 장목리

17 영등포: 거제시 장목면 구영리

견내량 부근의 고지명

자 적들은 도망쳐버렸다. 이순신은 다시 걸망포로 와서 진을 치고 하루를 묵었다. 7월 10일 저녁 무렵에는 팽이바다의 가참도거제시 사등면 창호리 가조도로 나가 있던 망군 오수가 걸망포로 와서 적의 종적은 더 이상 보이지 않는다고 보고했다. 그날 초저녁에 이순신 함대는 걸망포에서 한산도 세포細浦, 통영시 한산면 관암리로 진을 옮겼다. 11일 아침에 적선 10여 척이 견내량에서 내려온다는 급보가 날아들었다. 5~6척은 이미 한산도 세포의 이순신 함대 진영 앞까지 진출한 상황이었다. 이순신 함대가 추격하자 또다시 적은 달아나버렸고 그날 오후에 이순신은 걸망포로 돌아왔다.

견내량해전은 큰 전과는 없었지만 곡창인 호남으로 진출하려는 적을 완벽하게 차단하는 의미가 있었다. 이 기간 동안 이순신은 견내량을 넘나들면서 걸망포와 한산도를 거점으로 견내량을 지켰다.

::

제2차 당항포해전

제2차 당항포해전은 앞서 이순신의 '괭이바다 봉쇄작전'을 설명하면서 상세하게 다루었으므로 여기서는 간략하게 해전 결과만 언급하기로 한다.

읍전포해전

명과 일본이 강화협상 중이던 때인 1594년 3월 3일양력 4월 22일 한산도의 삼도수군통제영에서 기동한 이순신은 다음날인 3월 4일 이억기, 원균과 함께 거제도 북단의 증도현재의 마산시 구산면 원전리 실리도 해상에서 학익진을 치고 적의 퇴로를 차단했다. 이때 왜선 10여 척이 진해선창창원시 마산합포구 진동면 진동리에서 기슭을 따라 나오고 있었다.

이를 발견한 어영담의 경예선 선단이 좌우에서 협공을 가하자 적선 6척이 읍전포창원시 마산합포구 진동면 고현리로 도망쳐 배를 버리고 뭍으로 올라가자 이들 적선을 모두 불태워버렸다.

당항포 부근의 고지명

1 소소포: 고성군 마암면 두호리

2 적진포: 고성군 거류면 화당리 남촌성 아래

3 당항포: 고성군 회화면 당항포리

4 어선포: 고성군 회화면 어신리

5 아자음포: 고성군 동해면 외산리

6 양도: 마산합포구 진동면 양도

7 읍전포: 마산합포구 진동면 고현리

8 진선선창: 마산합포구 진동면 진동리

9 시구질포: 마산합포구 진동면 주도리 왜꼬지

10 저도: 마산합포구 구산면 저도리 돌섬

11 오리량: 마산합포구 구산면 구복리와 저도 사이 해협

12 남포: 마산합포구 구산면 난포리

13 증도: 마산합포구 구산면 원전리 실리도, 일명 시리섬

14 칠천량: 거제시 하청면 칠천도 옥계리

15 장문포: 거제시 장목면 장목리

16 송진포(소진포): 거제시 장목면 송진포리

17 영등포: 거제시 장목면 구영리

어선포해전

1594년 3월 4일 어영담의 경예선단이 공격을 개시하자 진해 선창창원시 마산합포구 진동면 진동리에 정박해 있다 놀라 도망가는 적선 10척 중 2척을 추격하여 어선포고성군 회화면 어신리에서 불살라버렸다.

시구질포해전

1594년 3월 4일 진해선창에서 도주하던 적선 중 동쪽으로 도망가던 무리들은 시구질포마산합포구 진동면 주도리, 일명 왜꼬지에서 배를 버리고 육지로 도망갔다. 여기서 어영담의 경예선단은 적선 2척을 불태워버렸다.

제2차 당항포해전

1594년 3월 4일 오후 늦게 당항포 포구 깊숙한 곳에 정박해 있던 왜선들은 멀지 않은 어선포에서 왜선이 불타며 연기가 피어오르는 것을 바라보고 놀라 배를 버리고 육지로 올라가 진을 쳤다. 그때 날이 저물고 조수가 빠져 어영담 부대는 당항만 입구를 가로막고 아자음포고성군 동해면 외산리로 추정에서 하룻밤을 새웠다. 다음 날인 3월 5일 아침 거제도 북단을 봉쇄했던 이순신 함대의 본대가 당항만 입구로 와서 후방을 경계하고 어영담은 당항만 안으로 들어가 적선 21척을 모조리 불태워버렸다.

::

춘원포해전

1594년 8월 명과 일본이 강화협상을 진행하며 전쟁은 소강상태로 접어들었다. 한산도에는 8월 초부터 거의 매일 비가 내렸다. 8월 11일에는 거센 바람과 함께 폭우가 쏟아져 이순신이 머물고 있는 집의 지붕이 세 겹이나 벗겨져서 비가 삼대같이 샜다. 하지만 이튿날부터 날이 맑게 개기 시작했고, 마침 도원수 권율로부터 만나자는 전갈이 와서 8월 15일 중추절 아침에 한산도를 출발하여 사천으로 가기로 되어 있었다.

그런데 8월 13일에 이순신은 여러 장수들과 함께 견내량으로 진출하여 별도로 날랜 장수들을 춘원포통영시 광도면 황리 등지로 보내 적정을 살피게 했다. 다음 날인 8월 14일에 사도 첨사와 소비포 권관, 웅천 현감 등의 급보가 도착했다. 왜선 1척이 춘원포에 당도하여 정박했는데 기습공격을 했더니 왜놈들은 배를 버리고 도망쳤으며, 조선인 포로 15명을 구출하고 배도 빼앗았다는 소식이었다.

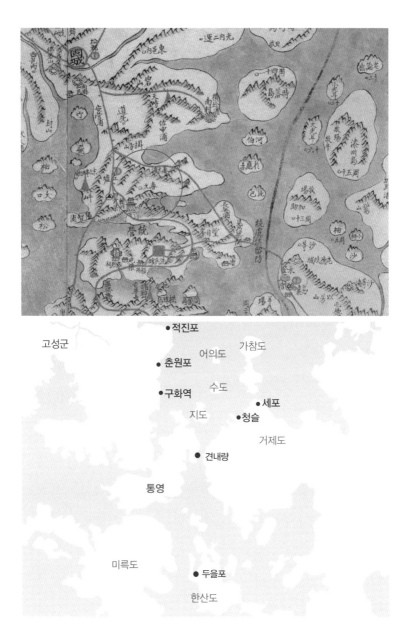

춘원포해전이 벌어진 지역(동여도와 현재 위치)

::
장문포 수륙합동전

장문포해전

강화협상 기간 중이었지만 1594년 7월 무렵부터 왜군들의 움직임이 조직적으로 나타나며 장문포거제시 장목면 장목리 일대를 중심으로 연안 각 포구마다 집을 짓고 장기간 머물 준비를 했다.

이렇게 되자 도원수 권율이 한산도의 이순신 장군에게 비밀 문건으로 9월 27일양력 11월 9일에 군사를 출동시키라는 명령을 내렸다. 9월 27일 아침 이순신은 거북선을 포함한 50여 척의 함선을 동원하여 통영시 화도 앞바다에서 곽재우, 김덕령, 한명련, 주몽룡 등 육군 장수들을 승선시킨 후 9월 28일 흉도거제시 사등면 오량리 고개도로 가서 거점을 확보하고 9월 28일에 장문포를 공략하기 시작했다.

조선의 수륙 합동군은 장문포를 공격하여 적선 2척을 불태웠으나 적은 성문을 굳게 걸어 잠그고 응전할 기색을 보이지 않았다. 이순신은 그날 밤 칠천량거제시 하청면 칠천도 옥계리으로 돌아와 밤을 새웠다. 10월 1일 칠천량에 머물고 있던 이순신의 수륙 연합군이 새벽에 장문포에 도착하니 경상우수사 원균과 충청수사가 그곳에 와 있었다. 이순신은 곧장 영등포로 향했으나 적은 나와서 항전할 생각을 하지 않았다. 10월 2일과 3일에도 선봉선 30여 척을 장문포로 보내 싸움을 걸었으나 적은 나오지 않았다.

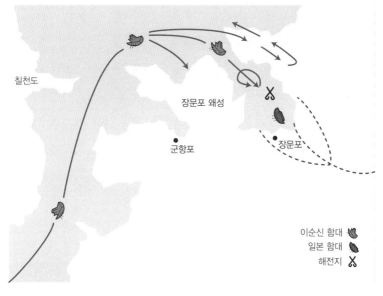

칠천도

장문포 왜성

군항포

장문포

이순신 함대

일본 함대

해전지

장문포 해전도

장문포 상륙작전

10월 4일에 이순신은 곽재우, 김덕령 등과 약속한 후 함상에서 수백명의 육전대를 차출하여 상륙작전을 진행했다. 아울러 전선을 장문포로 보내 포구 안으로 들락거리며 계속 싸움을 걸게 했다. 그날 저녁 나절에 아군이 바다와 육지에서 호응하자 놀란 적들이 갈팡질팡했다는 기록이 있다. 그날 밤 이순신 함대는 칠천량으로 물러나 밤을 새우고 그대로 칠천량에 머물렀다. 10월 6일에도 장문포를 공격해 들어갔으나 적은 "일본은 명나라와 더불어 화목하고자 하오니 싸울 뜻이 없다"는 팻말을 걸어놓고 왜성에서 내려오지 않았다. 그날 영등 포에 있는 왜군 1명이 투항해왔고, 이순신 함대는 흉도거제시 사등면 고 개도로 내려왔다. 다음 날 이순신은 흉도에 도착하여 그동안 합세했 던 육군장들을 하선시키고 한산도 진영으로 돌아왔다. 장문포해전 에 참전한 육군은 조선 수군 육전대에 관한 기록이며, 우리 해병대의 효시라 해도 무리가 아닐 듯하다.

:: 원균의 시대

1597년 1월 15일양력 2월 30일에 왜군 선발대가 다시 부산포로 들이닥 치며 정유재란이 일어났다. 왜군의 1차 침략이었던 임진왜란 때 철 수하지 않고 조선에 잔류하고 있던 2만여 병력 외에 8개 부대 14만 여 명을 600여 척의 전선을 동원하여 8월 초순까지 영남 남해안에 집결시켰다. 그러나 이순신을 제거하지 않고서는 수륙양면작전을 진행할 수 없을 뿐만 아니라 해상교통로에 제한을 받을 수밖에 없었 다. 이에 왜군의 이순신 제거 음모가 진행되었다. 결국 이중첩자 요 시라의 반간계에 농락당한 조선 조정은 이순신을 파직하고 원균을 삼도수군통제사에 임명했다.

이순신 대신 통제사가 된 원균은 도원수 권율로부터 부산 방면으로 진출하여 왜군의 상륙을 저지하고 해상권을 장악하라는 명령을 받았다. 원균 함대는 1597년 6월 18일^{양력 7월 31일}부터 7월 8일까지 함대를 나누어 부산 앞바다까지 왕래하면서 소소한 전과를 올리기도 했지만, 전선 7척이 서생포^{울산}까지 표류하여 적에게 도륙을 당하는 피해를 입기도 했다.

기문포해전

원균이 이순신 대신 한산도에서 삼도수군통제사로 있던 1597년 3월 18일 경상감사에게서 장계가 올라왔다. 고성 현령 조응도가 판옥선에 140여 명의 병사를 태우고 출전했다가 3월 9일^{양력 4월 24일}에 패전하고 그도 전사했으니 새 현령을 보내달라는 내용이었다.

그해 3월 8일 김해에서 출발한 왜선이 거제도 옥포^{경내}에 있는 기문포^{부산시 사하구 천성동 대죽도}로 들어오자 원균이 출동했다. 이순신 대신 삼도수군통제사가 되고 나서 한 달이 조금 지난 시점이었다. 한산도에서 밤새 노를 저어 9일 새벽 기문포에 도착한 조선 수군은 상륙하여 아침을 지어 먹고 있는 왜군을 발견했다. 이들은 땔나무를 구하러 온 병사들이었다. 원균은 투항해온 일본인 남여문^{南汝文}을 시켜 왜군들에게 항복을 권유했다. 왜군 20여 명은 조선군의 위세에 눌려 머리를 조아리고 목숨을 구걸했다. 왜군은 모두 80여 명이었는데 원균은 그 우두머리로부터 항복을 받고 술까지 하사한 뒤 돌아가도 좋다고 허락했다.

원균의 해전 전적지

1 기문포해전   2 원균의 안골포해전   3 원균의 다대포해전
4 절영도외양해전   5 칠천량해전

당시 강화협상 중이던 조선과 일본은 서로 충돌을 자제하고 있었다. 왜군은 경상우병사 김응서와 약조를 맺고 거제도 일대에서 나무를 해가는 것을 허락받은 상태였다. 다행히 살아서 돌아가게 된 왜병들은 고맙다고 몇 번이나 인사를 한 후 배에 올랐다. 그리고 바다로 나가서 돛을 올리려는 순간 원균이 지자총통을 발사하며 일제히 왜선을 공격했다. 이때 고성 현령 조응도의 배가 재빨리 왜선에 배를 바짝 붙었다. 조응도의 배가 접근하자 왜병 약 20명이 배로 뛰어들어 그들의 장기인 등선육박전으로 칼싸움을 벌였다. 왜군은 순식간에 조선 수군의 판옥선을 장악했고, 조응도는 칼에 찔려 바다로 떨어졌다. 바다에 빠진 그를 아군이 구했지만 이미 치명상을 입어 목숨을 구할 수는 없었다. 조선 수군은 배를 빼앗아 도망가는 적을 추격하여 대포와 활을 비 오듯 쏘아 제압한 뒤에 배를 불태워버렸다. 이것이 고성 현령 조응도가 전사한 이유였지만, 원균은 이를 승전이라고 했다.

원균의 안골포해전

1597년 3월 중순 무렵부터 왜군은 활발하게 움직이기 시작하여 6월 하순 무렵에는 서생포, 부산포, 가덕, 안골포, 웅천 등지에 모습을 나타내기 시작했다. 이때도 왜군은 이순신이 파직 당할 때처럼 요시라를 통하여 간계를 썼다. 왜군의 후속부대가 바다를 건너오니 조선 수군이 바다 위에서 요격하면 성공할 것이라는 거짓 정보를 흘린 것이다. 이에 도체찰사 이원익이 권율과 상의하여 적이 바다를 건너기 전에 격멸하고자 원균에게 출동명령을 내렸다. 그러나 원균은 수륙합동작전을 주장하며 출병을 꺼렸다. 그러다가 이원익과 권율의 계속되는 출병 요구에 못 이겨 6월 18일 한산도를 출발하여 안골포와 가덕 등지를 공격했으나 아무런 전과도 올리지 못했고, 보성 군수 안홍국만 전사한 채 중도에서 돌아와버렸다. 화가 난 권율은 6월 21일 곤양까지 원균을 호출하여 곤장을 치면서 다시 출전할 것을 명령했다.

원균의 다대포해전

곤장을 맞고 돌아온 원균은 1597년 7월 4일 200여 척의 전선을 거느리고 한산도를 출발하여 부산포 방향으로 출전했다. 그리고 7월 5일 칠천량을 지나 거제도 북단을 경유하여 6일에는 옥포로 가서 하룻밤을 보냈다. 7월 7일 새벽에 다대포로 가니 그곳에 적선 8척이 머물고 있었다. 하지만 조선 수군의 위세를 보고 육지로 도망치기 시작했고 원균의 함대는 이들을 쫓아 가볍게 불태워버렸다.

원균의 절영도외양해전

1597년 7월 7일 원균 휘하의 배설이 이끄는 조선 수군은 다대포를 출발하여 곧바로 절영도영도 바깥 바다로 향했다. 그때 마침 수많은 왜선이 대마도에서 넘어오고 있었다. 종일 노를 저은 격군들이 이미 지칠 대로 지쳐 있었고, 풍랑까지 거세 더 이상 전투를 할 수 없는 상황이었지만 원균은 무리한 전투를 명령했다. 첨저선인 왜선들이 빠른 속도로 왔다 갔다 하면서 교란작전을 펼치자 조선 수군은 분산되기 시작했고, 7척의 배는 가토 기요마사가 있는 서생포까지 흘러가 표류하다가 도륙을 당하고 말았다. 원균은 남은 전선을 수습하여 간신히 가덕도까지 후퇴했으나 목마른 격군 400명이 무방비상태로 가덕도에 물을 마시러 올라갔다가 매복해 있던 왜군에게 목숨을 잃고 말았다. 아무런 전과도 올리지 못하고 병사들만 잃은 채 그날 밤 원균은 칠천량으로 후퇴했다.

칠천량해전

원균은 거제도 방면으로 겨우 퇴각하여 7월 15일 오후에 가까스로 칠천량거제시 하청면 칠천도 옥계리에 정박했다. 이때 조선 수군은 마실 물도 부족한 데다 생쌀을 씹으며 풍랑과 싸우며 노를 저어온 까닭에 완전히 녹초가 되어 있었다. 이때 경상우수사 배설이 아군은 방어능력이 부족하니 작전을 신중하게 세워야 한다고 건의했으나 원균은 이를 받아들이지 않고 준비 없는 결전을 서둘렀다. 배설이 다시 칠천량은 수심이 얕고 좁아서 함대의 기동에 지장이 많아 다른 곳으로 이동할 것을 제안했으나 이마저도 받아들여지지 않았다.

한편 도도 다카토라, 와키자카 야스하루, 고니시 유키나가 등은 수군을 안골포창원시 진해구 안골동에 집결시키는 한편, 가덕성의 시마쓰 요시히로는 7월 14일에 육군 3,000명을 거제도에 상륙시켜 칠천

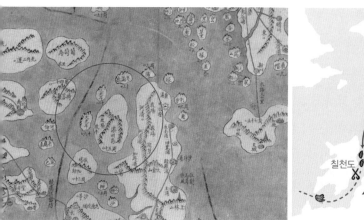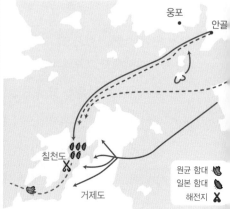

칠천량 부근의 지형(동여도)과 칠천량 해전도

량 연안에 포진시키는 등 수륙 양면으로 기습작전을 준비했다. 그리고 7월 15일 아군의 경계가 소홀한 틈을 타 웅천과 안골포의 크고 작은 함선 600여 척을 동원하여 기습을 해왔고, 거제도에 있던 왜의 육군도 대포를 쏘며 기습에 가세했다. 불같은 성미의 원균은 이날 모든 함대에 명령하여 절대 후퇴는 없다면서 결사항전을 했다. 좁은 해협에서 서로 얽혀 접전이 벌어지며 전투는 혼전양상에 빠졌고, 왜군의 장기인 배에 기어올라 칼로써 승부를 거는 등선육박전술에 휘말린 조선 수군은 치욕의 패배를 맛보아야 했다.

대패한 원균은 남은 함선을 수습하여 칠천량 서남방의 형도까지 후퇴했으나 미리 매복하고 있던 왜군 함선에 또다시 대패하고 말았다. 그리고는 위기를 모면하고자 춘원포통영시 광도면 황리에 상륙했으나 추격해온 왜군에게 대항도 못 해보고 전사했다. 분을 못 이긴 채 끝까지 싸우던 이억기와 배흥립 등의 부장과 수많은 장병들이 200여 척의 함선과 함께 거의 전멸했다. 이때 후미에서 눈치만 살피다가 겨우 도망쳐 살아남은 배설이 12척의 전선을 수습하여 한산도로 가서 주민을 피난시키고 병영과 무기, 식량을 소각한 다음 전라도 방향으로 도망쳤다. 이 전투로 조선 수군은 몰락의 위기를 맞게 되었다.

이순신은 명량해전 직전 장흥 회령포에서 배설에게 남은 배 12척을 인수받았다. 역사의 아이러니지만 이 배가 있었기에 이순신은 다시 수군을 규합하여 재기할 수 있었다. 그 당시 배설은 칠천량해전 패배의 충격과 오랜 전선 생활의 스트레스로 병이 난 상태였다. 배설은 명량해전 직전에 신병을 이유로 전라우수영 근처 육지에 내려 몸조리를 하고 오겠다고 한 후 잠적해버렸다. 이후 고향인 선산에서 체포되어 서울로 압송된 후 사형을 당한다.

배설은 1592년 임진왜란이 일어나자 경상우도방어사 조경의 휘하 군관으로 참전하여 추풍령에서 패하자 향병을 규합하여 왜적과 대항했다. 이후 부산 첨사, 진주 목사, 밀양 부사를 거쳐 선산 부사가 되었으며, 1597년 정유재란 때는 경상우수사로서 원균과 이순신의 지휘를 받았다. 전란 중에 신병을 이유로 잠적하여 참형을 받았지만, 그 뒤 그가 쌓은 무공이 인정되어 선무원종공신 1등에 추증되고 사면복권되었다.

다시 시작된 전쟁, 정유재란

어란포해전

칠천량해전에서 조선 수군을 거의 전멸시킨 왜군은 전라도 점령을 위해 수륙양면으로 서진을 계속했다. 1597년 8월 16일양력 9월 26일에 육군과 함께 남원성을 공략하여 함락시킨 왜 수군은 해상작전을 전개하기 시작했다. 이때 8월 3일자로 삼도수군통제사로 다시 임명된 이순신은 8월 19일에 장흥 회령포에서 배설에게 남은 배를 12척을 인수받고 다음 날인 8월 20일 이진해남군 북평면 이진리으로 이동했다.

고문의 후유증으로 몸이 많이 상한 이순신은 토사곽란 증세로 심한 몸살을 앓아 병세가 악화되어 8월 23일에는 배에서 내려 몸조리를 해야 했다. 8월 24일에 겨우 병세를 회복하고 도괘해남군 북평면 남성리 칼쾡이를 거쳐 어란포해남군 송지면 어란리로 이동할 수 있었고, 이틀 후인 8월 26일 오후에 전방 감시 초소장인 탐망군 임준영에게서 왜 수군이 이진에 도착했다는 최초 보고를 받았다.

그로부터 이틀 뒤인 8월 28일 아침 일찍 적선 8척이 예기치 못한 상황에서 갑자기 어란포로 들이닥쳤다. 여러 배들이 겁을 먹었고, 경상우수사 배설은 또다시 후퇴하려 했다. 그러나 이순신은 공격 태세를 취했다. 적이 바짝 접근해올 때까지 버티고 있다가 호각을 불어 공격 명령을 내리고 깃발을 휘두르며 진격했다. 이순신 함대는 적을

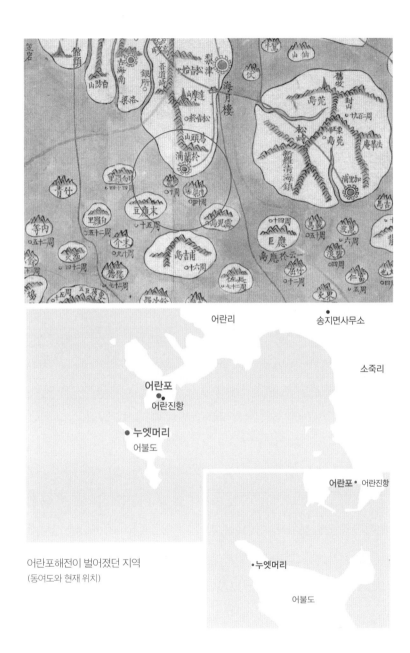

어란포해전이 벌어졌던 지역
(동여도와 현재 위치)

해남반도 끝에 있는 갈두葛頭, 해남군 송지면 갈두리, 속칭 칡머리까지 추격하여 격퇴하고 되돌아왔다. 이것이 어란포해전이다. 만약 이때 이순신이 도망이라도 쳤으면 적은 얕잡아보고 기세등등하게 대규모 공격을 해왔을 것이다. 추격을 중단하고 돌아온 이순신 함대는 장도獐島, 해남군 송지면 내장리로 진영을 옮겼다가 다음 날 아침인 8월 2일 진도 벽파진으로 가서 진을 쳤다.

벽파진해전

이순신이 진도 벽파진에 진을 치고 있던 1597년 9월 7일양력 10월 16일 오전 일찍 탐망군 임중형에게서 적선 55척 중 13척이 어란포에 도착했다는 보고를 받았다. 그날 오후에 일본 함선 13척이 벽파진으로 접근하자 조선의 전선들이 닻을 올리고 나아가 맞섰다. 적은 아군의 기세에 눌려 도망쳤다. 조선 함대가 먼 바다까지 추격했으나 조류도 역류인 데다 역풍까지 불어 도망치는 적들을 쫓기 힘들었다. 또한 복병이 있을 것 같아 추격을 중단하고 되돌아왔다.

　이순신은 그날 밤 반드시 야간 습격이 있을 것이라며 전 장병들에게 대비하도록 했다. 이순신의 예상대로 밤 10시쯤 적들이 포를 쏘며 기습공격을 해왔다. 이순신은 엄한 군령을 내리고 손수 최전방에 나서서 지자총통으로 응사하면서 반격했다. 적은 4차례나 일진일퇴하면서 포를 쏘아대다가 밤 12시가 넘어서 완전 퇴각했다. 벽파진에서 적의 야습을 예견하고 이를 물리치자 병사들은 비로소 이순신을

벽파진해전이 벌어졌던 지역(동여도와 현재 위치)

믿고 사기가 살아나기 시작했다. 이때 계절은 이미 겨울로 접어들어 해상의 날씨는 점차 거칠어지고 추위가 엄습해오고 있었다. 벽파진해전 이틀 후인 9월 9일은 중양절이었다. 이순신은 제주도의 어부 점세가 가지고 온 소 5마리를 잡아 춥고 배고픈 병사들에게 나누어주고 다가올 명량해전에 대비했다.

명량해전

울돌목은 화원반도와 진도 사이를 흐르는 좁은 해협으로, 현재 진도대교로 연결되어 있다. 수로의 폭이 썰물 때 180미터에서 밀물 때 320미터까지 변화하는 이곳은 하루 내내 서해와 남해의 바닷물이 합쳐지거나 풀어지며 진귀한 풍광을 연출한다. 육상전투에서 패퇴한 왜군은 수군을 서진시켜 서해에서 한강 하구를 통해 직접 한양으로 진출하기 위하여 서둘렀다. 마침내 왜군은 어란포에서 서진하여 서해로 진출하는 지름길인 울돌목을 통과하기 위해 출병했다. 명량해전 직전까지 이순신이 확보한 세력은 전선 13척과 초탐선哨探船 32척이 전부였다. 명량해전 이틀 전 벽파진진도군 군내면 벽파리에 머물고 있던 이순신 함대에 일본 함대 200여 척 중 55척이 어란포에 도착했다는 임준영의 첩보가 전해졌다. 이순신은 명량 협수로를 등지고 싸울 수 없다고 판단하고 벽파진에서 우수영으로 진영을 옮겼다. 이순신은 우수영 부근의 주민을 육지로 피난시키고 전투 준비에 돌입했다. 명량해전 당일인 9월 16일의 《난중일기》를 보자.

> 이른 아침에 별망군이 와서 보고하기를 적선들이 헤아릴 수 없을 정도로 많이 명량을 거쳐 곧장 진지를 향해 온다고 했다. 곧바로 여러 배에 명령하여 닻을 올리고 바다로 나가니, 적선 130여 척이 우리 배를 에워쌌다. 여러 장수들은 스스로 적은 군사로 많은 적과 싸우는 형세임을 알고 회피할 꾀만 내고 있었다. 우수사 김억추가 탄 배는 이미 2마장 밖에 있었다. 나는 노를 급히 저어 앞으로 돌진하며 지자총통과 현자총통 등을 마구 쏘아

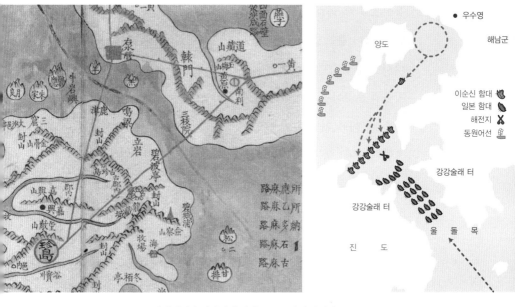

명량해전이 벌어졌던 지역(동여도)과 명량해전도

대니, 탄환이 나가는 것이 바람과 우레처럼 맹렬했다. 군관들은 배 위에 빽빽이 들어서서 화살을 빗발치듯 어지러이 쏘아대니, 적의 무리가 저항하지 못하고 나왔다 물러갔다 했다. 그러나 적에게 몇 겹으로 둘러싸여 형세가 장차 어찌될지 헤아릴 수 없으니 온 배 안에 있는 사람들은 서로 돌아보며 얼굴빛이 질려 있었다. 나는 부드럽게 타이르기를 '적선이 비록 많다 해도 우리 배로 바로 침범하지 못할 것이니 조금도 마음 흔들리지 말고 심력을 다해서 적을 쏘아라' 라고 했다. 여러 장수의 배를 돌아보니 먼 바다로 물러가 있고 배를 돌려 군령을 내리려 하니, 적들이 물러간 것을 틈타 더 대들 것 같아서 나가지도 물러나지도 못할 형편이었다. 호각을 불게 하고 중군에게 명령하는 깃발과 초요기를 세웠더니, 중군장 미조항 첨사 김응함의 배가 차츰 내 배에 가까이 왔는데, 거제 현령 안위의 배가 먼저 이르렀다. 나는 배 위에 서서 직접 안위를 부르며 말하기를안위야 군법에 죽고 싶으냐? 네가 군법에 죽고 싶으냐? 도망간다고 어디 가서 살 것이냐?' 라고 했다. 그러자 안위는 황급히 적선 속으로 돌입했다. 또 김응함을 불러서 말하기를너는 중군장임에도 멀리 피해서 대장을 구하지 않으니 그 죄를 어찌 면할 것이냐? 당장 처형하고 싶지만 적의 형세가 급하므로 우선 공을 세우게 해주마' 라고 했다. 그리하여 두 배가 먼저 교전하고 있을 때 적장이 탄 배가 그 휘하의 배 두 척에 명령하니 한꺼번에 안위의 배에 개미떼처럼 달라붙어서 다투어 기어올랐다. 이에 안위와 그 배에 탄 군사들이 각기 죽을 힘을 다해서 혹 몽둥이를 들거나 긴 창을 잡거나 혹 수마석몽돌 덩어리로 무수히 난격했다. 배 위의 군사들이 기운이 다하자 나는 뱃머리를 돌려 곧장 쳐들어가서 빗발치듯 마구 쏘아댔다. 적선 3척이 거의 뒤집혔을 때, 녹도 만호 송여종, 평산포 대장 정응두의 배가 잇달아 와서 협력하여 적을 쏘아 죽이니 한 놈도 살아남지 못했다. 항복한 왜인 준사는 안골에 있는 적진에서 투항해온 자인데

내 배 위에 있다가 바다를 굽어보며 말하기를 '무늬 놓은 붉은 비단옷 입은 자가 바로 안골진에 있던 적장 마다시입니다'라고 말했다. 그래서 바로 시체를 토막 내라고 명령하니, 적의 기세가 크게 꺾였다. 우리의 여러 배들이 적이 침범하지 못할 것을 알고 일시에 북을 울리고 함성을 지르며 일제히 나아가 각기 지자총통과 현자총통을 쏘니 소리가 산천을 뒤흔들었고, 화살을 빗발처럼 쏘아대어 적선 31척을 쳐부수자 적선들은 후퇴하여 다시는 가까이 오지 못했다. 우리 수군이 싸움하던 바다에 머물고 싶었지만 물살이 매우 험하고 바람도 역풍으로 불며 형세 또한 외롭고 위태로워 당사도로 옮겨 정박하고 밤을 재냈다. 이번 일은 실로 천행이었다.

명량해전을 입체적으로 알아보려면 이순신의 《난중일기》와 《선조실록》 그리고 《선조수정실록》을 함께 보아야 한다. 벽파정 아래의 전투 상황은 《난중일기》에는 없고 《선조실록》과 《선조수정실록》에 기록되어 있다. 우선 《선조실록》부터 살펴보자.

삼도수군통제사 이순신의 치계에 의하면 한산도가 무너진 이후 병선과 병기가 거의 다 유실되었다. 순신이 전라우도 수군절도사 김억추 등과 전선 13척, 초탐선 32척을 수습하여 해남현 해로의 중요한 입구를 차단하고 있었는데, 적의 전선 130여 척이 이진포 앞바다로 들어오기에 순신이 수사 김억추, 조방장 배흥립, 거제 현령 안위 등과 함께 각기 병선을 정돈하여 진도 벽파정 앞바다에서 적을 맞아 죽음을 무릅쓰고 힘껏 싸운바, 대포로 적선 20여 척을 깨뜨리니 사살이 매우 많아 적들이 모두 바다 속으로 가라앉았으며, 머리를 벤 것도 8급이나 되었다.

《선조실록》 권 94, 선조 30년[1597년] 11월 10일 5번째 기사

이 실록은 이순신이 1597년 9월 27일 선유도에서 작성하여 송한 련을 시켜 배편으로 선조에게 보낸 〈명량해전승첩장계〉를 기초로 작성한 것이다. 이 장계의 원본이 전하지 않아서 아쉽지만 실록의 내용이 《난중일기》에서 적지 못한 부분을 보충해주고 있다. 일반적으로 〈승첩장계〉와 《난중일기》를 비교해보면 왕에게 보고하는 공문서인 장계가 개인의 사적 기록인 일기보다 더 상세한 경우가 많다.

한편 《선조수정실록》에는 벽파정 아래에서 적장 마다시를 사살한 내용이 더 자세히 나온다.

통제사 이순신이 진도 벽파정 아래에서 적을 격파하여 왜 장 마다시를 죽였다. 순신이 진도에 도착해 병선을 수습하여 10여 척을 얻었다. 이때 배를 타고 피난해 있던 해안 지방의 선비들과 백성들이 순신이 왔다는 말을 듣고 기뻐했다. 순신은 길을 나누어 그들을 불러모아 군대 뒤에서 군사의 위세를 돕도

록 했다. 적장 마다시는 수전을 잘한다고 소문난 자인데, 200여 척을 거느리고 서해를 침범하려고 하여, 벽파정 아래에서 접전하게 되었다. 순신은 12척의 배에다 대포를 싣고 순류順流인 조수를 타고 공격하니 적이 패주하였으므로, 수군의 명성이 크게 진동하였다.

《선조수정실록》권 31, 선조 30년^{1597년} 9월 1일 3번째 기사

이런 기록들을 기초로 명량해전을 시간대별로 재구성해 볼 필요가 있다. 1597년 9월 16일^{양력 10월 25일} 아침 일찍 어란을 출발한 일본 함선 300여 척은 오전 10시 무렵 명량 협수로로 접근했다. 일본 함대 지휘부는 대형 군선인 아타케부네가 협수로를 통과하기 어렵다고 보고 중형 군선인 세키부네 133척만으로 진용을 짜고 협수로를 통과하여 이순신 함대를 향해 진격했다. 이때 이순신 함대는 전라우수영에서 닻을 올리고 나와 양도 앞쪽의 비교적 넓은 곳에 진을 치고 있다가 11시경부터 전투를 개시했다.

처음에는 이순신의 대장선 한 척만이 강한 역류 속에서 왜적을 막았다. 대장선은 현재의 진도대교보다 약 300~400미터 서쪽에 있었던 것으로 추정된다. 여기서 이순신은 한 시간 이상을 홀로 버텼다. 나머지 12척의 판옥선은 겁에 질려 뒤로 물러나 있는 상황이었는데, 영하기슈下旗와 초요기招搖旗를 올린 대장선의 군령 깃발을 보고 거제현령 안위와 미조항 첨사 중군장 김응함이 달려와 합세한 시각에 조

류의 흐름이 멈췄다. 조류의 흐름으로 이 시각을 추정하면 12시 40분 무렵이 된다.

오후 1시쯤 되자 해남에서 목포 쪽으로 흐르던 물이 반대로 돌아섰다. 안위와 김응함의 전선이 적진으로 돌격하자 나머지 전선도 돌진하여 일대 혼전이 벌어졌다. 이때 이순신 함대에게 유리한 순류인 북서류가 점차 세게 흐르기 시작했다. 대장선을 비롯한 모든 전선이 집중공격을 펼쳐 안위의 전선을 구출하면서 잠깐 사이에 적선 31척을 격파했다. 물살은 점차 빠르게 흘렀고 파괴된 적선은 서로 엉켜서 오후 2시쯤에는 벽파진 쪽으로 떠내려갔다.

이순신 함대는 순류를 타고 이들을 추격하여 벽파정 정자 아래서 적장 마다시를 사살하고, 그 시체를 바다에서 건져 올려 토막을 내어 버렸다. 이에 일본군의 사기는 땅에 떨어지고 31척의 전선을 잃은 일본 함대는 패주하기 시작했다. 모든 상황이 종료된 것은 오후 3시경으로, 그때 벽파정 아래는 물이 빠져 배를 댈 수가 없었고 조류 또한 험한 역류로 흐르고 있어 우수영 쪽으로 거슬러 올라갈 수도 없기에, 이순신 함대는 건너편 포구로 옮겼다가 오후 4시경 당사도를 향하여 출발했다.

여기서 이순신의 9월 16일자 일기를 자세히 살펴볼 필요가 있다. 정유일기는 1권과 2권으로 되어 있다. 1권과 2권의 기록이 유사하지만, 명량해전 당일 일기 맨 끝부분에 결정적 차이가 있다. 전투를 마치고 달밤에 당사도로 가는 부분을 1권에서는 이렇게 기록하고 있다.

우리를 에워쌌던 적선 30척도 부서지니 모든 적들이 저항하지 못하고 다시는 침범해오지 못했다. 그곳에 머무르려고 했으나 물이 빠져 배를 대기에 적합하지 않으므로 건너편 ○○포로 진을 옮겼다가 달빛을 타고 다시 당사도로 옮겨서 정박하여 밤을 지냈다.

여기서 주목할 것은 '건너편 ○○포越邊 ○○浦'라고 한 부분이다. 《난중일기》 친필 초고본에는 '포浦'자 앞에 두 글자가 생략되고 공란으로 비어 있다. 벽파정 아래 물이 빠져 배를 대기가 적합하지 않았다는 것은 목포 쪽에서 해남 쪽으로 썰물이 빠져나간 시간이라 당연히 그랬을 것이다. 그날 전투가 종료된 오후 3시 무렵에 벽파정 쪽에서 우수영 쪽으로 거슬러 올라가는 것은 절대 불가능하다. 하루 중 역류로 흐르는 조류가 가장 센 시간대이기 때문이다. 이 시간대에는 요즘의 동력선도 거슬러 오르기가 힘들어 벽파항에 잠시 머물렀다가 물의 흐름이 잦아든 후에 올라간다. 이순신도 물살이 너무 세고 바람도 역풍이라 건너편 '○○포'로 옮겼다가 당사도로 갔다고 했다. 그렇다면 '건너편 ○○포'는 어디를 말하는 것일까. 오후 3시 무렵 벽파정자 아래에서 순류를 타고 손쉽게 진도 해안을 따라 내려가면 건너편에 댈 수 있는 곳은 금갑도일 가능성이 크다. 그런 후에 이순신 함대는 오후 4시경 금갑도를 출발하여 팽목항을 돌아 진도 서안을 따라 북서진하여 당사도로 간 것으로 보인다. 물론 건너

명량해전에서 13척의 배로 왜군의 함선 133척을 격
파한 이순신은 팽목항에서 진도를 돌아 당사도로 간
것으로 보인다.

편 ○○포가 금갑도가 아니고 다른 곳일 가능성도 있다. 그러나 전반적으로 보았을 때 벽파정자 아래에서 전라우수영 쪽으로 거슬러 올라가는 것은 절대 불가능한 상황이기에 진도 남단을 돌아 북서진한 것은 확실해 보인다.

이순신이 포구 이름을 명기하지 않고 공란으로 비워둔 이유는 무엇일까? 진도 일대는 전라우수사 관할지역이기에 전라좌수사와 한산도 삼도수군통제사를 지낸 이순신 장군이 정확한 포구 이름을 알지 못했을 가능성이 있다. 명량해전이라는 긴박한 전투 상황에서 포구 이름을 물어볼 경황도 없었던 것이 아닐지 짐작해볼 수 있다.

능장

명량해전에서 적의 등선육박전을 막아낸 비장의 무기가 있었다. 이순신의 대장선이 울돌목 가운데서 홀로 버티고 있을 때 초요기를 보고 달려온 거제 현령 안위의 군사들이 사용한 능장稜杖이라는 무기이다. 길이 약 1.5미터쯤 되는 모난 몽둥이에 철못을 박고 쇠줄고리를 단 능장은 비장의 무기로, 육전에서도 굉장한 위력을 발휘했다.

민초들의 활동

우리가 잊지 말고 영원히 기억해야할 이름들이 있다. 명량해전에서 이순신을 도와 함께 싸운 민초들이다. 해남의 오극신, 오계적 부자는 호남의 의병으로 여러 싸움에서 늘 큰 공을 세웠는데, 명량해전에서 돌과 창으로 왜적과 맞서 싸우다 부자가 한날 한자리에서 전사하고 말았다. 이들의 죽음에 이순신은 나의 오른팔을 잃었다며 탄식했다고 한다.

마하수 부자의 혈전도 의병항쟁의 표본이다. 부친이 적선에 포위된 이순신을 구하다 적탄에 맞아 전사하자 그 시신을 안고 일성 통곡을 한 마씨 형제들은 적이 패퇴할 때까지 결사의 항전을 멈추지 않았다. 조응량 부자와 양응지 숙질도 의병으로 참전하여 명량해전에서 낫과 곡괭이 등의 연장으로 적을 무찌르다가 승리를 눈앞에 두고 전사하여 주변 사람들이 안타까워 했다고 한다.

그런가 하면 폐선을 밤낮으로 수리하여 명량해전을 가능케 한 사람들도 있었다. 정충량, 김세호 등과 함께 전쟁 준비에 혼신의 힘을 쏟은 무명의 선장船匠과 목수들이었다. 그리고 이 고장 부녀자들도 밤이면 언덕에 올라 강강술래를 하면서 수군을 도왔다. 우수영 기념공원에는 이들의 활동을 기리는 조각상들이 세워져 있다. 한 마디로 명량해전은 민과 군이 혼연일체가 되어 죽기를 각오하고 싸운 총력전이었다.

명량 철쇄에 대한 논란

명량해전 당시 울돌목에 철쇄를 걸었는지에 대해 의견이 엇갈리고 있다. 철쇄가 있었다고 주장하는 이들은《이충무공전서》에 나오는《택리지擇里志》와《해남현지》에서 발췌한 내용을 근거로 댄다. 명량해전 당시 전라우수사였던 김억추의 문집《현무공실기顯武公實紀》의 철쇄에 대한 기록도 철쇄설의 근거로 본다.

철쇄는 없었다고 주장하는 사람들은 이순신이 벽파진에 머물며 명량해전에 대비한 불과 20여 일의 기간 안에 철쇄를 제작하여 명량에 설치한다는 것은 물리적으로 불가능하다고 주장한다. 또한 이순신이 직접 남긴 기록에 그 같은 내용이 없다고 한다.《현무공실기》와 같은 개인 문집은 관찬사료에 비해 그 신빙성이 떨어지고 후손들이 조상의 업적을 부풀리는 경향도 있어 믿기 힘들다는 주장이다.

그런데 이순신에 관한 관찬사료의 백미라고 할 수 있는《이충무공전서》에 명량은 이충무공이 철쇄를 설치하여 왜적을 물리친 곳이라고 정확하게 기록하고 있다.《택리지》에서 발췌한《이충무공전서(권14)》(이은상 역)의 내용은 다음과 같다.

임진년에 왜승倭僧 현소가 평양에 이르러 의주에 있는 임금께 글월을 올렸는데 '수군 십만 명이 또 서쪽 바다로 해서 올 것입니다. 장차 수군과 육군이 함께 진군할 터인데 대왕의 수레는 어디로 가시렵니까 했다. 그때 왜의 수군이 남쪽 바다로부터 북으로 올라오므로 수군 대장 이순신이 바다 위에 머물러 쇠줄을 석량石梁 위에 가로 걸고 적을 기다렸다. 왜선이 도랑 위에 이르러서는 쇠줄에 걸려 도랑 아래로 떨어지는데 도랑 위쪽의 배에서는 그 낮은 쪽이 보이지 않으므로 배가 거꾸러진 줄을 모르고 석량을 지나갔으려니 하고 순류를 타고 곧장 내려오다가 모두 거꾸러지고 만다. 또 물의 기세가 석량에 가까워지면 더욱 급하기 때문에 배가 급류 속에 한번 들어만 가면 다시 돌릴 겨를이 없어 500여 척이 일시에 전몰되고 성한 것이라고는 하나도 없었다.

《해남현지》에서 발췌한 《이충무공전서(권14)》의 내용은 다음과 같다.

명량은 우수영에서 3리 쯤 되는 곳에 위치하고 있는데 물살이 세고 빨라 파도소리가 항상 굉장하다. 양편에는 돌산이 우뚝 서 있고 포구는 몹시 좁은데 공이 쇠줄을 병 모가지 같은 곳의 물속을 가로 건너 매어 놓았다. 적선이 여기에 이르러서는 쇠줄에 걸려 거꾸로 엎어지는 것이 수를 헤아릴 수 없었다. 양편 바위 위에 쇠줄을 걸었던 말뚝 구멍이 지금도 완연한데 사람

들은 모두 이충무공이 쇠줄을 매고 왜적을 잡던 곳이라 일컫
는다.

철쇄를 부인하는 사람들은 이런 관찬사료 마저도 후대 사람들이
충무공의 업적을 미화하기 위하여 만들어낸 것이라고 주장한다.

여기서 한발 물러서서 전라우수영의 지형과 여수 전라좌수영의
지형을 비교하면서 철쇄에 대해 연구해볼 필요가 있다. 왜냐하면 두
곳은 지형이 아주 비슷한데, 이순신이 1591년에 전라좌수사로 부임
한 직후 좌수영 출입구인 소포여수시 종화동에 철쇄를 설치하는 기록을
자세히 남기고 있기 때문이다. 해남의 우수영에서도 평시에 그런 작
업을 했을 가능성은 충분히 있기 때문에 《해남현지》의 기록을 무턱
대고 무시할 수는 없다. 이미 설치되어 있었던 철쇄를 이순신 장군이
사용했을 가능성도 고려할 수 있다. 이 문제에 대해서는 충분한 자료
수집과 고증을 거친 후 학술대회나 세미나를 개최하여 결론을 내릴
필요가 있다.

흥양 고도해전

명량해전에서 승리한 후 다음 전투를 준비할 수 있는 적당한 곳을 찾
아 서해바다를 돌던 이순신 함대는 1598년 2월 17일 고하도에서 고
금도로 진을 옮겼다. 이때부터 이순신은 순천왜성에 머물고 있는 고
니시 유키나가를 견제하면서 고흥반도 서쪽으로 진출하는 왜군을

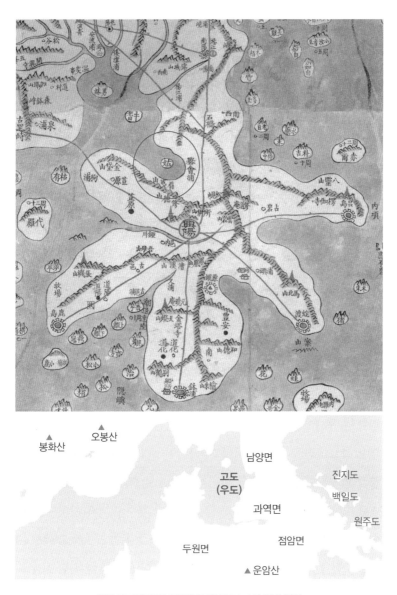

흥양 고도해전이 벌어졌던 지역(동여도)와 현재 위치

강하게 압박하고 있었다.

1598년 3월 18일 일본군이 흥양 앞바다에 군선 5척으로 침범해왔다. 이순신의 조선 수군이 추격하자 고도姑島, 고흥군 남양면 남양리 우도에 상륙했는데 흥양 현감 최희량이 매복해 있다가 적의 머리 31개를 베고 1명을 생포하는 전과를 올렸다. 수륙 합동작전의 결과였다.

지금까지 이 전투가 벌어진 고도가 어딘지 밝힌 기록은 찾아볼 수 없었다. 해답은 간단하게도 동여도에 있었다. 동여도로 흥양현 주변의 섬을 살펴보니 흥양현 북서쪽 만에 '고姑'라는 섬이 정확이 있고, 근처 지명 중에 남서쪽으로 두원이 있으며, 남쪽에 수덕산, 소이산, 운암산 등이 나온다. 이 자료로 볼 때 고도는 현재의 우도가 틀림없다.

절이도해전

1598년 무술년은 조선과 명나라의 연합군이 일본군을 몰아내기 위하여 사로병진을 하던 시기이다. 육군이 3개 방면에서 남하하고 조명 연합수군이 고금도에서 발진하여 수로를 따라 동진하는 전략이었다. 마귀가 이끄는 동로군은 울산성을 공격하고, 동일원이 이끄는 중로군은 사천 선진리 왜성을 공격하고, 유정이 이끄는 서로군은 순천왜성을 공격하고, 통제사 이순신과 명나라 수군도독 진린의 수로군은 해상에서 순천왜성을 협공하기로 되어 있었다.

진린이 이끄는 명나라 수군이 고금도에 도착한 것은 1598년 7월 16일양력 8월 17일이다. 진린은 사로병진의 수로대장으로서 군령권을 엄히 행사하겠다면서 이순신을 압박했다. 이순신은 진린의 비위를 맞추기 위해 산해진미를 차려 연회를 베풀기도 했다. 그러나 진린은 막무가내였다. 이순신이 기회를 보아 일본군을 공격하려 하면 번번이 진린에 의해 좌절되었다. 그러나 이순신은 노련한 처세술로 진린의 마음을 돌려놓았다. 노량해전 이전의 몇 차례 전투에서 적의 목을 벤 수급을 명군에게 주어 전공을 진린에게 돌리자 그도 마음을 바꾸어 이순신과 협조하기 시작했다.

절이도折爾島는 현재의 거금도를 말하는데, 고흥반도 남단에 있는 소록도 바로 아래 위치한 섬으로, 조선시대에는 말을 기르는 목장으로 사용 되었다. 이순신이 1598년에 절이도에서 왜군과 전투를 벌여 크게 승리했지만 《난중일기》의 무술년 편이 없어 절이도해전에 대해 이순신이 직접 기록한 내용은 남아 있지 않다.

명나라 수군이 고금도에 도착한 지 이틀째 되는 1598년 7월 18일양력 8월 19일에 왜군의 함대 100여 척이 금당도고금도와 거금도 중간의 섬로 침범해온다는 급보를 접하고 이순신과 진린 연합함대가 금당도로 나아가자 척후선으로 보이는 2척이 멀리서 달아나는 것이 보였다. 이순신은 녹도 만호 송여종에게 8척의 전선을 주어 절이도로 나아가 숨어 있게 했다. 명나라의 군대도 30척을 인근에 배치하고 본대는 금당도에서 밤을 새우게 했다.

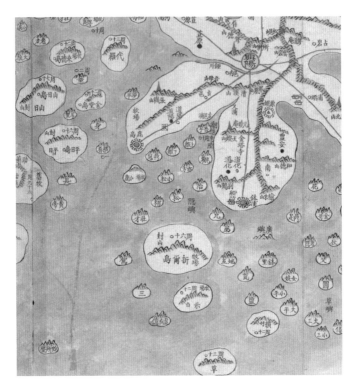

절이도해전이 벌어졌던 지역(동여도)

7월 19일 새벽 절이도와 녹도고흥군 도양읍 봉암리 사이를 통과하여 금당도로 진격해오던 일본 함대는 이순신 함대와 마주쳐 절이도 북방해역에서 해전이 벌어졌고, 이순신도 직접 나섰다.《난중일기》나 《이충무공전서》에는 이 사실이 기록되어 있지 않지만,《선조수정실록》을 보면 이에 대한 기록을 찾을 수 있다.

절이도 해전지의 현재 위치

1 고금도 덕동   2 금당도   3 절이도 해전지   4 절이도

이순신이 수군을 지휘하여 적 함대 속으로 돌진하면서 함포를 쏘아 적선 50여 척을 불태우자 적은 쫓겨 되돌아갔다.

순신 자령수군	舜臣自領水軍
돌입적중발화포	突入賊中發火砲
소오십여척 적축환	燒五十餘隻賊逐還

적선 100여 척 중에서 나머지 50여 척도 대파되었을 것으로 추정된다. 그런데 구경만 하고 있던 명나라 장수 진린이 전과를 욕심내어 이순신을 협박하고 목을 벤 적의 머리 40개를 빼앗아가는 사건이 발생했다. 대국의 원군이 소국의 전과를 가로채는 어이없는 형국이었다. 그래도 이순신은 후일을 도모하기 위하여 명군의 전공이라고 장계까지 올려서 진린을 자기편으로 만들었다.

절이도해전에서 승리함으로써 이순신 함대는 고금도에서 거금도까지 지배 해역을 확대하고 고흥반도 서쪽 바다의 제해권을 확보하는 데 성공했다. 이순신 함대는 명군의 도움을 받지 않고도 서진 중이던 100여 척의 적 함대를 궤멸시키는 대전과를 올림으로서 적의 요새인 순천왜성까지는 못 미치지만 고흥반도까지는 완전 장악할 수 있었다. 또한 계속 동진하여 여수반도를 끼고 있는 순천만과 남해도의 서쪽인 광양만을 장악할 수 있는 교두보를 확보했다. 이후 이순신은 명나라 수군과 연합작전을 펴 일본군의 주요 거점인 순천왜성을 공격하기 위한 최후의 일전을 준비했다.

장도해전

1598년 8월 18일 도요토미 히데요시가 사망했다. 그는 죽으면서 유언으로 조선에서 철군을 명령했다. 이에 따라 왜군은 대부분의 병력

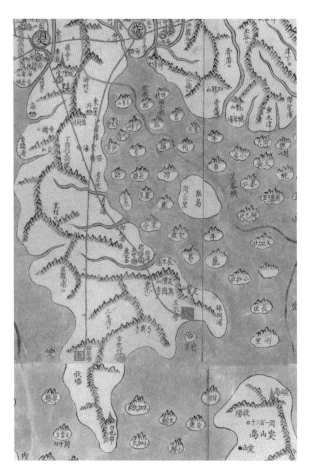

장도해전이 벌어졌던 지역(동여도)

장도해전이 벌어졌던 지역의 고지명

을 울산, 부산, 사천, 순천 등지로 집결하고 있었다. 그의 죽음은 비밀에 부쳐졌으나 이순신은 일본군이 철군한다는 정보를 입수하고 단한 명의 왜군도 돌려보내지 않겠다는 각오로 작전을 개시했다.

고금도를 출발한 조명 연합함대는 9월 15일 나로도를 지나 19일에는 이순신이 전라좌수사로 부임했던 여수를 거쳐 하개도에서 하루를 묵은 후, 20일 오전 8시 무렵 묘도猫島에 이르렀다. 그 시각에 명나라 장수 유정과 도원수 권율이 순천왜성 아래 불우순천시 해룡면 선월리 불모퉁이에 도착했다는 연락을 받았다. 이날 순천왜성에는 고니시 유키나가가 이끄는 약 1만 5,000명의 왜군이 농성을 하고 있었다. 조명 연합함대는 9월 20일에 순천왜성 바로 앞에까지 진출하여 장도獐島를 공격했다. 연합수군은 적의 군량미 창고를 급습하여 군량미를 빼앗은 후에 창고는 불태워버리고 다수의 조선인 포로를 구출했다. 장도해전은 성 안에 있는 왜군의 해상 전진기지였던 장도를 장악하여 적의 퇴로를 차단하고 교두보를 확보했다는 데에서 그 의미가 크다.

순천왜성 공방전

1597년 9월 20일부터 22일까지 3일 동안 조명 연합함대는 해상의 불리한 위치에서 순천왜성을 포격했지만 왜군은 계속된 공격에서 바다로 나올 생각은 하지 않고 성 안에서 방어전을 폈다. 특히 9월 22일에는 연합함대가 왜군의 주진지에 공격을 개시하며 치열한 공방전이 전개되었다. 이날 전투에서 지세포 만호와 옥포 만호가 총탄을 맞고 중상을 입었으며 명군도 유격장 계금이 부상하고 11명이 전사하는 피해를 입었다.

9월 30일에 명나라 유격장 왕원주가 100여 척의 전선을 거느리고 합세해왔고 육지의 유정과 합의하여 10월 2일 아침에 다시 총공격을 개시했다. 사흘 동안 공격을 계속했으나 왜군은 방어진지를 이용해 반격했는데, 이 일대의 수심이 얕은 까닭에 연합함대는 대형 군선이 기동하는 데 어려움이 많았다. 10월 2일 연합수군은 성 가까이로 진격해 대대적인 공세를 시작했다. 치열한 공방전이 펼쳐졌고, 해안에는 왜군의 시체가 즐비했다. 이날 전투에서 이순신의 처 종형인 사도 첨사 황세득, 군관 이청일과 수군병사 29명이 전사하고 제포 만호 주의수, 사량 만호 김성옥, 해남 현감 유형, 진도 군수 선의문, 강진 현감 송상보가 부상을 당했다. 명나라 수군 5명도 전사하는 피해를 입었으며, 육상에서 지지부진하게 싸우던 명나라 광동군은 수군이 썰물을 타고 철수하자 성벽을 타고 내려온 왜군에게 20여 명이 살상당하는 피해를 입기도 했다.

조선 수군은 10월 3일에는 다시 야간 공세를 시작하여 다음 날까지 분전했으나 육지에서는 유정이 지휘하는 명나라 육군이 합동작전을 제대로 펼치지 않았고 바다에서도 진린이 지휘를 잘못하는 바람에 명나라 수군의 사선沙船 19척과 호선號船 20여 척이 얕은 갯벌로 잘못 들어가 좌초되었고, 결국 왜군의 포위 공격을 받아 불타는 큰 피해를 보면서 수많은 사상자를 내고 말았다. 이순신은 전선 7척을 동원하여 이들을 구출하려 했으나 썰물 중에 뻘에 갇힌 명나라 배를 구할 방법이 없었다. 결국 명나라 군사들의 수륙합동작전은 실패하고 말았다. 10월 6일 유정은 순천으로 후퇴하고 조명 연합함대는 10월 8일에 고금도 덕동 기지로 귀환했다. 이렇게 치열했던 순천왜성 공방전은 일본으로 퇴각하려는 왜군의 발을 묶어놓고 최후의 노량해전에 대비하기 위한 전초전이었다.

노량해전

도요토미 히데요시가 사망한 후 1598년 10월부터 왜군은 철수를 서둘렀다. 그러나 아군은 그때까지 그의 죽음을 알지 못했다. 철수를 준비하는 왜군의 움직임만은 눈치 채고 있었다. 노량해전은 철수하려는 적을 하나라도 더 섬멸하여 7년 동안 조선을 괴롭힌 적에게 복수하고 후환을 없애려는 의도로 전개된 비장한 전투였다. 1598년 11월 8일 고금도 덕동기지를 출발한 조명연합 함대는 11월 13일 순천왜성 앞의 장도에 진을 쳤다.

당시 왜군은 부산, 울산 등 동부 연안과 순천왜성을 마지막 거점으로 장악하고 있었다. 이 무렵 순천의 고니시 유키나가 군의 퇴로가 이순신에 의해 차단되자 고니시는 명나라 장수 유정, 진린 등과 협상하여 안전한 퇴로를 확보하려 했다. 이에 진린이 이순신에게 전투 중지를 제의했다. 하지만 이순신은 "장수는 화和를 말해서는 안 되며 원수를 그냥 돌려보낼 수 없다"라며 일언지하에 거절했다. 이 말을 전해 들은 고니시는 진린에게 뇌물을 주고 통신선 한 척을 경상도 쪽으로 몰래 보내 시마즈 요시히로가 이끄는 왜 수군에게 구원을 요청했다. 조명 연합함대와 왜 수군이 싸우는 틈을 이용하여 탈출할 계략을 꾸민 것이다. 이를 간파한 이순신이 진린에게 사태의 심각성을 알리자 진린은 후회하면서 이순신과 함께 싸우기로 결심했다. 11월 18일 초저녁에 사천, 고성, 부산 등지의 왜장들이 500여 척의 함선을 이끌고 노량에 집결하여 횃불을 올리자 순천왜성도 횃불로 응답했다.

이순신과 진린의 조명 연합함대는 11월 18일양력 12월 15일 밤 10시경 순천왜성의 봉쇄를 풀고 노량해협으로 들어갔다. 그리고 밤 12시경 이순신은 함상에서 하늘을 향하여 제를 올리면서, "이 원수를 없앤다면 죽어도 여한이 없겠다此讐若除 死卽無憾"라며 비장한 각오를 했다.

진린이 이끄는 명나라 함대 약 300여 척과 조선 수군의 전선 약

이순신이 최후의 결전을 벌인 노량(동여도)

80여 척으로 편성된 연합함대는 새벽 2시 무렵 칼바람이 몰아치는 어두운 겨울 바다에서 왜군과 대혼전을 시작했다. 최대 결전은 새벽 4시 무렵에 시작되었다. 왼쪽에 있던 진린 함대와 오른편 관음포 쪽에 있던 이순신 함대가 적의 측면을 향해 전속력으로 항진했다.

노량 해전도

순식간에 적의 중심을 뚫고 호준포, 위원포, 벽력포 등과 천자총
통을 비롯한 각종 총통으로 함포사격을 하고 불을 붙인 나뭇단인 신
화薪火를 던지며 불화살을 퍼붓자 적선은 선수를 돌릴 틈도 없이 부
서지고 불타기 시작했다. 겨울 북서풍을 이용한 조명 연합군의 화공
작전이 주효했다. 좌우에서 동시에 화살로 공격하자 왜군들이 동요
하기 시작하며 전선을 제대로 항진시키지 못했다.

이렇게 치열한 전투가 벌어지고 있는 중에 적의 층각선 1척이 이
순신을 향해 접근해왔다. 이순신은 층각선을 향하여 독전하는 북을
치면서 활로 적장을 맞히자 왜선들이 도망치기 시작했다. 관음포 쪽
으로 도망치다가 퇴로가 막힌 적들은 최후의 발악을 했다. 이순신이

포위되면 진린이 구출하고, 진린이 포위되면 이순신이 구출하는 혼전이 계속되었다. 날이 밝을 때까지 계속된 전투는 정오가 되어서야 연합함대의 대승으로 끝이 났다.

그러나 전투가 막바지로 치닫던 11월 19일 아침 9시 무렵 이순신은 왜군 하나가 근거리에서 쏜 탄환을 맞아 왼쪽 가슴에 관통상을 입고 쓰러졌다. 죽음을 맞던 순간 그는 옆에 있던 아들 회와 조카 완에게 말했다. "지금 전쟁이 급하므로 나의 죽음을 알리지 말라戰方急 愼勿言我死."

노량해전은 전란이 시작된 이래 가장 큰 대규모의 전투이자 가장 처절한 싸움이었다. 왜군은 거의 전멸된 상태에서 시마즈 요시히로와 고니시 유키나가는 남은 범선 50여 척을 이끌고 도망쳐 여수해협을 빠져나갔다. 우리 측도 이순신을 비롯해 가리포 첨사 이영남, 낙안 군수 방덕룡, 홍양 현감 고득장 등 10여 명의 장수들이 목숨을 잃었고, 명나라 수군의 칠순 노장 등자룡도 전사했다. 이순신의 죽음과 함께 기나긴 전쟁도 마침내 끝이 났다.

현장에 가야
보이는 것들

이순신 전적지를 300회 넘게 답사하고 나서 느낀 점은 수많은 세월이 흐른 지금까지도 이순신의 흔적은 그대로 남아 있다는 것이다. 이순신의 입장이 되어서 전적지를 둘러보면 그날의 상황이 어떠했는지 마치 그림처럼 눈앞에 펼쳐진다. 전설이나 구전으로 내려오는 이야기들도 무시할 수 없는 것들이 많다. 책상 앞에 앉아 책장만 넘겨서는 알 수 없던 것들 중에 지역에서 대대로 살고 있는 어르신들을 인터뷰하면 실마리가 풀리는 경우가 많았다. 그래서 현장에서 직접 채록한 이야기들을 정리해본다.

판데목과 폰데다리

통영 시내와 미륵도를 연결하는 다리는 충무교와 통영대교 두 개가 있다. 그중 충무교 아래에는 해저터널이 지나간다. 통영 토박이들은 이 다리 아래의 좁은 목을 '판데목'이라고 부르고, 충무교를 판데목에 놓인 다리라 하여 '폰데다리'라고 한다. '판데다리'가 아니라 '폰데다리'라고 불리는 것은 '아래 아(ㆍ)' 발음이 아직 남아 있기 때문이다. 통영의 나이 드신 분들은 팔을 '폴'이라 하고 파리를 '포리'라고 하며 팥을 '퐅'이라고 한다. 《난중일기》를 보면 이순신은 이곳을 '착량' 혹은 '착포량'이라 했다. 파낸 목이라는 뜻의 판데목을 '팔 착鑿' 자와 '량梁' 자를 이용하여 한자로 '착량'이라 한 것이다. 통영 사람들 사이에서는 판데목을 송장목이라고도 하는데, 한산대첩 때 왜군의 시신이 조류에 밀려와 이 목을 꽉 매울 정도가 되어 그렇게 불렀다고 한다. 이것은 통영시 산양읍 연곡리에 사는 고정옥 님이 알려주신 이야기이다.

초량목

부산 영도다리 아래의 좁은 목이 초량목이다. 현재 부산 동구 초량동은 부산진역 근처 산자락이지만 원초량은 용두산공원 아래였다. 그래서 부산포해전에 나오는 초량목해전이 있었던 장소는 지금의 동구 초량동이 아니고 영도다리 아래의 좁은 협수로인 원초량을 말한다. 부산시 동구 좌천동에 사는 이성구 님이 초량의 내력을 알려주었다.

백야곶, 선생원, 묘도

백야곶은 전남 여수시 화양면 안포리이다. 이순신이 전라좌수사로 부임하고 예하부대를 초도순시할 때 지나간 곳인데, 지금은 매립을 하여 화양농공단지가 되었다. 말을 기르던 감목관이 있던 곳에서 약 1킬로미터 정도 떨어져 있으며, 예전에 5일장이 서던 곳이다. 밀물 때라야 배를 댈 수 있는 지형이었으며, 썰물 때는 인근에 있는 화양면 나진리 소장마을, 일명 '굴궂이'에 배를 댈 수 있었다. 초도순시를 하던 이순신은 여수의 전라좌수영에서 배를 타고 출발하여 백야곶에 내려 이목구미여수시 화양면 이목리 구미마을로 가서 여도로 가는 배를 탔다. 여수의 박종길 님은 고향이 여수시 화양면 안포리인데, 일대의 지명을 상세히 알려주었다. 이순신이 성곽 보수와 해저 철쇄 설치를 위하여 돌을 채취한 선생원의 위치도 정확히 알려주었고, 광양만에 있는 섬 유도獝島와 묘도猫島에 대한 일반인들의 오해도 해소해주었다. 묘도는 유도와 한문 초서가 비슷하여 일어난 착오로, 유도라는 섬은 원래부터 존재하지 않으며 묘도로 바로잡아야 한다.

고리량과 오리량

2004년 《이순신이 싸운 바다》를 출간하기 전에는 고리량古里梁의 위치를 말해주는 사람이 아무도 없었고, 량梁이라는 지명에 대해 이야기하는 사람도 없었다. 그 당시 나는 이순신 전적지를 답사하면서 량을 발견하고 '육지와 섬 사이 또는 섬과 섬 사이의 좁은 해협'이라고 나름대로 개념을 정립했다. 그런 다음 고리량의 위치를 파고들었다.

　1592년 5월 7일 합포해전에서 승리한 날 밤에 창원땅 남포에서 하룻밤을 묵고 고리량 일대를 수색한 후 고성의 적진포로 갔다는 기록을 근거로 이순신 함대가 움직인 동선 주변에 량의 성격을 띤 지형이 있는지 살펴보았다. 창원시 마산합포구 구산면 구복리와 저도섬 사이에 있는 속칭 '콰이강의 다리' 아래 밖에 없었다. 고리량이 여기라는 심증은 갔지만 확신을 할 수는 없었다. 그러다 창원시 진해구 제덕동에 있는 제포를 답사하러 갔다가 그곳에서 오랫동안 뱃일을 해온 양상조 님의 이야기를 듣게 되었다. 예전에 태풍이 오면 제포에서 구산면 돗섬 안쪽에 있는 고리량까지 피항을 갔는데, 고리량 안쪽으로 들어가면 어지간한 태풍이 불어도 괜찮았다고 했다. 그 분의 이야기를 통해 고리량의 위치를 찾아낼 수 있었다.

갯내와 칠내

견내량은 통영반도와 거제도 사등면 사이의 좁은 해협이다. 고려 의종 때 정중부에 의해 폐위된 의종이 귀양을 떠나며 건너간 목이라 하여 전하도목이라고도 한다. 이곳 견내량도 명량처럼 조류가 엄청난 속도로 흐르는 곳이라 해난사고가 잦았던 곳이다. 그래서 지역민들은 이곳을 바다에 흐르는 냇물이라 하여 '갯내'라 한다. 이 발음을 한자로 바꾸면서 '견내량見乃梁'이 되어버렸다.

칠천량漆川梁은 거제도와 칠천도 사이의 좁은 목이다. 원균이 이끌던 조선 수군이 거의 전멸한 비운의 해협인 칠천도는 옻나무가 많은 섬이라 해서 붙인 이름인데, 이순신은 칠천도를 온천도, 칠내도라고도 했다. 칠천량을 온천량이라고 한 기록도 있다. 이곳도 사리 물때가 되면 명량이나 견내량처럼 조류가 홍수진 냇물처럼 흐르는데, 옻나무漆가 많은 곳에 흐르는 냇물川이라 하여 칠내가 되었고 칠천도가되었다. 칠천漆川을 순우리말로 하면 '옻내'이고, 이를 소리 나는 대로발음하면 '온내'가 된다. 이를 다시 한자로 바꾸면 '온천溫川'이 된다.그래서 원래 '옻내섬' 또는 '칠내섬'으로 불리던 칠천도가 온천도溫川島 또는 칠천도漆川島가 되었다. 이런 이유에서 거제도와 칠천도 사이의 좁은 해협을 이순신은 칠천량 또는 온천량이라 했다.

묘당도

이순신 장군의 고금진이 있었던 섬이 고금도인데 묘당도는 어디 있는지 현장에 가서 아무리 찾아도 보이지 않았다. 묘당도는 1598년명나라 수군도독 진린이 관운장을 모시는 사당을 지었던 섬이며, 명나라 함대의 진영이 있던 곳이다. 매립사업을 하면서 고금도와 묘당도가 붙어 하나의 섬이 되어버렸다. 현장에 가서 자세히 보면 매립한흔적이 있고 갈대가 무성한 매립지의 특성이 나타난다. 고금도 충무사에서 만난 정충갑 님은 조선 수군과 명나라 수군 진영의 위치를 정확히 알려주면서 관왕묘와 옥천사에 얽힌 이야기도 해주었다.

창사

회령포에서 남은 배 12척을 인수한 후 이순신이 이진 아래 창사에 머물렀다는 기록이 있다. 언뜻 보면 이진에서 어란포로 내려가는 쪽에 창사라는 마을이 있다고 생각할 수 있다. 나도 처음에 그렇게 생각했다. 그러나 현장에 가보고 나서 그것이 아님을 금세 알 수 있었다. 당시 이순신은 토사곽란을 만나 인사불성이 될 정도로 몸이 아파서 이진성으로 올라갈 형편이 못 되었다. 그래서 바닷가에 있는 창고 건물인 창사倉舍에서 머물렀던 것이다.

회령포구

회령포에 가면 진성의 흔적이 남아 있고 성 안쪽에 지금도 사람들이 사는 마을이 있다. 성 안의 마을에서 내려다보면 앞이 탁 트인 바다와 함께 넓은 포구가 보인다. 그런데 이순신은 '포구가 좁아 오래 머물지 않고 이진으로 갔다'고 일기에 썼다. 언뜻 이해하기 힘든 말이지만 현장에 가면 바로 알 수 있다. 현장 답사를 할 때는 내가 그 당시의 이순신이라고 생각하고 지형을 살피면 금세 답을 찾을 수 있는 경우가 많다. 회령진성으로 올라가기 전에 조선 수군이 배를 댄 장소가 어딘가 생각하니 의문이 해소되었다. 바다에서 포구 안쪽으로 깊이 들어와 작은 하천 어귀에 배를 대면 입구가 좁을 수밖에 없다. 이런 까닭에 이순신은 포구가 좁다고 한 것이다.

해갑도

해갑도解甲島는 한산도 제승당으로 들어가는 입구에 있는 작은 바위

섬이다. 모르고 가면 그냥 지나칠 수 있는 작은 바위섬에 불과하지만, 오래 전부터 재미있는 이야기가 전해지는 곳이다. 이순신이 한산대첩 때 하루 종일 싸워서 이기고 나서 이 바위섬에 올라 갑옷을 벗고 땀을 닦았다고 한다. 갑옷을 해체한 섬이라는 의미에서 해갑도라는 이름이 붙어 오늘까지 전해오고 있다. 섬의 모양이 게의 등처럼 생겼다 하여 해갑도蟹甲島라 했다는 주장도 있다.

돛단여

돛단여라고도 불리는 괘범도卦帆島는 통영시 산양읍 영운리 속칭 삼칭이 마을에 있다. 삼칭이는 삼천진이 있었던 곳인데, 사투리로 그렇게 부른 것이다. 통영의 마리나리조트에서 산양 일주로를 따라 10분 정도 달리면 나오는 영운리는 일운마을과 이운마을로 이루어져 있는데, 이운마을 오른쪽 끝의 바닷가로 내려가서 산모롱이를 돌아서면 제법 큰 바위섬이 하나 있다. 이 바위섬을 괘범도라고 하는데, 한자를 풀이하면 '돛을 단 섬'이다. 그래서 이곳 사람들은 괘범도를 '돛단여'라고도 한다. '여'는 바다의 암초를 말하며, 물 위로 나온 것은 '간출여', 물 밑에 있는 것은 '수중여'라고 한다. 이 섬에도 흥미로운 이야기가 숨어 있다. 탁연이라는 지역 의병장이 이순신을 돕기 위해 한산대첩 때 의병들을 규합하여 이 바위섬에 올라가 큰 돛을 걸고 주변에 작은 고기잡이배들을 벌여놓았다고 한다. 멀리서 왜군이 바라보면 마치 엄청나게 큰 전선 주변에 많은 배들이 진을 치고 있는 것처럼 보이게 하여 적을 기만하기 위해서였다. 이 또한 현장에 가보지 않고는 알 수 없는 이야기로, 통영시 산양읍 영운리의 할머니 한 분이 돛단여의 정확한 위치까지 알려주었다.

역사의 수레바퀴는 쉼 없이 구르고 있지만 민중의 함성은 예나 지금이나 변함이 없다는 것을 이 평범한 갯바위 하나가 일러주고 있다. 임진왜란 때 이 고장의 장삼이사들이 창의하여 격문을 돌리고 낫과 괭이 등 농기구를 들고 왜군과 항전했다. 돛단여는 수많은 의병들과 이를 지휘하는 탁연 장군의 숨결이 서려 있는 바위섬이다. 당시 탁연 장군의 의병부대는 현재의 통영시 산양읍 삼덕리 뒷산인 장군봉에다 목책을 치고 진지를 구축하고 있었으며, 밤에는 불을 밝혀 수군을 응원했다는 이야기가 이 고장에 전해온다.

고둔포

통영시 산양읍 풍화리 뒷쪽에 있는 고둔포古屯浦 또한 내가 처음으로 발견한 곳이다. 이순신 함대가 당포해전 직후인 1592년 6월 3일 이억기의 전라우수군과 합세하여 묵었던 곳으로, 어렵게 수소문하여 이 마을에서 가장 오래 살았다는 할머니 한 분을 인터뷰했더니, 산 너머 남도수산자원연구소가 있는 해변이 고둔개라고 알려주었다. 개는 포浦를 의미하는 순우리말이다. 어떤 고지도에도 나오지 않는 고둔포를 현지에 사는 분의 인터뷰를 통해 찾아낼 수 있었다.

칼퀭이

1597년 8월 24일 이순신은 해남 이진에서 출발하여 아침에 도괘刀掛를 지나 어란으로 갔다. 지금까지 이순신 연구가들 중에 도괘가 어디인지를 밝힌 사람은 없다. 지도를 가지고 이순신의 행적을 추적한 끝에 해남군 북평면 남성리로 추정되었으나 단정할 수는 없었다. 그러던 중 2017년 11월 해남군 송지면 어란리에 사는 향토사학자 박홍남 님이 도괘는 예로부터 해안에 칼을 걸어놓은 것처럼 생겼다 하여 '칼퀭이'라고 불렀던 남성리가 맞다고 확인해주었다.

왜꼬지와 하구지

경남 창원시 마산합포구 진동면 주도리를 지역민들은 '왜꼬지'라고 한다. 그 바로 옆에 있는 다구리는 '하구지'라고 한다. 지역 어르신들을 인터뷰해 보았더니 재미있는 이야기를 해주었다. 임진왜란 때 이순신에게 쫓긴 왜군이 꼬챙이에 꿴 것처럼 줄줄이 잡힌 곳이 왜꼬지라고 했다. 하구지는 의병장 제말 장군의 묘가 있는 곳이다. 제2차 당항포해전 당시《임진장초》에 나오는 시구질포柴仇叱浦,섶굴개는 왜꼬지로 추정된다. 지금도 주도리를 일명 섶굴이라고 한다.

진해선창

진해선창은 창원시 진해구에 있는 것이 아니다. 임진왜란 당시 진해현은 지금의 창원시 마산합포구 진동면 진동리였다. 진동리 앞바다가 많이 매립되었지만 임진왜란 당시에는 진동리 바로 앞에 있는 속칭 '황생기 다리' 앞쪽과 요장리·광암리 쪽으로 내려가는 지방도 오른쪽의 매립지가 진해선창이 있었던 곳이다.

어선포

어선포는 경남 고성군 회화면 어신리다. 조성도 님은 통영군 용남면이라고 했으나 내가 고성군 회화면 어신리로 수정한 이후 많은 사람들이 어신리라고 하고 있는데 지금까지 그 근거를 대는 사람은 아무도 없었다. 그래서 이번 기회에 그 내막을 밝히고자 한다. 어신은 어선과 발음이 비슷하지만 이미 작고했거나 나이 드신 어른들은 어신리를 어선이라고 했다. 1960년대까지만 해도 어선은 산간 벽지에다 해안 오지였기에 외지인들이 접근하기 어려운 마을이었다. 그래서 아이들이 부모님 말을 잘 듣지 않고 엉뚱한 곳으로 가면 '산대 어선으로 간다'라고 하곤 했다.

어신리를 어선포라고 비정比定한 결정적 단서는 제2차 당항포해전 당시 《임진장초》의 기록이다. 진해선창에서 산기슭을 따라 도망가는 왜적을 어영담의 특수임무군이 추격하여 읍전포창원시 마산합포구 진동면 고현리에서 6척을 분멸하고 계속 그 잔당을 추격하여 어선포에서 2척을 분멸했다. 이때 배가 불타는 연기를 당항포 내만에 있는 적들이 바라보고 놀라 21척의 배를 버리고 육지로 올라갔다는 기록이 있다. 마침 날이 어두워지고 조수가 빠져 나가서 조선 수군은 당항만 입구를 가로 막고 밤을 새운 후 다음날 포구 안쪽으로 들어가 적선 21척을 모조리 불태워 없앴다고 한다. 이 기록에서 볼 때 당항포 내만의 적이 육안으로 연기가 나는 곳을 바라볼 수 있는 곳은 어선리 밖에 없다.

걸망개

걸망개는 통영시 산양읍 신전리 신봉마을로, 이순신은 거을망포巨乙望浦라고 했다. 1593년 웅포해전 이후부터 이순신이 적의 서진을 막기 위해 견내량을 막고 있을 때 진영으로 사용했던 곳이다. 1597년 7월 14일 한산도 두을포통영시 한산면 두억리 의항마을. 일명 둘포로 진영을 옮기기 전에 견내량 봉쇄작전을 수행하면서 거의 모항처럼 사용했던 곳이 걸망포다. 신봉마을 해안에는 큰 당산나무가 있고 해마다 당산제를 지내는 곳이 있는데, 이곳이 이순신 함대가 자주 들러 정박하고 샘물을 길어 간 곳이다. 통영에서 공인중개사를 하는 유이진 님이 걸망포가 걸망개라는 사실을 알려주었다.

창원강과 소소강

예전의 어부들은 경상도에서는 창원강 고기가 제일 맛이 좋고 전라도에서는 득량만 고기가 맛이 좋다고 했다. 두 군데 모두 고기의 먹이가 풍부하고 바닥에 뻘이 발달한 곳이다. 이때 창원강이라고 한 곳은 합포해전이 있었던 합포만을 말한다. 합포만은 마산합포구 구산면 동쪽에서 마창대교를 지나 창원공단 입구의 봉암다리까지 뻗어 있는 좁고 긴 만灣으로, 마치 그 모양이 강처럼 생겼다고 해서 옛 사람들은 창원강이라 했다. 고성군 당항만도 합포만에 뒤지지 않는 좁고 긴 만이다. 창원시 마산합포구 진전면에서 고성군 동해면으로 넘어가는 동진교 다리 아래가 당항만 입구의 당목이다. 이곳에서부터 고성군 마암면 두호리까지는 바다이지만 강처럼 생긴 지형이 이어지는데, 이곳을 소소강이라고 했다.

오시환씨 들

오시환씨 들은 사천해전지인 선진리성 아래 매립지를 말한다. 농지 매립으로 지형이 바뀌어 사천해전지와 조선소였던 굴강터를 찾기가 힘들다. 경남 사천에 사는 조영규 님은 사천선창의 굴강터 위치를 알려주었다.

어란 여인과 기생 월이

현장을 답사하다 보면 전투에 결정적 도움이 되었던 이들의 이야기들이 전해지는 경우가 많다. 그중에 유명한 것이 어란 여인과 기생 월이의 이야기이다.

임진왜란이 일어나기 전 고성읍에서 가까운 무학리에는 기생을 둔 주막집이 제법 있었다. 1591년 늦가을 어느 날 해가 저물 무렵 나그네 한 사람이 무학리 무기정 꿀추집에 들러 하룻밤 묵어가기로 했다. 그런데 꼽추집에서 제일 미모가 뛰어나고 재치 있는 기생인 월이는 이 나그네가 1년 전 이 주막에서 하룻밤 묵고 간 사람임을 한눈에 알아보았다. 그 나그네는 일본이 파견한 첩자였다. 조선말에 능한 대마도 출신이었던 그는 조선 해변을 정찰하여 지도를 작성하고 침략 루트를 개척하는 동시에 민심과 정사를 염탐하는 막중한 정보 수집 임무를 띤 거물급 첩자였다. 서생포울산 해변으로 잠입하여 지도를 작성하면서 동래, 부산포, 서평포, 다대포, 가덕 천성, 안골포, 합포를 거쳐 지금의 창원시 마산합포구 구산면과 진동면을 지나 당항만과 고성 일대를 정탐하고 있었다. 이후 통영과 삼천포, 사량도 일대까지 샅샅이 돌아다니며 정보를 수집했다.

이미 얼굴을 아는 사이였던 첩자와 꼽추집 기생들은 서로 술을 권하며 마음껏 취했다. 새벽닭이 울 즈음에 첩자는 고주망태가 되어 월이의 품에 떨어졌다. 그런데 월이가 보니 그 남자의 품속에서 비단으로 싼 보자기 하나가 불거져 나와 있었다. 보자기를 살며시 풀어보니 그 속에는 아주 정밀한 지도가 들어 있었다. 장차 우리나라를 침략할 때 사용할 지도로 해로와 요충지, 육상의 길 등이 상세하게 그려져 있었다. 비록 기녀의 몸이지만 조선에서 태어났고, 조선은 부모님의 혼이 묻혀 있는 곳이라는 생각에 월이는 정신을 가다듬고 붓을 찾았다. 붓을 든 월이는 지도상의 고성읍 수남동과 마암면 두호리 쪽을 연결하여 바다로 만들어 놓았다. 그 순간 잠들었던 첩자가 "1년 후면 내가 이 고을의 군주가 될 것이다"라며 잠꼬대까지 했다. 놀란 월이는 얼른 보자기를 다시 싸서 품속에 넣어주었다. 이후 전쟁이 일어나고 이 지도를 믿고 당항만 깊은 곳까지 들어왔던 왜군은 퇴로가 막혀 이순신에게 전멸 당하고 말았다.

기생 월이가 일본 간첩의 지도를 고쳐놓지 않았다면 고성땅은 왜놈의 손에 아비규환이 되었을 것이다. 기생 월이에 대한 이야기는 아직도 이 고장에 구전으로 전해오지만 미천한 신분의 여인이었던 탓인지 그녀에 대한 역사적 기록은 남아 있지 않다. 다만 무학리 무기정이 있었던 곳이 기생촌이었다는 전설과 함께 당항포에서 왜놈들이 속았다 하여 이 일대 바다를 '속싯개'라 불렀다는 이야기가 전해진다.

어란포에는 정유재란 때 조선군에게 도움을 준 어란의 한 여인에 대한 이야기가 전해진다. 정유재란이 한창일 때 어란진에 칸 마사가게칸正陰라는 왜군 장수가 주둔하고 있었다. 그에게는 어란이라는 조선 연인이 있었다. 어느날 칸 마사가게는 무심결에 어란에게 출병의 기일을 발설했다. 어란은 그 사실을 이순신에게 전하여 명량해전에서 승리할 수 있게 도왔다. 이 일로 어란은 나라를 구했으나, 자신의 연인이 해전에서 전사한 것을 비관하여 여낭이라는 절벽에서 바다에 몸을 던져 목숨을 끊었다. 한 어부가 그 시신을 거두어 바닷가에 묻어주고 석등롱을 세워 그녀의 영혼을 위로했다. 이는 일제강점기에 해남에 근무했던 어느 일본인 순사의 유고집에 나오는 이야기이다.

역사학자들 중에는 이런 이야기를 한갓 전설 정도로 치부하고 별 의미를 부여하지 않는 사람이 많다. 지금은 스토리텔링의 시대다. 작은 이야기라도 의미를 부여하고 문화 콘텐츠로 개발한다면 좋은 관광자원이 될 수 있다. '어란'과 '월이'는 최근에 향토사학자들이 실존 인물이라는 연구 결과를 내놓고 있다. 전남 해남군 송지면 어란리에 사는 박홍남 님은 '어란 여인' 이야기를 들려주었다. 경남 고성군 마암면 두호리가 고향인 이봉원 님은 당항포해전을 승리로 이끄는 데 일조한 기생 월이는 전설의 인물이 아닌 역사적 인물임을 알려주었다.

누엣머리와 칡머리

어란포해전에서 이순신 함대가 머물렀던 곳은 어디였을까. 어란포 바로 앞에는 어불도라는 섬이 있다. 이 섬에 '누엣머리' 해변이 있다. 그곳에 있는 바위의 형상이 마치 누에의 머리처럼 생겼다 해서 붙여진 이름이다. 어란항에서 서쪽 마을 끝으로 가면 '어란 여인'에 대해 설명하는 표시석이 있고, 그 바로 앞에 선착장이 하나 있다. 선착장에서 바라보면 바로 앞에 어불도가 보이고, 어불도의 서쪽 끝자락을 돌아서면 누엣머리가 나온다. 이곳이 이순신 함대가 진을 쳤던 곳이라고 구전으로 전해 내려온다. 누엣머리는 바람과 파도가 잔잔한 지형이며, 해남이나 진도 방면 양쪽에서 바라보아도 잘 보이지 않아 배를 숨기기 좋은 장소이다. 어란포해전에서 이순신 함대는 왜선을 갈두까지 쫓아가서 격퇴했다. 갈두는 해남 땅끝마을이며, 현지인들은

'칡머리'라고 하는 곳이다.

장도

이순신이 1597년 8월 28일 어란포에서 머물다가 벽파진으로 옮겨가기 전 잠시 들러 하룻밤 정박하고 간 장도獐島는 해남군 송지면 내장리다. 원래 섬이었는데 일제 강점기 때 매립으로 육지가 되어버렸다고 한다.

시리섬

이순신이 증도甑島라고 한 시리섬은 창원시 마산합포구 구산면 원전리에 있는 실리도다. 원전리에 사는 어부 한 분이 시리섬은 섬의 모양이 콩나물시루처럼 생겨서 그렇게 불렀다고 한다. 시리는 시루의 경상도 사투리인데, 안타깝게도 일제강점기에 한문으로 개명하면서 실리도가 되었다.

남포와 난포

1592년 5월 7일 합포해전에서 승전한 이순신 함대가 하루를 묵은 장소는 남포藍浦, 창원시 마산합포구 구산면 난포리다. 동네 사람들에 따르면, 약 20년 전만 해도 마산합포구 구산반도 끝자락에 있는 이곳의 지명을 구산면 남포리라고 했는데, 그 후 옛이름 찾기를 한다며 지명이 난포卵浦로 바뀌었다고 한다. 최근의 도로표지판에는 '난포'라고 표기되어 있다. 지금부터 약 400년 전인 임진왜란 때의 기록이 남포로 되어 있는데, 무슨 연유로 난포로 개명을 했는지 모를 일이다. 동네 사람들이 예전에 '난개'라고 부르기도 했다니 그럴 수도 있겠지만, 지명에 대하여 더욱 깊이 있는 연구가 필요해 보인다.

밤개

율포 해전지가 어딘지 거제도를 답사하다가 동여도에 표기되어 있는 구율포舊栗浦가 눈에 들어왔다. 옥포 북쪽의 대금산 인근에 있는 것을 보고 어떤 할머니를 인터뷰했더니 대금항 북쪽 해변을 가리키며 밤개라고 했다. 밤개를 한자로 표기하면 율포栗浦가 된다.

괭이바다

진해만에는 광이도廣耳島라는 섬이 있다. 지역민들은 이 섬 주변을 괭이바다라고 한다. 인근에 칠천도, 가조도 등의 섬이 있다. 광이도는 '괭이도' 또는 '괭이섬'이라고 발음한다. 임진왜란 중 이순신 함대가 가장 많이 출동한 바다가 이곳 괭이바다이다. 가조도에 사는 어부 한 분이 그 내력을 알려주었다.

개미목

한산도 개미목은 의항마을 뒤쪽의 지형이 마치 개미의 목처럼 생긴 곳이다. 의항蟻港이라고 할 때 '의蟻'자는 개미를 의미한다. 이곳에는 조선 수군에게 쫓긴 왜군들이 개미떼처럼 도망가다가 죽은 곳이라는 설화가 있는데, 현장에 가면 그곳이 왜 개매목이라는 이름이 붙었는지 금세 알 수 있다.

물어포

한산도 제승당으로 들어가는 한산만 입구의 오른 쪽 산 위에 한산대첩비가 있다. 그 대첩비 너머에 있는 마을이 문어포聞語浦다. 전란 중에 왜군의 정탐선이 와서 이순신이 어디로 갔는지 물어보았을 때 이 마을에 사는 사람이 이순신이 간 곳과는 반대 방향으로 알려주었다는 이야기가 전해온다. 통영시 산양읍 연곡리 유복관 님은 이 지역을 '물어포'라고 했는데, 물어본 갯마을이란 의미이다.

돌감나무골

원균이 전사한 장소는 춘원포라고 알려져 있을 뿐 정확한 위치를 알수 없다. 원균의 시신도 수습하지 못할 만큼 칠천량해전은 비참했기 때문이다. 지금 평택에 있는 원균의 묘는 초혼장으로 영혼만 불러다가 묘를 만든 것이다. 통영시 광도면 황리에서 이형규 님을 취재했더니 구전으로 내려오는 바에 의하면 원균이 전사한 장소는 황리에 있는 '돌감나무골'이라고 한다. 밤새 칠천량에서 싸우다가 춘원포로 상륙하여 피신하던 원균이 추격해온 왜군에게 붙잡힌 장소이다. 정확한 사실은 고고학자들과 향토사학자들이 밝혀야 할 숙제이지만 구전으로 내려오는 이야기를 완전히 무시할 수는 없다.

감보도와 벽파정

감보도甘甫島, 진도군 고군면 벽파리 감보도는 이순신이 명량해전 직전에 머물고 있던 진도 벽파진 바로 앞에 있는 작은 섬이다. 어란포로 진출한 왜군이 정탐을 하러 감보도의 산그늘을 타고 접근해왔던 곳이다. 벽파정은 벽파진 근처에 있던 정자로 그 아래서 적장 마다시를 사살한 곳이다. 진도에 사는 허상무 님은 명량해전 직후 이순신 함대는 벽파정 아래 있었으며, 그 시각의 물때는 하루 중 역류가 가장 센 시점이라 울돌목으로 거슬러 올라갈 수 없다고 했다. 그래서 이순신 함대는 금갑도와 팽목항, 세방낙조 전망대 쪽으로 돌아 당사도로 갔다고 한다. 현장에 가보면 그때의 상황을 짐작할 수 있다.

유자도

1593년 5월 견내량 봉쇄작전을 진행하던 이순신 함대는 5월 24일 칠천량 어귀에 있다가 25일에 유자도 앞 바다로 옮겨 바다 가운데서 진을 치고 있었다. 27일에 비바람이 거세게 불고 파도가 높아 유자도柚子島로 진을 옮겼다. 《난중일기》에서 유자도는 거제현 앞에 있는 섬이라고 하는데 이번에 고지도를 통해서 그 위치를 밝혀냈다. 유자도는 거제시 장평동 귤도橘島로, 비바람을 피할 수 있는 깊숙한 곳에 있는 섬이다. 유자와 귤은 비슷한 과일인데, 지명의 변천이 흥미롭다.

이두식 표기와 음차

《난중일기》나《임진장초》에 나오는 지명 중에는 음차를 한 이두식 표기가 많다. 예를 들면 아자음포阿自音浦는 아잠포아잠개로 읽어야 한다. 거을망포㠃乙望浦는 걸망포걸망개로, 두을포豆乙浦는 둘포둘개로, 망하응포望何應浦는 망항포망항개로 발음해야 한다. 고음천古音川은 곰천 곰내로 여수시 웅천동이며, 이순신이 전란 중 어머니를 모신 동네이다.

매립된 역사의
흔적

이순신 전적지를 답사하러 다니면서 '십년이면 강산도 변한다'는 말을 뼈저리게 느꼈다. 임진왜란이 발발한 지 420년이 지났으니 산천은 40번 이상 변하여 상전벽해가 되는 것은 어쩌면 당연한 일이다.

대규모 매립으로 인하여 해안선이 심하게 변형되어, 이순신 전적지 가운데 임진왜란 당시의 원형이 남아 있는 곳은 거의 없다. 부산에서부터 살펴보면, 경상좌수영은 일대가 신도시로 변해버렸다. 부산포 해전지였던 부산시 동구 좌천동 일대는 매립으로 컨테이너부두가 되었다. 초량목, 다대포, 서평포 모두 해안선이 변할 정도로 매립을 했거나 부두와 같은 인공구조물이 설치되어 옛 모습과는 거리가 멀다. 낙동강하구의 장림포 해전지는 신평장림공단 건설을 하면서 매립했고, 명지도 일대는 명지녹산공단 매립으로 원형을 찾아보기 힘들다.

안골포 해전지는 부산신항 건설을 하면서 매립하여 옛모습을 찾아볼 수 없다. 웅포 해전지였던 웅포와 제포도 매립으로 해안선이 변형된 곳이다. 웅포해전 당시 이순신함대가 복병선을 배치한 송도라는 섬은 매립으로 육지와 연결되어버렸다. 합포 해전지인 창원시 마산합포구도 합포만 입구의 가포에서부터 신마산과 구마산 선창, 창원공단 입구 봉암까지 매립이 안 된 곳이 없다.

마산합포구 구산면의 고리량과 저도는 연륙교로 연결되었고, 진동면 진동리 진해선창도 농경지로 매립되어 원형을 찾기 힘들다. 시구질포와 읍전포는 비교적 큰 변화가 없는 곳이지만 당항포 해전지와 어선포, 아자음포 일대는 좁은 내만에 조선소가 들어섰다. 적진포 해전지인 고성군 거류면 화당리는 비교적 변화가 없는 곳이다. 원균이 전사한 춘원포는 액화천연가스 저장소와 조선소가 들어서면서 자연부락이 철거된 후 옛 모습을 잃었다.

거제도의 옥포해전지는 조선소가 들어서서 완전히 변해버렸다. 율포 해전지와 웅포해전 당시 모항이었던 송진포, 제1차 출전에서 옥포해전 전날 유박을 하고 간 송미포, 경상우수영지인 오아포 등은 비교적 원형이 남아 있지만 거제도 전체는 산업화로 인하여 상전벽해가 되었다. 견내량 위로는 거제대교와 신거제대교가 지나간다.

통영의 한산도와 한산대첩지는 바다 가운데 있고 제승당 성역화 작업의 결과로 본래 모습이 상당히 남아 있어 다행이다. 착량과 당포 해전지도 일부 해안 매립으로 해안선이 변한 곳이다. 사량은 상도와 하도 사이에 연도교가 설치되었다. 사천 해전지는 '오시환씨 들'이라는 농지와 산업단지로 매립되어 당시의 해전지와 굴강터는 사라졌다. 2018년 현재 사천해전지 주변에 국가산단이 추가로 조성될 예정이라 역사적 흔적은 완전히 사라질 상황이다.

이순신이 목숨을 잃은 노량 해전지와 장도 해전지, 순천왜성 공방전이 있었던 광양만 일대는 원형이 거의 사라진 곳이다. 광양항과 포스코, 율천산단 등을 건설하면서 대규모 매립을 한 결과 유서 깊은 장도는 귀퉁이만 조금 남긴 채 흔적도 없이 사라져버렸다. 지금은 이순신대교가 광양에서 묘도를 지나 여수 석유화학단지로 이어진다. 충무공순국해역인 관음포 일대는 그래도 지형변화가 적은 곳이다.

여수의 전라좌수영지 진남관 아래 이순신 광장 일대는 임진왜란 당시 바다였으나 매립으로 지형이 변한 곳이다. 돌산도로 건너가는 다리가 두개나 생겼다. 시전동 선소와 돌산도 방답진은 비교적 옛 모습이 남아 있다.

고흥반도 일대에 있는 여도, 녹도, 발포, 사도는 그런대로 원형이 남아 있다. 정유재란 때 이순신이 지나간 벌교, 보성, 회령포, 이진, 어란포, 벽파진도 어느 정도 옛 모습을 보전하고 있다. 명량은 위로 진도대교가 지나가고 전라우수영지인 해남군 문내면 선두리는 선착장 건설을 위한 대규모 매립으로 아름다운 모래 해변이 사라졌다.

목포 고하도 일대는 영암방조제 건설과 대규모 매립으로 지형이 변해버렸다. 그래서 울돌목의 물이 흐르는 속도가 명량해전 당시보다 줄었다고 한다. 명량해전 직후 이순신 장군이 유랑했던 신안과 고군산 일대는 군장산업단지와 새만금 매립으로 국토면적이 늘어날 정도의 변화가 생긴 곳이다.

여기서 매립사업에 대한 평가를 할 생각은 없다. 생태보전과 경제개발은 양립하기 힘든 가치판단의 문제이기 때문이다. 그러나 한 가지 짚고 넘어가야 할 것이 있다. 매립사업을 할 때 환경영향평가는 하면서도 문화유산과 사적지에 대한 영향평가는 거의 하지 않았던 것이 우리의 현실이다. 이 문제는 관련 전문가나 정책입안자들이 심도 있게 다루어야 할 문제이다.

부산신항이 한창 건설 중이던 때 현장에서 이곳이 안골포 해전지라는 사실을 아느냐고 물었더니 공사관계자 중에 아는 사람이 아무도 없었다. 안골포 일대는 일본이 가져가서 국보로 지정한 찻잔인 이도다완井戶茶椀을 생산한 곳이기도 하고, 옛 조선소인 안골포 굴강이 있었던 곳이다. 농지매립허가를 내주면서 향토사에 조금만 관심을 가졌더라면 선진리성 아래의 사천 해전지와 굴강터는 보전될 수 있었을 것이다. 아름다운 당항포 내만은 흥미로운 옛이야기와 갯벌 생태의 보고였지만 조선소가 들어서서 역사와 생태를 오염시켜버렸다.

육지에서 개발 사업을 할 때는 매장된 문화재 발굴부터 한다. 지

표조사로 시작하여 시험발굴을 거쳐 본발굴의 순서로 진행하며 고
고학자와 문화재 전문가들이 참여한다. 그런데 해안매립의 경우 사
업시행자들은 골치 아픈 민원인 어업권 보상에만 집중할 뿐 역사나
문화유산에 대한 배려가 없었다. 이제라도 반성하고 대책을 마련할
때가 되었다.

전적지 비정比定과
기념사업의 문제점

전적지 비정 문제

이순신 전적지를 250회 이상 답사한 후《이순신이 싸운 바다》를 출간했을 때만 해도《난중일기》에 등장하는 지명이 현재 지명으로 어딘가를 아는 사람은 그렇게 많지 않았다. 처음 답사를 다니던 2000년대 초반에는 대부분의 이순신 전적지에 안내 표지판도 없었고 동네 주민들도 그런 사실을 아는 사람이 없었다. 이후 드라마와 영화의 영향으로 이순신 열풍이 불고 각 지자체마다 관광산업을 진흥시키기 위해 이순신 마케팅을 시작하면서 이순신 전적지를 비정比定하는 작업이 활기를 띠기 시작했다.

그런데 이와 관련하여 염려스러운 부분이 생겼다. 이순신 전적지에 대하여 정확한 학술적 고증도 없이 일방적 주장을 하는 경우가 종종 있다. 전적지 비정의 문제는 가끔 지역민들 간의 갈등으로 번지기도 한다. 가장 대표적인 것이 합포 해전지와 적진포 해전지이다. 합포해전지가 어디냐에 대한 논란은 지금도 계속되고 있다.

합포 해전지 비정 문제

이순신을 연구하는 많은 사람들이 그동안 합포는 마산이라고 비정比定했다. 노산 이은상, 조성도 전 해군사관학교 교수 그리고 나도 일관되게 합포는 마산합포구 산호동 창원왜성 터인 용마산공원 아래라고 밝혔다. 그런데 최근에 일부 이순신 연구가들이 합포는 마산합포가 아니고 진해에 있는 합포라고 주장하고 있다. 그 근거는 이순신이 《임진장초》에서 합포를 '웅천땅 합포'라고 했다는 것, 그리고 그때의 상황을 따져보면 오후 4시 무렵에 영등포에서 마산합포까지 들어가 전투를 치르고 나올 물리적 시간이 되지 않는다는 것이다.

우선 '웅천땅 합포'부터 생각해보면, 합포는 창원과 웅천의 경계에 위치한다. 경황이 없는 전란 중이라 가끔 이런 착오를 일으킨 경우가 있다. 1592년 6월 14일 이순신이 선조에게 올린 장계 〈당포파왜병장唐浦波倭兵狀〉에는 창원땅과 웅천땅의 경계에 있는 섬 '증도甑島'에 대해 6월 7일에는 '웅천땅 증도'라고 했다가, 6월 8일에는 '창원땅 증도'라고 했다. 1592년 5월 29일 사천해전 직후 하룻밤을 묵었던 '사천땅 모자랑포毛自郎浦'를 1593년 9월 1일 일기 말미에 기록한 잡록에서는 '고성땅 모사랑포毛思郎浦'라고 한 적도 있다. 모자랑포는 사천에 속하지만 고성과의 경계에 있다. 1597년 8월 17일 《난중일기》

에 '장흥땅 백사정'과 '군영구미'라고 한 곳도 실제는 보성에 속하지만 장흥과의 경계에 있어 착오로 장흥땅이라고 했다. 이런 까닭에 합포의 경우에도 창원에 속하지만 착오로 '웅천땅 합포'라고 할 수 있는 개연성은 충분히 있다.

두 번째, 물리적으로 시간이 부족하다는 주장을 살펴보자. 양력 6월 16일은 하지를 엿새 앞둔 시점이다. 이날 이 해역의 일몰시간은 19시 50분이다. 보통 해가 지고 나서도 약 30분 정도는 어두워지지 않는다. 이순신이 '밤중에 노를 재촉하여' 남포로 왔다고 기록하고 있으니 21시 이후로 추정된다. 그날 밤은 음력 7일이라 초저녁부터 반달이 떠서 밝게 비추었다.

거제도 영등포에서 마산합포까지의 거리는 약 21킬로미터이다. 판옥선이 시속 약 7~8킬로미터로 항해한다고 가정하면 3시간이면 충분히 도달할 수 있는 거리이다. 여름 낮에는 일반적으로 해풍인 남풍이 부는데 순풍에 돛을 달았다면 이보다 더 빨리 도착했을 수도 있다. 따라서 오후 4시에 영등포에서 출발해서 추격했다면 저녁 7시면 마산합포에 충분히 도착할 수 있다.

왜군은 이미 배를 버리고 상륙하여 산호동 숲속으로 들어가버린 상황이라 배 5척을 불태워 없애는 데는 1시간이면 충분했을 것이다. 다시 말해 어두워지기 전에 전투가 끝났다는 말이다. 전투가 종료된 후 저녁 8시경 마산합포를 출발하여 남포까지 내려오면서 밤중에 노를 재촉했다고 하니 모든 상황이 맞아 떨어진다. 마산합포에서 남포까지의 거리는 약 15킬로미터이므로 2시간 정도 걸려 밤 10시 무렵에 남포에 도착했을 것이다.

소위 말하는 진해 합포에서 해전이 있었다면 밤중에 노를 저을 일은 없었을 것이다. 거제 영등포에서 진해 합포까지의 거리는 약 8킬로미터이고, 거기서 남포까지의 거리는 약 9킬로미터이다. 이 정도 거리라면 영등포에서 오후 4시에 출발한 이순신 함대가 전투를 치르고 남포에 도착한 시간은 저녁 8시가 넘을 수 없다는 계산이 나온다. 어두워지기 전에 남포에 도착했다고 봐야 한다.

고지도는 엄청난 정보를 담고 있다. 지명은 물론 인근의 산맥, 강, 마을 등 자연지리 정보는 물론이고 향교, 창고, 봉수대, 길과 같은 인문지리 정보를 담고 있다. 조선시대 최고의 정밀지도인 동여도에는 창원시 마산합포구와 진해구 사이의 지리정보를 충분하게 담고 있다. 마산합포구에는 '합포合浦'와 '마산포馬山浦'가 병기되어 있고, 월영대, 두척산무학산, 반룡산팔용산 등이 나온다.

그러나 소위 진해 합포라고 주장하는 곳 근처에서는 합포라는 지명을 찾아볼 수 없다. 창원시 진해구 풍호동 일대는 '풍덕포豊德浦'라고 했고, 진해 합포라고 주장하는 진해구 원포동 학개마을은 '원포苑浦'라고 명시되어 있다. 주변에 안민령安民嶺, 안민고개, 장복산長福山, 하서下西 등이 있지만 합포는 존재하지 않는다.

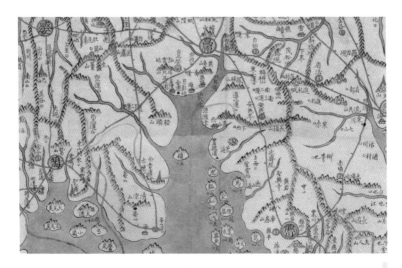

학개마을에서 벌어졌던 합포해전(동여도와 현재 지도)

　소위 진해 합개合浦라고 주장하는 곳은 현재 지명으로 진해 학개
鶴浦이며, 임진왜란 당시의 지명은 '원포苑浦'가 맞다. 그런데 최근에

창원시 진해구 원포동 '학개鶴浦마을'을 '합개合浦마을'이라고 이름을 의도적으로 바꾼 정황이 드러나고 있다. 하지만 2003년 7월 진해시에서 발행한 행정지도에는 이 마을의 이름을 '학개鶴浦'라고 분명히 적고 있다.

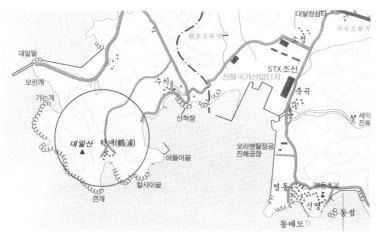

2003년 7월에 발행된 진해시 행정지도

해전지명을 비정하는 것은 그렇게 간단한 문제가 아니다. 특정인이 어떤 주장을 했다고 역사적 사실이 바뀌는 것은 아니다. 향토사학자들과 관련 전문가들이 머리를 맞대고 깊이 있는 연구를 하고, 학술대회 등을 개최하여 결론을 내리는 것이 바람직하다. 2014년 경남 고성군에서 개최한 '적진포 해전지' 비정을 위한 학술대회'가 좋은 전례가 될 수 있다. 반면 논란이 되었던 적진포 해전지는 지역 향토사학자들과 지자체가 의견을 모아 학술대회를 거쳐 최종 결론을 도출했다. 앞으로도 논란이 있는 전적지에 대해서는 정확한 고증작업과 학술대회 등을 거쳐 그 위치를 비정한 후에 각종 기념사업을 해야 할 것이다. 이러한 과정을 거치지 않고 특정인의 주장만 믿고, 기념사업을 추진하거나 기념공원 등을 조성한다면 돌이킬 수 없는 과오를 범할 수 있다. 역사가 지역이기주의에 볼모로 잡혀서는 안 된다.

기념사업의
문제점

임진왜란 전적지에 기념공원을 조성하고 관광단지를 만드는 사업을 각 지자체마다 경쟁적으로 시행하고 있다. 이런 대규모 사업을 할 때는 역사적인 고증이 제일 중요하고, 다음은 사업의 우선순위를 정하는 일이다.

고증을 하지 않아 일을 그르친 사례가 너무 많다. 남해안 곳곳에 거북선을 만들어 바다에 띄워 놓았지만 정확한 고증을 거쳐 만든 것은 거의 없다. 한산도 수루는 제승당 성역화 작업을 하면서 시멘트로 지었던 것을 최근에 목재로 다시 짓는 복원공사를 마쳤다. 고증을 제대로 했더라면 수루에 작은 방을 하나 만들어야 했다. 《난중일기》를 보면 수루에 있는 방에 도배를 했다는 기록이 있다. 활쏘기를 하던 제승당 사정射亭도 마찬가지다. 지붕만 있는 건물에 바닥은 시멘트로 되어 있다. 이순신이 명나라 장수 장홍유를 접견할 당시 사정은 정자 형태였음을 알 수 있다. 이런 것들은 일부의 예에 불과하며, 전적지에 설치한 안내 표지판이나 해전도 등의 오류는 일일이 다 열거하기도 힘들 정도로 많다. 다음은 예산 집행의 우선순위 문제다. 2013년 7월에 준공한 칠천량해전기념공원은 대표적인 패전지 기념공원이다. 우선순위로 따지자면 승전지부터 기념공원을 만드는 것이 옳다.

각 지자체에서 시행하고 있는 기념행사나 축제의 날짜도 문제다. 4월 28일은 이순신 장군 탄신일이다. 해마다 이 날이 되면 아산 현충사에서 성웅 이순신 축제와 함께 탄신 기념행사를 한다. 이순신은 1545년 4월 28일 서울 건천동서울시 중구 인현동에서 태어났다. 탄신 기념일은 음력으로 3월 8일이지만 양력으로 환산하여 4월 28일로 공식화된 지 오래되었다. 그래서 이순신과 관련한 각종 축제나 기념행사 날짜도 양력으로 통일할 때가 되었다.

백의종군로 복원사업도 문제가 많다. 각 지자체마다 따로 시행하다 보니 안내표지판 하나도 통일된 것이 없다. 백의종군로는 서울에서 출발하여 경기도, 충청도, 전라도, 경상도로 이어지지만 구간별로 중구난방 식으로 복원사업이 진행되어 전체적으로 연결도 되지 않는다. 백의종군로를 제대로 복원하여 환경친화적인 도보여행길로 만들면 스페인의 '산티아고 순례길'을 능가하는 명소가 될 수 있을 텐데 안타까운 일이다.

이순신 전적지 고지명 지도

1) 임진왜란 해전지도

영광군
곡성군
구례군
신안군
함평군
화순군
전라남도
6
보성군
5
강진군
고흥군
1
2
해남군
4
진도군
거금도
3
완도군

부산광역시

기장군
• 부산

함안군

사천시
고성군
거제시
통영시
남해군

1 명량해전   2 벽파진해전   3 어란포해전   4 절이도해전
5 흥양고도해전   6 순천왜성공방전   7 장도해전   8 노량해전
9 사천해전   10 당포해전   11 한산대첩   12 적진포해전
13 춘원포해전   14 당항포해전, 제2차당항포해전   15 어선포해전
16 읍전포해전   17 시구질포해전   18 합포해전   19 장문포해전
20 칠천량해전   21 율포해전   22 옥포해전   23 제1차~제7차 웅포해전
24 안골포해전   25 장림포해전   26 화준구미해전   27 다대포해전
28 서평포해전   29 절영도해전   30 초량목해전   31 부산포해전

2) 목포-여수 고지명 지도

영암군

보성

장흥군

강진군

해남군

진도군

1

2

3

4

5

6

7

7-1

8

9

10

11

13

완도

고금도

12 조약도

심지도

생일도

1 보화도: 목포시 유달동 고하도   2 전라
우수영: 해남군 문내면 선두리   3 명량:
해남군 문내면 울돌목   4 벽파진: 진도
군 고군면 벽파리   5 금갑도: 진도군 의신
면 접도리   6 장도: 해남군 송지면 내장리
7 어란포: 해남군 송지면 어란리   7-1 갈
두: 해남군 송지면 갈두리 칡머리   8 도
괘: 해남군 북평면 남성리 칼쾡이   9 이

진: 해남군 북평면 이진리   10 달량진: 해
남군 북평면 남창리   11 마량: 강진군 마
량면 마량리   12 고금진: 완도군 고금면
덕동리   13 회령포: 장흥군 회진면 회진
리   14 군영구미: 보성군 회천면 전일리
군학마을   15 백사정: 보성군 회천면 벽
교리   16 금당도: 완도군 금당면 금당도
17 절이도해전지   18 녹도: 고흥군 도양

여수시

· 32

· 29   31

30 ·

· 20

25 ·   26

21   낭도

· 28

24

고흥군   27 ·

18

· 23

19   22

거금도

지죽도   외나로도

지산도

소죽도

읍 봉암리   19 절이도: 고흥군 금산면 거
금도   20 고도: 고흥군 남양면 우도   21
흥양(영주): 고흥군 고흥읍   22 발포: 고흥
군 도화면 발포리   23 나로도: 고흥군 동
일면 내나로도   24 사도: 고흥군 영남면
금사리   25 여도: 고흥군 점암면 여호리
26 백서량(히또): 여수시 화정면 안포리와
백야도 사이의 해협   27 개이도: 여수시

화정면 개도   28 방답: 여수시 돌산읍 군
내리   29 선소: 여수시 시전동 선소마을
30 경도: 여수시 경호동 경도   31 전라좌
수영: 여수시 중앙동, 군자동   32 평산포:
남해군 남면 평산리

3) 여수 - 부산 고지명 지도

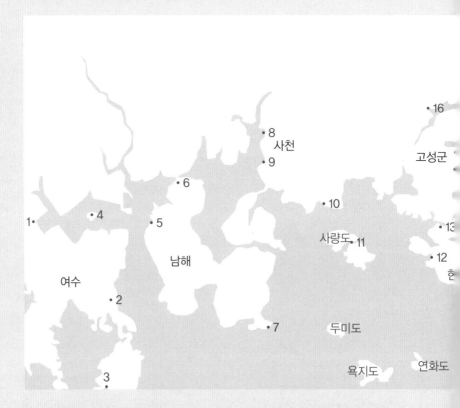

1 순천왜성: 순천시 해룡면 신성리   2 선생원: 여수시 율촌면 신풍리337 일원(채석장)   3 방답: 여수시 돌산읍 군내리   4 묘도: 여수시 묘도동   5 관음포 남해군 고현면 차면리   6 노량: 남해군 설천면 노량리   7 미조항: 남해군 미조면 미조리   8 사천선창: 사천시 용현면 선진리   9 모자랑포: 사천시 용현면 주문리   10 소비포: 고성군 하일면 동화리   11 사량: 통영시 사량면 금평리 진촌   12 당포: 통영시 산양읍 삼덕리   13 착량: 통영시 당동 판데목   14 춘원포: 통영시 광도면 황리   15 적진포: 고성군 거류면 화당리   16 당항포: 고성군 회화면 당항포리   17 진해: 마산합포구 진동면 진동리   18 저도: 마산합포구 구산면 저도리 돝섬   19 고리량: 마산합포구 구산면 구복리와 저도 사이의 해협   20 남포: 마산합포구 구산면 난포리   21 합포: 마산합포구 산호동 용마산 공원 아래   22 영등포: 거제시 장목면 구

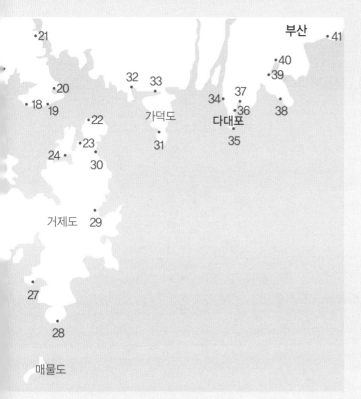

부산 •41

•40
•39
•38

37
34 • •36
32 33 가덕도 다대포
•21 31 35
•20
•18 •19 •22
•23
24• 30

거제도 29

27•

28

매물도

영리 23 장문포: 거제시 장목면 장목리
24 칠천량: 거제시 하청면 칠천도 옥계리
25 견내량: 통영시 용남면과 거제시 사등
면 사이 해협 26 두을포: 통영시 한산면
두억리 의항마을 27 오아포: 거제시 남
부면 가배리 가배량 28 송미포: 거제시
남부면 다대리 29 옥포: 거제시 옥포동
30 율포: 거제시 장목면 율천리 밤개 31
천성: 부산시 강서구 천성동 32 웅포: 진
해구 남문동 33 안골포: 창원시 진해구

안골동 34 장림포: 부산시 사하구 장림
동 35 화준구미: 부산시 사하구 다대동
화손대 동측 내만 36 다대포: 부산시 사
하구 다대동 37 서평포: 부산시 사하구
구평동 감천항 38 절영도: 부산시 영도
구 39 초량목: 부산시 중구 중앙동 영도
다리 아래 40 부산포: 부산시 동구 좌천
동, 범일동 41 경상좌수영: 부산시 수영
구 수영동, 망미동

이순신 전적지 답사 제1코스 (고성–통영–거제)

1 당항포해전지 → 2 적진포해전지 → 3 견내량 → 4 옥포해전지 → 5 율포
해전지 → 6 영등포 → 7 송진포 → 8 장문포해전지 → 9 칠천량해전지 →
통영(1박) → 10 한산대첩지 → 11 통영

1.당항포해전지

당항포해전지는 경남 고성군 회화면 당항포리다. 제2차 출전 당시인
1592년 6월 5~6일 이순신 장군이 이끄는 조선수군 연합함대가 당
항포에서 26척의 적선을 당파 분멸하고 대승을 거두었다. 1594년 3
월 3~5일 적선 31척을 소탕한 제2차 당항포해전도 이 일대의 바다
에서 벌어졌다.

2. 적진포해전지

적진포해전지는 경남 고성군 거류면 화당리다. 합포해전에서 승리
하고 남포(마산시 구산면 난포리)에서 1박한 이순신 함대는 1592년 5
월 8일 적진포에 이르러 포구에 정박하고 있는 13척의 적선 중에서
11척을 격침시켰다.

3. 견내량

견내량은 경남 통영시 용남면과 거제시 사등면 사이의 거제대교 아래 좁은 해협이다. 1593년 7월 14일 이순신 장군은 여수에서 한산도 두을포로 진을 옮기고 견내량을 막아 왜적이 곡창지대인 호남으로 진출하는 것을 차단했다. 1592년 7월 7일 한산대첩이 있기 하루 전날 이곳 견내량에는 적선 73척이 집결해 있었다.

4. 옥포해전지

옥포해전지는 거제 옥포 일원이다. 거제시 옥포동 6번지에 옥포해전 기념공원이 조성되어 있다. 1592년 5월 4일(양력 6월 13일) 새벽 이순신 장군은 전라좌수영 소속의 판옥선板屋船 24척, 협선狹船 15척, 포작선鮑作船 46척을 이끌고 여수를 출발하여 역사적인 제1차 출전을 감행한다. 5월 7일(양력 6월 16일) 거제도 옥포에서 적선 26척을 격침시키고 최초의 해전 승리를 했다. 적장 토도 다카도라는 목숨만 부지한 채 육지로 도망을 갔다.

5. 율포해전지

율포해전지는 현재의 경남 거제시 장목면 율천리 대금항 인근의 밤개다. 2차 출전 당시 당항포 해전에서 승리한 조선수군은 다음날인

1592년 6월 7일(양력 7월 15일)거제도 북단의 영등포로 진출하여 왜군의 큰 배 5척과 중간 배 2척이 남쪽의 넓은 바다로 달아나는 것을 추격하여 율포 앞바다에서 나포 또는 분멸했다.

6. 영등포

영등포는 거제도 최북단에 있는 거제시 장목면 구영리다. 옥포해전 직후 조선수군이 하룻밤 정박하고 가기 위하여 머물렀던 곳이다. 칠천량해전 당시 한산도의 조선수군이 부산포 방면으로 나아갈 때 들렀던 곳이다. 웅포나 안골포에서 서진해 오는 적을 감시하기 좋은 요충으로 조선수군이 채탐군 오수 등을 파견한 장소이기도 하다.

7. 송진포

송진포는 거제시 장목면 송진포리다. 포구가 깊숙한 곳에 자리 잡고 있어 파도가 높은 날 피항하기 좋은 지형이다. 웅포해전 당시 이순신 함대는 송진포를 모항으로 삼아 낮에는 웅포를 공격하고 밤이면 이곳으로 돌아와 휴식을 취했다. 적에게 쉽게 노출되지 않는 지형이라 이순신은 송진포에 자주 들러 정박하고 갔다.

8. 장문포해전지

장문포해전지는 현재의 거제시 장목면 장목리다. 이순신 장군은 강화협상 기간인 1594년 9월 28일 곽재우 등 육군장들을 태우고 장문포왜성을 공략하기 시작했다. 조선의 수륙 합동군은 장문포를 공격하여 적선 2척을 불태웠으나 적은 성문을 굳게 걸고 응전할 기색을 보이지 않았다. 10월 2일과 3일에도 선봉선 30여 척을 장문포로 보내 싸움을 걸었으나 적은 나오지 않았다.

9. 칠천량해전지

칠천량해전지는 거제시 하청면 옥계리 일원에 있는 거제도와 칠천도 사이의 좁은 해협이다. 정유재란 때인 1597년 7월 15일~16일 이곳에서 원균이 지휘하는 조선수군 전선 180여 척은 웅포와 안골포에 출동한 왜군의 대소 함선 600여 척의 기습 공격을 받고 거의 전멸했다. 배설裵楔이 12척의 전선을 수습하여 전라도 방면으로 퇴각했다.

10. 한산대첩지

한산대첩지는 통영시와 한산도 사이의 비교적 넓은 바다다. 1592년 7월 8일(양력 8월 14일) 아침 이곳으로 진출한 조선수군 연합함대는 견내량에 정박하고 있는 적선 73척을 한산도 앞바다로 유인하여 이

중 59척을 격침 또는 나포했다. 한산대첩은 임진왜란 3대첩 중 하나다. 적장 외키자카 야스하루는 목숨만 부지한 채 도망쳤다. 당포 목동 김천손의 제보가 승리에 결정적 역할을 했다. 조선수군은 판옥선 56척과 거북선 3척이 참전하여 학익진으로 적을 무찔렀다. 통영에서 배를 타고 가면서 선상에서 보면 견내량, 방화도, 화도, 돛단여, 해갑도, 고동산 등의 스토리텔링 소재들이 많다.

제승당

한산도 제승당은 이순신의 삼도수군 통제영이 있던 곳이다. 이순신이 업무를 보고 삼도 수군의 여러 장수들과 함께 전략을 짜던 운주당과 한산도 앞바다가 한눈에 바라보이는 수루, 활쏘기를 하던 한산정, 이순신 장군의 영을 모신 사당인 충무사가 이곳 경내에 있다. 요즘의 작전사령관실에 해당하는 운주당이 칠천량해전 당시 불타 없어지고 나서 142년 후인 영조 대에 한산도 통제영을 다시 복원했다. 그리고 107대 통제사 조경이 폐허가 된 운주당 터에 새로 집을 짓고 이를 제승당이라 이름 붙인 것이 오늘에까지 이른 것이다.

이순신의 영정을 봉안한 충무사는 일제 강점기인 1932년에 한산도 섬사람들이 성금을 모아서 지은 사당이다. 현재의 충무사는 1976년에 다시 지어진 것이고 봉안한 이순신 장군의 영정은 정형모 화백이 그린 것이다. 충무사로 들어가는 곳에는 세 개의 유허비가 있는데 모두 이곳을 재건하거나 중수할 때 세운 것이다. 영조 때의 통제사 조경이 통영에 운주당을 재건하면서 사당을 새롭게 단장하며 초서로 쓴 '고통제사충무공 한산제승당 유허비', 이순신의 후손이며 고종 때 통제사를 지낸 이규석이 세운 '한산도 제승당 유허비', 나머지 하나는 한글 유허비로 가장 최근에 만든 것인데 이순신의 업적과 제승당의 의미 등을 담고 있다.

11. 통영

세병관

세병관은 경남 통영시 문화동 62-1에 있다. 국보 305호로 지정된 세병관은 1604년에 6대 통제사 이경준이 삼도수군통제영을 한산도에서 두룡포로 옮기고 그 이듬해에 창건한 통제영 객사 건물이다. 이순신을 기리기 위해서 지었으며 경복궁의 경회루, 여수의 진남관과 함께 우리나라 3대 목조건물이다.

6대 통제사 이경준은 통제영을 이곳으로 옮기면서 통영은 그 위치와 형세가 국방의 요충지로 적합하다고 말했다. 동쪽은 견내량, 서쪽은 착량이며 북쪽은 육지요 남쪽은 큰 바다다. 거기다 육지와 섬 사이는 구불구불하고 좁고 복잡하다. 물길의 속도도 변화무쌍하다. 이순신이 이 일대에서 한산대첩을 비롯해 수많은 해전에서 승리를 거둔 것도 바로 이러한 지형지세를 백분 활용했기 때문이다. 통제영은 을미사변이 있었던 1895년(고종 32)에 폐지됐고 일제 강점기를 거치면서 성곽과 관아가 모두 헐렸다. 최근 통영시는 세병관을 중심으로 옛 통제영지를 복원하고 12공방도 복원했다.

　건물 정면의 '세병관洗兵館'이라고 쓰인 시원한 글씨는 136대 통제사 서유대가 쓴 것이다. 세병관은 '만하세병挽河洗兵', 즉 '은하수를 끌어와 병기를 씻다'라는 두보의 시에서 따온 말이다. 병기를 씻어 창고에 넣어두고자 하는 평화를 염원하는 글이다.

충렬사

통영 충렬사는 통영시 명정동 251번지에 있다. 임진왜란이 끝나고 7년 후, 선조 39년에 7대 통제사 이운용이 왕명을 받들어 이순신의 위훈을 기리고 추모하기 위해 세운 사당이 충렬사다. 경내 넓이는 2,700평 정도이며 이순신의 위패를 모셔둔 사당을 비롯해서 내삼문, 동제, 서제, 중문, 숭무당, 경충재, 강한루 등이 있고 전시관도 따로 마련돼 있다. 전시관에는 명조팔사품과 정조가 내려준 제문이 전시되어 있다. 충렬사에서는 봄, 가을에 제사를 지낸다.

착량묘

착량묘鑿梁廟는 경남 통영시 당동 8번지에 있다. 최초의 이순신 사당인 착량묘는 이순신 장군이 순국한 다음 해인 1599년에 통영의 민초들이 자발적으로 세웠다. 이곳은 이순신을 향한 통영 사람들의 존경이 넘쳐나는 곳으로 이순신 답사를 위해 통영을 찾았다면 꼭 둘러봐야 할 장소다. 입구에 노산 이은상이 글을 쓴 이충무공 한산대첩비가 있다. 이순신 장군이 자주 머물고 간 착량鑿梁 언덕에 자리 잡고 있다.다.

이순신 전적지 답사 제2코스(명량 권역)

🗺 답사 경로

1. 고하도 → 2. 명량해전지 → 3. 진도 벽파진 → 4. 정유재란 순절묘역 → 5. 어란포 → 6. 이진성지 → 완도 숙소 1박 → 7. 고금도 → 8. 회령진성 → 9. 보성 열선루 터

1. 고하도

고하도이충무공유적지는 전남 목포시 달동 230번지에 있다. 목포 시내에서 남서쪽으로 약 2킬로미터쯤 떨어진 곳에 있는 고하도高下島는 임진왜란 당시에는 보화도寶和島로 불렸다. 지형이 용의 형상을 하고 있는 섬이라 용머리, 또는 병풍처럼 펼쳐져 있다 하여 병풍도라고도 부른다. 영산강 하구와 목포 앞바다에 연접되어 내륙과 서남해를 연결하고 있어 마치 영산강의 빗장처럼 가로놓여 있다.

이순신 장군은 명량대첩 승리 후 1597년 10월 29일 이곳으로 진을 옮겨 1598년 2월 17일 완도 고금도로 진을 옮겨갈 때까지 108일 동안 군량미를 비축하고 전력을 재정비하였다. 난중일기에는 다음과 같이 적혀 있다.

> "밤 2시경에 나팔을 불고 출항하여 목포로 향하는데 비와 우박이
> 섞여 내리고 샛바람이 살살 불었다. 목포에 이르러 보화도에 정박
> 하니 된 하늬바람을 막을 만하고 배를 감추기에 아주 좋다. 뭍에
> 내려 섬 안을 둘러보니 형세가 매우 좋으므로 여기서 진을 치고 집
> 을 지을 계획을 했다."

이순신 장군은 이곳 고하도에서 북쪽 봉우리의 목재를 가져다가 진영과 군량창고를 건립하였고, 해로통행첩을 발급하여 어선들을

보호해주는 대가로 통행세를 걷고 인근의 군수, 현감 그리고 주민들의 도움으로 군량미 486석을 확보할 수 있었다.

2.명량해전지

명량해전지인 우수영 국민관광지는 전남 해남군 문내면 학동리 산 37번지에 있다. 현재 진도대교가 가설되어 있는 곳으로 화원반도와 진도 사이를 흐르는 좁은 해협으로 수로의 폭이 썰물 때 180미터에서 밀물 때 320미터까지 변화하며 하루 내내 서해와 남해의 바닷물이 합쳐지거나 풀어지며 진귀한 풍광을 연출한다.

1597년 9월 16일 이른 아침에 일본 함선 300여 척이 명량 협수로로 접근했다. 우수영에서 기다리고 있던 이순신의 판옥선 13척이 왜적의 대규모 선단 133척과 맞서 싸워 기적적인 승리를 이루어낸 곳이 명량 울돌목이다. 명량해전은 민과 군이 혼연일체가 되어 죽기를 각오하고 싸운 총력전이었다.

3.벽파진해전지

벽파진은 전남 해남군 고군면 벽파리다. 진도의 북동쪽 끝, 고군면 벽파리 바닷가의 나루터가 벽파진이다. 이곳은 명량해협의 길목이며 오랫동안 진도의 관문 역할을 하던 곳이다. 벽파진 바로 뒤 언덕바지에는 이충무공전첩비가 있다. 이곳에서 명량대첩의 전초전인 벽파진 해전이 있었다. 이순신함대가 진도 벽파진에 진을 치고 있던 1597년 9월 7일 오후에 일본 함선 13척이 벽파진으로 접근하자 우리 배들이 닻을 올리고 나아가 맞서 공격했다. 그날 밤 다시 야간 습격이 있었으나 조선수군은 이것도 물리쳤다.

4. 정유재란 순절묘역

전남 진도군 고군면 도평리에는 정유재란 순절묘역이 있다. 정유재란 때 나라를 위해 목숨을 바친 진도군 내의 선비 조응량(曹應亮, 선무원종공신)을 비롯한 전사자들의 무덤 232기가 있는 곳이다. 이순신 장군은 1597년 9월 16일 명량대첩에서 대승을 거두었으나 곧바로 신안 당사도로 후퇴해 버려 우수영과 진도는 왜군의 대대적인 보복 공격을 받았다. 당시 진도 관군은 군수인 송덕일宋德馹이 이끌었다. 이 묘역에 묻힌 많은 봉분 가운데 창녕조씨나 김해김씨 등 진도 내 토반 씨족 인물들 16기 이외에는 모두 주인 없는 무덤들이다.

5. 어란포해전지

어란포는 전남 해남군 송지면 어란리다. 1597년 9월 28일 아침 일찍 적선 8척이 예기치 못한 상황에서 갑자기 어란포로 들이닥쳤다. 여러 배들이 겁을 먹고 경상우수사 배설은 피하여 물러나려고 했다. 그러나 이순신 장군은 적이 바짝 접근해올 때까지 버티고 있다가 호각을 불어 신호를 하고 깃발을 휘둘러 공격을 개시했다. 이순신 함대는 적을 해남반도 끝에 있는 갈두(葛頭, 해남군 송지면 갈두리)까지 추격하여 격퇴하고 되돌아 왔으니 이것이 어란포해전이다.

6.이진성지

이진은 전남 해남군 북평면 이진리다. 이진은 바닷가에 성을 쌓아 왜구를 방비하던 곳이다. 1597년 8월 20일부터 24일까지 이순신 장군이 여기서 머물렀다. 장흥 회령포에서 남은 배 12척을 인수하고 어란포로 가면서 이곳 이진에 들렀다. 토사곽란을 만난 장군은 몸이 너무 아파 인사불성이 되었지만 구국의 일념으로 버텨냈다.

7. 고금도

고금도는 전남 완도군 고금면에 속하는 섬이다. 강진과 완도가 지척인 이 섬에 통제영이 들어선 것은 1598년 2월 17일이었다. 고하도에서 어느 정도 수군 재건의 기틀을 마련한 이순신은 서쪽으로 치우쳐 있어서 적의 동태를 살피기 힘든 고하도의 한계를 넘어설 수 있는 새로운 통제영지를 모색하기 시작했다. 고금도는 이러한 필요조건에 꼭 맞는 섬이었다. 이곳에서 주변의 둔전을 활용하여 군량미를 대량으로 확보하고, 명나라 진린 도독의 수군과 합류하여 절이도해전, 순천왜성 공방전, 노량해전을 치르면서 임진왜란 7년 전쟁은 조명연합군의 승리로 막을 내렸다.

고금도 덕동 기지에서 조선수군이 새로 건조한 전선이 40여 척, 군사 수가 8,000여 명, 군량미가 1만여 석에 이르렀다. 회령포에서 열두 척의 배를 수습한 것이 1597년 8월이었으니 1년도 채 되지 않은 기간에 조선 수군은 완전히 부활할 수 있었다. 고금도에는 '묘당도 이충무공 유적'이 있다.

8.회령진성

회령진성은 전남 장흥군 회진면 회진리에 있다. 1597년 8월 3일 백의종군 중 다시 삼도수군통제사가 된 이순신 장군은 진주에서 구례, 옥과, 순천, 벌교, 보성을 지나면서 패잔병들을 수습하고 무기와 군량을 확보했다. 8월 18일 회령진성에 도착한 이순신은 다음 날 경상우수사 배설로부터 남은 배 12척을 인수했다. 여기서 이순신은 병사들과 함께 나라를 위해 죽기로 맹세한 '회령포의 결의'를 했다. 모두가 명량해전을 위한 사전 준비작업이었다.

9. 보성 열선루 터

열선루 터는 전남 보성군 보성읍 보성리에 있다. 조선수군을 폐하려는 선조의 지시에 맞서 이순신이 그 유명한 "금신전선 상유십이今臣戰船 尙有十二"라는 장계를 쓴 장소다. 이순신 장군은 1597년 8월 15일 열선루에서 선전관 박천봉으로부터 "수군이 미약하니 육군에 의탁해 싸우도록 하라"는 수군 폐지 내용이 적힌 선조의 유지를 받았지만 이를 반박하는 장계를 올리고 조선수군 재건에 진력했다.

이순신전적지 답사 제3코스(노량-여수-고흥 권역)

답사 경로

1. 사천해전지(선진리성) → 중식 장소→ 2. 이충무공 전몰유허(이락사) → 3. 남해 충렬사 → 4. 순천왜성 → 5. 전라좌수영 → 6. 이순신 어머니 모신 집 → 숙소 1박 → 7. 여수 선소 → 8. 발포만호성 → 9. 녹도진성과 쌍충사

1. 사천해전지(선진리성)

사천왜성으로 알려진 선진리성은 경남 사천군 용현면 선진리에 있다. 이곳에서 임진왜란 때 두 번의 전투가 있었는데 그중 하나는 1592년 5월 29일 사천해전에서 이순신이 적선 13척을 격파하는 전과를 올린 것이다. 또 하나는 1598년 9월 28일 명나라 동일원이 이끄는 3만의 조명연합군이 시마즈 요시히로가 이끄는 8천의 일본군에게 패배한 곳이다.

조명군총

조명군총은 경상남도 사천시 용현면 선진리 402번지에 있다. 정유재란 때 선진리성에 주둔하고 있던 왜적을 몰아내기 위해 결전을 벌이다 희생된 조선과 명나라 연합군의 무덤이다. 왜군은 그들의 승리를 본국에 알리기 위해 죽은 조선과 명나라 군사들의 귀와 코를 베어 일본으로 보내고, 목을 베어 이곳에 묻어 큰 무덤을 만들었다고 한다. 매년 음력 10월 1일에 위령제를 지내고 있다.

2. 이충무공 전몰유허

이충무공 전몰유허는 경남 남해군 고현면 차면리 관음포에 있다. 노량해전으로 알려진 임진왜란의 마지막 격전지로 이순신 장군이 순국한 곳이다. 1598년 11월 19일 조선과 명나라의 수군이 도망가는 왜적들을 무찌르다 관음포 앞바다에서 최후의 결전을 벌였다. 이때 이순신 장군은 적의 탄환에 맞아 최후를 마쳤다.

이에 관음포 앞바다는 이순신이 순국한 바다라는 뜻에서 '이락파 李落波'라고도 부르며, 마주보는 해안에는 이락사가 있다. 그 후 순조 32년(1832)에 왕명에 따라 제사를 지내는 단과 비, 비각을 세웠다. 1965년 '큰 별이 바다에 떨어지다'라는 뜻인 '대성운해大星殞海'와 '이 락사'라는 액자를 경내에 걸었다. 첨망대에서 바라보면 이순신 장군 이 순국한 해역이 바로 앞에 보인다.

3. 남해 충렬사

남해 충렬사는 경남 남해군 설천면 노량리에 있다. 임진왜란이 끝나 던 해 노량해전에서 순국한 충무공의 충의와 넋을 기리기 위해 세워 진 사당으로 노량 충렬사라고도 한다. 통영의 충렬사와 함께 '충렬' 이란 현판을 처음부터 같이 사용해 왔으며 인조 때 지어졌다. 이곳 충렬사에 굳이 '남해'라는 명칭을 붙이는 것은 통영의 충렬사와 구분 하기 위해서다.

충무공이 전사한 후 그의 시신이 한때 이곳에 모셔졌는데 인조 10 년(1632) 유림들이 옛터에 작은 집을 짓고 제사를 지냈던 것이 최초

의 사당이다. 그러나 남해 충렬사가 지금과 같은 모습을 갖추기까지
는 많은 세월이 흘러야 했다. 이순신이 영면했던 1598년 11월 19일
로부터 열흘이 지나고서야 선조는 이순신의 죽음에 대한 일련의 조
치를 명했고 그때부터 비로소 장례를 주관할 수 있었다.

남해 충렬사에는 사당을 중심으로 해서 왼쪽과 오른쪽에 두 개의
비석이 있다. 하나는 충무공비고 또 하나는 충민공비다. 충민공은 이
순신이 충무공이라는 시호를 받기 이전의 비명으로 1633년 7월 남
해현령 이정건이 그 충정을 기리며 이 비를 세웠다. 그러다 그로부터
10년 후 인조가 이순신에게 '충무'라는 시호를 내렸다.

충렬사가 현재와 같은 기와집 사당으로 세워진 것은 효종 대에 와
서 이루어졌다. 이순신이 순국한 지 60년이 되던 1658년에 초가집을
헐고 새집을 지은 것이다. 그 후 현종이 통영 충렬사와 함께 현판을
하사했다. 충렬사 경내에는 이런 사실을 기록한 충무공비가 있는데
이 비는 1663년에 세워졌다. 비문은 송시열이 짓고 송준길이 글씨를
썼다. 경내에는 비각·내삼문·외삼문·관리사 등이 있고 사당 뒤의
정원에는 충무공의 시신을 임시 묻었던 자리에 가묘가 남아 있으며,
1948년 정인보가 쓴 충열사비가 있다..

4. 순천 왜성

순천왜성은 전남 순천시 해룡면 신성리에 있는 낮은 구릉지대에 돌로 쌓아 만든 성이다. 1597년 정유재란 때 왜장 고니시 유키나가가 일본군의 호남 공격을 위한 전진기지 겸 최후 방어기지로 삼기 위하여 쌓은 왜성이다. 순천왜성은 왜교 또는 예교(曳橋)라 하며 일본사람들은 순천성이라 부르고 있고, 1997년 1월 1일 국가 사적 제49호에서 해제되기 전까지는 '승주 신성리성'으로 불려왔다.

성벽은 외성 3첩과 내성 3첩으로 쌓았는데 내성만 그 흔적이 분명하고 외성은 분명치 않으며, 성 주위에는 해자를 둘러 판 흔적이 남아 있다. 이곳은 1598년 조선과 명나라의 연합군과 고니시가 이끄는 왜군 사이에 최대의 결전이 벌어진 곳이다.

왜군들은 높은 성벽을 쌓고도 안심이 되지 않았는지 조명연합군이 축조한 순천 검단산성 쪽의 육지를 깊게 파서 바닷물을 끌어들였다. 인공 해자를 만든 것이다. 그리고 이 해자 위로 다리를 설치했다. 그래서 순천 왜성은 왜교(倭橋) 또는 예교(曳橋)성이라고도 부른다.

5. 전라좌수영

진남관

진남관은 전남 여수시 군자동 472에 있다. 국보 제304호인 진남관은 전라좌수영이 있었던 곳으로, 이순신 장군이 옥포해전을 비롯해서 사천해전, 당항포해전, 한산대첩 등의 승첩을 쌓아갔던 곳이다. 건물이 있는 자리는 전라좌수영의 본영으로 임진왜란 당시에는 진해루라는 누각이었다. 진해루가 정유재란 때 일본군에 의해 불에 타 소실되자 1599년 삼도수군통제사 겸 전라좌수사로 부임한 이시언이 전라좌수영 건물로 75칸의 거대한 객사를 지어 진남관이라 이름 짓고 수군의 중심기지로 사용하였다.

후에는 역대 임금의 궐패를 봉안하고 군수가 망궐례를 올렸으며 국경일에는 군민들이 모여 봉도식을 거행하였다. 1716년(숙종 42) 불에 타버린 것을 1718년 전라 좌수사 이제면(李濟冕)이 다시 건립하였다. 진남관을 중심으로 해서 망해루와 객사, 고소대, 병사들의 기거지, 훈련장 등 중앙동과 군자동 일대가 모두 전라좌수영이었다. 진남관 바로 아래의 기념관에는 옛 전라좌수영을 재현해 낸 모형도가 있는데 이를 통해 전라좌수영이 상당히 넓고 풍요로웠음을 미루어 짐작할 수 있다.

고소대

고소대는 이순신이 전라좌수사 시절 작전 계획을 세우고 군령을 내리던 곳이다. 여수시 고소동 해발 117미터의 계산 정상에 위치한 고소대는 이순신이 제1차 출전 전날 군령을 어긴 병사 황옥천의 목을 베어 군율을 세운 곳으로도 유명하다.

타루비

고소대에는 좌수영대첩비와 타루비가 있다. 타루비는 글자 그대로 눈물이 떨어진다는 뜻을 가진 비석이다. 이순신이 노량해전에서 전사한 후 그 부하와 백성들이 이순신의 죽음을 슬퍼하고 그의 공덕을 기리기 위해서 이 비석을 세웠다.

타루비 옆에는 이순신의 승첩을 기리기 위한 좌수영대첩비가 서 있다. 좌수영대첩비는 국내 비석 중 길이가 가장 긴 것으로 유명하다. 높이가 3미터나 되고 폭이 1.24미터로 조선 후기인 1615년(광해군 7)에 제작되었다. 비의 명칭인 '통제이공수군대첩비統制李公水軍大捷碑'는 이항복이 비문의 글을 지었다.

6. 이순신 어머니 모신 집

이순신 자당기거지라고도 하는 '이순신 어머니 모신 집'은 여수시 웅천동 송현마을에 있다. 임진왜란이 일어나고 나서 약 5년간 이순신 장군의 어머니가 살았던 곳이다. 이순신 장군은 어머니 초계변씨를 1592년부터 약 5년간 이곳 전라좌수영 관내의 곰내(고음천)에 모셨다. 이순신은 어머니께 아침저녁으로 문안을 드리고 서둘러 해전에 나갈 때도 반드시 인사를 하고 나갔다 한다. 이순신의 효성이 얼마나 지극했는지는 남아 있는 많은 기록을 통해 알 수 있다.

7. 여수 선소

여수 선소유적麗水 船所遺蹟은 전남 여수시 시전동 708에 있는 조선시대의 조선소 유적이며 1995년 4월 20일 대한민국의 사적 제392호로 지정되었다. 고려시대부터 배를 만드는 조선소가 있던 자리로, 특히 임진왜란 때 이순신 장군이 전쟁을 승리로 이끌게 한 거북선을 만들었던 곳으로 잘 알려져 있다.

지도상으로 보면 가막만의 가장 북쪽에 조선소가 있으며 조선소의 바다 입구에는 가덕도와 장도가 조선소의 방패 구실을 하고 있다. 또한, 먼바다에서 보면 육지처럼 보이고, 가까이서 봐도 바다인지 호수인지 알아보기 어려워 중요한 해군 군사 방어 지역이었음을 알 수 있다.

현재 이곳에는 거북선을 만들고 수리했던 굴강, 칼과 창을 갈고 닦았던 세검정, 수군지휘소였던 선소창, 수군들이 머물렀던 병영막사, 거북선을 매어 두었던 계선주, 칼과 창을 만들던 풀뭇간, 일반인의 통행금지를 표시했던 벽수(석인) 등 다양한 관련 유물들이 남아 있다.

8. 발포만호성

발포만호성은 전라남도 고흥군 도화면 발포리 성촌마을을 중심으로 있는 성으로, 만호란 조선시대 때 각 도의 여러 진에 파견된 종4품의 무관직을 말한다. 적의 침입을 막고자 해안선을 따라 성을 쌓았는데 그 모양이 사다리꼴을 이루고 있다.

1580년에 이순신 장군이 만호로 부임하여 1년 8개월간 재임하였던 곳으로, 전라좌수영 관하의 수군기지로 매우 중요한 역사적 배경을 안고 있다. 여기서 유명한 오동나무 사건이 있었고, 이순신이 군기검열로 억울하게 파직을 당한 곳이다.

9. 녹도진성과 쌍충사

녹도진성은 전남 고흥군 도양읍 봉암리 녹동마을에 있다. 전라좌수사 관할의 5관 5포 중의 하나로 조선시대 수군의 해안 방어기지였다. 1490년(성종 21) 10월 축조되었고, 종4품 무관직인 만호가 배치된 만호성이었다. 녹도진성 안에 있는 쌍충사는 조선 중기의 무신 이대원(1566~1587)과 정운(1543~1592)을 배향한 사우로 전라남도 기념물 제128호이다. 이대원은 정해왜변 당시인 1587년 녹도만호로서 왜구와 싸우다 손죽도 해상에서 순절하였다. 정운은 유성룡의 천거로 1591년 녹도만호로 부임했고 임진왜란 부산대첩에서 순절하였다.

원래는 녹도만호이던 이대원을 기려 1587년 사당이 지어졌고, 1592년에 전라좌수사 이순신의 청으로 부산대첩에서 전사한 정운을 합향하였다. 1597년 정유재란으로 불탄 뒤 1681년 사우 중건을 추진하여 1682년(숙종 8) 임척과 서봉영 등 호남유림 연명으로 사액을 청하는 소를 올려 1683년 쌍충사로 사액되었다. 두 충신을 모신 곳이라 쌍충사雙忠祠라고 한다.

이순신전적지 답사 제4코스(부산–창원 권역)

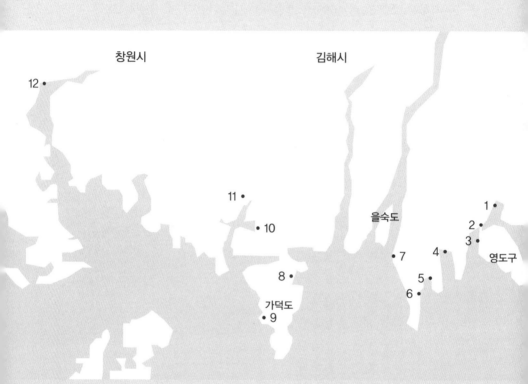

창원시   김해시

12

11
10

을숙도

1
2
3
영도구

7
4

8

5
6

가덕도
9

📍 **답사 경로**

1. 부산대첩지 → 중식 → 2. 초량목해전지 → 3. 절영도해전지 → 4. 서평포해전지 → 5.
다대포해전지 → 6. 화준구미해전지 → 숙소 1박 → 7. 장림포해전지 → 8. 가덕진 → 9.
천성진 → 10. 안골포해전지 → 11. 웅포해전지 → 12. 합포해전지

1. 부산대첩지

부산대첩지는 부산진성 아래 부산시 동구 좌천동 범일동 일대다. 부산진성(증산왜성)과 부산진성의 지성이었던 자성대 앞 부산항 북항 매립지 일대가 부산대첩지로 추정된다. 1592년 9월 1일(양력 10월 5일) 이순신 연합함대가 왜군의 소굴인 부산포를 공략하여 470여 척의 왜선 중에서 100여 척을 격파하여 적의 간담을 서늘하게 했고 돌아갈 길을 염려하게 만들었다. 이순신 장군은 그동안의 부산대첩이 가장 치열한 전투였다고 선조에게 보고했다. 이날 선봉에 서서 용전분투하던 녹도만호 정운 장군이 적이 쏜 철환을 맞고 전사했다.

부산진성

부산진성터는 부산시 동구 좌천동 산9-28 일원에 있다. 증산은 부산시 동구 좌천동에 있는 정발 장군을 기리는 정공단鄭公壇의 뒷산으로 해발 130미터이다. 바다에서 바라보면 산 모양이 시루甑와 같이 생겨 가마釜와 시루를 연관시켜 부산釜山이라는 지명이 생겼다. 증산은 1592년 4월 14일 정발 장군이 왜군에 맞서 싸우다 순절한 부산진성이 있었던 곳이나 왜군이 점령한 후에는 증산왜성이 되었다.

자성대

자성대는 부산시 동구 범일동 590-5에 있으며 부산진성의 자성子
城이 있었던 곳이다. 임진왜란 개전 다음 날인 1592년 4월 14일 왜
적에게 함락되었다. 1592년 9월 1일 이순신 장군의 부산대첩 당
시 이 일대에서 격전이 벌어졌다.

2. 초량목해전지

초량목해전지는 부산시 중구 중앙동 영도다리 아래의 좁은 해협이
다. 이곳이 원초량이며 부산시 동구 초량동 일대는 신초량이다. 1592
년 9월 1일 부산포를 공략하기 위해 진격하던 조선수군이 이곳 초량
목에서 적의 대선 4척을 격파했다.

3. 절영도해전지

절영도 해전지는 송도에서 자갈치시장 사이의 영도 섬 인근으로 추
정된다. 이곳에서 조선수군은 1592년 9월 1일 왜선 2척을 격파했다.

4. 서평포해전지

서평포해전지는 부산시 사하구 구평동 감천항 일대를 말한다. 이곳
에서 조선수군은 1592년 9월 1일 적선 9척을 격파했다. 인근에 감천
문화마을이 있다.

5. 다대포해전지

다대포해전지는 부산시 사하구 다대동 다대포항 일대다. 이곳에서 이순신 연합함대는 1592년 9월 1일 적선 8척을 격파했다.

윤공단과 다대진성

윤공단은 부산시 사하구 다대1동 1234번지에 있다. 임진왜란이 발발했던 다음날인 1592년 4월 14일 다대진성을 공략해 온 왜적과 맞서 싸우다가 순절한 다대첨사 윤흥신과 군민들의 충절을 추모하기 위하여 만든 제단이다. 이곳에 첨사윤공흥신순절비가 있다. 윤공단 아래 도로 하나를 사이에 두고 있는 부산유아교육진흥원 일대에 다대진성 성곽의 잔해가 일부 남아 있다. 이곳에 있었던 다대진성 객사가 개발로 인하여 몰운대로 옮겨 복원해 놓았다.

정운 장군 순의비

정운 장군 순의비는 부산시 사하구 다대1동 산144번지에 있다. 1592년 9월 1일 부산대첩에서 전사한 정운 장군을 추모하는 순의비는 군부대 안에 있어 일출 후 일몰 전에 답사가 가능하다. 비문에는 정운 장군이 몰운대 아래서 왜적을 만났을 때 몰운沒雲의 운雲자가 자기 이름자 운運과 음이 같다 하여 이곳에서 죽을 것을 각오하고 싸우다가 순절하였다고 적고 있다.

추이도(쥐섬)

추이도는 부산시 시하구 다대동 몰운대 끝자락에 서면 보면 바로 앞에 보이는 섬이다. 임진왜란 개전 첫날인 1592년 4월 13일 가덕도 응봉의 봉수군 이등과 서건이 왜군 배 90여 척이 추이도 바깥을 지나 해운대 쪽으로 가는 것을 관측하고 가덕진첨사 전응린과 경상우수사 원균에게 보고했다. 추이도가 왜 쥐섬이 되었는지 의문이 있었는데, 일련의 바위섬들이 마치 쥐의 머리와 몸통, 꼬리처럼 늘어서 있다.

6. 화준구미해전지

화준구미해전지는 부산시 사하구 다대동 화손대 동측 내만을 말한다. 화준구미花樽龜尾라는 지명이 지금의 화손대花孫臺와 관련이 있어 보인다. 이곳에서 조선수군은 적선 5척을 격파했다. 이전에 출간한 책에서는 화준구미해전지를 화손대 서측내만이라고 했으나, 수차례 답사를 더 한 결과 이곳은 적이 정박해 있을 만한 여건이 못 되는 지형임을 밝혀내고 위치를 화손대 동측 내만으로 정정했다. 구미龜尾는 거북꼬리 부분처럼 굴곡진 내만을 말한다.

7. 장림포해전지

장림포해전지는 부산시 사하구 장림동 일대로 신평장림공단 건설 당시 매립을 하여 현재는 육지가 되어버린 곳이다. 부산포를 치러 가던 이순신 연합함대가 1592년 8월 29일 이곳에서 배를 버리고 도주한 적선 6척을 불태워 없앴다.

8. 가덕진

가덕진은 부산시 강서구 성북동 407번지 일대다. 이순신 장군이 부산포를 치러 가면서 1592년 8월 27~28일 양산강과 김해강 일대를 수색하고 돌아와 가덕진 부근의 가덕도 북변에 함대를 정박시키고 머물렀다. 임진왜란 발발 시에는 가덕도 응봉의 봉수군들이 가덕진 첨사 전응린에게 최초 보고를 하여 왜군의 침공을 알린 곳이다. 현재 가덕진성 자리는 대부분 훼손되고 천가초등학교와 덕문중학교 담장이 옛 성곽 형태를 보이고 있다.

9. 천성진

천성진은 부산시 강서구 천성동 1613 일대다. 천성진은 조선수군이 부산포 쪽으로 진출할 때면 꼭 들러서 정박하여 정비를 하고 갔던 해상의 요충이다. 항만 정비사업을 하면서 문화재 발굴과 보존을 제대로 하지 않아 역사적으로 중요한 전적지가 훼손되고 있어 논란이 되고 있다.

10. 안골포해전지

안골포해전지는 경남 창원시 진해구 안골동 산27 일대에 있는 안골왜성에 접하고 있는 포구다. 포구에는 굴강의 유적이 남아 있다. 1592년 7월 9일 한산대첩에서 쫓긴 왜적들이 안골포에 숨어 있다가 이순신 함대의 공격을 받고, 정박하고 있던 42척 중 대다수가 격파되었다. 왜군은 많은 사상자를 내고 밤중에 부산포 쪽으로 도주했다.

11. 웅포해전지

웅천왜성은 경남 창원시 진해구 남문동 산211-1번지 일대다. 이순신 연합함대는 1593년 2월 10일부터 3월 6일까지 무려 7차에 걸쳐 웅천왜성에 웅거하고 있는 왜적을 공격하기 위해 웅포를 공략했다. 낮에는 웅포에서 싸우고 밤이 되면 거제도 송진포로 가서 정박하여 휴식을 취하면서 약 두 달 가까이 해상작전을 수행하였다.

12. 합포해전지

합포해전지는 경남 창원시 마산합포구 산호동 247-3(마산도서관) 부근의 산호공원 아래 매립지 일대로 추정된다. 조선수군은 제1차 출전 당시인 1592년 5월 7일 신시申時에 거제도 북단의 영등포에서 적을 추격하여 저녁나절에 이곳 합포에서 적선 5척을 불태워 없애고 밤중에 노를 저어 창원 땅 남포로 내려가서 정박했다.

임진왜란 연표

1592년 임진년

1월 6일	도요토미 히데요시 전국 영주들에게 총동원령
2월 28일	일본군 침공기지 규슈 나고야성 완공
3월 13일	부산 왜관 일본인들 철수
	일본군 선봉 대마도 도착
3월 27일	히데요시 나고야성으로 향해 교토 출발
4월 13일 오전 8시	일본군 선봉 대마도 오우라항 출발
오후 5시	일본군 선봉 절영도 도착
4월 14일	일본군 제1군 고니시 유키나가 부산 상륙
	부산진성 함락, 부산진첨사 정발 전사
4월 15일	동래성 함락, 동래부사 송상현 전사
4월 17일	조선 조정 전쟁 발발 보고 접수, 양산성 함락
4월 18일	조선 조정 유성룡을 도체찰사, 신립을 도순변사, 이일을 순변사로 임명
	조령, 죽령, 추풍령에 방어선 편성
	일본군 제2군 가토 기요마사 부산 상륙
4월 19일	언양성 함락
	제3군 구로다 나가마사 다대포 상륙
4월 20일	김해성 함락
4월 21일	경주성, 창원성 함락
4월 22일	영천성 함락
4월 23일	곽재우 의병부대 기병
4월 25일	이일, 상주에서 일본군 제1군에 패배
4월 26일	선조, 이순신에게 경상도 해역으로 출동명령 하달
	도요토미, 나고야 도착 전쟁 지도
4월 27일	일본 제1,2군 조령 돌파, 성주성 함락, 경상도 육군 붕괴
4월 28일	신립 탄금대 배수진 일본 제1군에 궤멸, 충주성 함락
4월 29일	김명원을 한강방어를 위한 도원수로 임명
	이양원을 도성수비를 위한 유도대장으로 임명

4월 30일	선조, 서울을 떠나 평양으로 향발
	일본군 서울 향해 진격
5월 2일	김명원의 한강 방어선 붕괴
5월 3일	일본군 서울 입성
5월 7일	이순신 옥포해전, 합포해전 승리
	조선 조정 평양으로 이동
5월 8일	이순신 함대 적진포해전 승리
5월 16일	조선 육군 부원수 신각 해유령전투 승리
5월 18일	김천일 의병부대 기병, 도원수 김명원 임진강 방어선 붕괴
5월 29일	이순신 사천해전 승리
6월 2일	이순신 당포해전 승리
6월 5일	이순신 당항포해전 승리
	조선 육군 5만 용인전투에서 일본군 1,600명에 대패
	일본 제4군 강원도 회양 진입
6월 7일	이순신 율포해전 승리
6월 8일	곽재우 의병군 정암진전투 승리
	일본군 제1군 및 제3군 대동강 도착
6월 11일	조선 조정 평양 포기, 의주로 향발
6월 14일	선조 명나라 망명 결심, 광해군 분조(分朝) 발족
6월 15일	평양성 함락
6월 19일	명나라 원군 요양 부총병 조승훈 선발대 1,300여 명 입국
6월 22일	선조 의주 도착
	일본군 제6군 금산 점령
7월 8일	조선 육군 웅치, 이치서 격전
	이순신 한산대첩 승리
7월 9일	고경명 의병군 금산 공격, 고경명 전사
7월 10일	이순신 안골포해전 승리
7월 17일	명 선발대 조승훈, 조명 연합군 평양성 공격 실패
7월 24일	두 왕자 임해군, 순화군 가토 기요마사에 포로로 잡힘
	곽재우 의병군 현풍, 창녕, 영산성 수복
	일본군 제2군 함경도 회령 입성
7월 27일	권응수 의병군 영천성 수복

8월 1일	김명원 조선군 평양성 공격
	조헌 의병군 청주성 수복
	도요토미, 오사카 귀환
8월 3일	김면 의병군 거창전투 승리
8월 18일	조헌, 영구 결사대 금산성 공격 전원 전사
9월 1일	이순신 부산포해전 승리
	명나라 사신과 고니시 유키나가 평양에서 강화회담
9월 2일	이정암 의병군 황해도 연안성 사수
9월 8일	박진 경상도 육군 경주성 탈환
9월 16일	정문부 의병군 함경도 경성 탈환
9월 17일	일본군 제6군 금산성서 철수
9월 27일	조선육군 유숭인 창원성 공방전
	명나라, 영하 반란 진압
10월 10일	진주성전투 김시민 전사, 진주성 방어
10월 25일	정문부, 함경도 명천성 수복
12월 10일	명나라 원군 본대 선발대 압록강 도강
	권율 수원 독성산성서 일본군 격퇴
12월 25일	명나라 원군 이여송 본대 4만여 명 압록강 도강, 정주 도착

1593년 계사년

1월 6일	조명 연합군 평양성 공격 개시
1월 9일	조명 연합군 평양성 탈환, 일본 제1군과 제3군 전면 퇴각
1월 15일	경상도 의병군 성주성 탈환
	일본군 제2군 전면 퇴각 시작
1월 27일	조명 연합군 벽제관전투 패배
1월 28일	정문부 함경도 길주성 수복
	명군 개성으로 퇴각
2월 10일	이순신 제1차 웅포해전
2월 12일	권율 행주산성전투서 일본군 격퇴, 이순신 함대 제2차 웅포해전
2월 18일	이순신 제3차 웅포해전
	명나라 이여송 평양으로 후퇴

2월 22일	이순신 제4차 웅포해전
2월 29일	서울 이북 일본군 서울로 집결
3월 6일	이순신 제5차 웅포해전
3월 10일	도요토미 일본군에 서울에서 철수령
3월 23일	조선 조정 평양으로 이동, 명나라 이여송 개성으로 복귀
4월 9일	명나라 심유경과 일본 고니시 유키나가 강화회담 타결
4월 19일	일본군 전면 퇴각 시작
4월 20일	권율, 명나라 이여송 서울 입성
5월 3일	조명 연합군 남진 시작
	일본군 선발대 부산 도착
5월 9일	명나라 강화사절 부산에서 일본으로 출발
5월 24일	도요토미, 나고야서 명 사신 접견
6월 6일	권율을 조선군 도원수로 임명
6월 22일	일본군 진주성 포위 공격 개시
6월 29일	진주성 함락, 최경회 등 수비군 옥쇄
7월 14일	이순신 여수에서 한산도 두을포로 이진
7월 15일	명나라 강화사절 부산으로 귀환
7월 22일	두 왕자 석방, 명 사신과 함께 귀경
8월 8일	이여송 등 명군 3만 철군
8월 25일	도요토미, 오사카로 귀환
8월 30일	이순신을 삼도수군통제사로 임명
10월 1일	조선 조정 서울로 환도

1594년 갑오년

1월 20일	명나라 심유경과 일본 고니시 유키나가,
	웅천에서 도요토미의 가짜 항복문서 작성
3월 4일	이순신 제2차 당항포해전 승리
8월 3일	명군 철수 완료, 일본군 3만 38,000명 잔류
9월 29일	이순신 장문포해전 승리
10월 1일	이순신 장문포 상륙작전
12월 30일	명 조정 일본으로 책봉사 파견 결정

1595년 을미년

| 1월 30일 | 명 책봉사 북경 출발 |
| 11월 22일 | 명 책봉사 서울 남원 경유 부산 도착 |

1596년 병신년

5월 10일	일본군 제2군 주력 본국 철수
6월 15일	명 책봉사 부산 출발
	일본군 제1군 주력 본국 철수
9월 3일	히데요시 명 책봉사 접견 강화회담 결렬, 명 사절 추방, 재침 준비령

1597년 정유년

1월 6일	명 책봉사 서울 입성
1월 15일	일본군 선발대 1만 1,500명 조선 재침
1월 27일	이순신 파직, 원균을 삼도수군통제사로 임명
2월 16일	명 책봉사 북경 귀환
2월 22일	만 일본군 14만 5천 명 동원 전면 재침령
5월 8일	명나라 원군 재투입군 5만 5천 명 서울 도착
6월 19일	원균 지휘 조선 수군 안골포 공격
7월 8일	원균 지휘 조선 수군 다대포 공격
7월 16일	원균 지휘 조선 수군 칠천량해전 완패
8월 3일	이순신 삼도수군통제사로 복귀
	일본군 전주로 진군
8월 16일	남원성 함락, 황석산성 함락
8월 25일	전주성 함락
8월 28일	일본군 좌군 주력 순천으로 남하
8월 30일	일본군 우군 주력 서울 향해 북진
9월 2일	일본군 좌군 주력 순천에 왜성 구축
9월 7일	조명 연합군 직산전투에서 대승
9월 16일	이순신 명량해전 승리, 일본군 전면 퇴각 시작
10월 9일	일본군 남해안 왜성으로 퇴각
12월 23일	조명연합군 울산왜성 총공격

1598년 무술년

1월 4일	조명연합군 울산성 공격 실패 퇴각
7월 15일	이순신 수군기지 목포 보화도서 고금도로 이진
7월 19일	이순신 절이도해전 승리
8월 18일	도요토미 히데요시 사망
9월 21일	조명 연합군 동로군 울산성 총공격
9월 28일	조명 연합군 중로군 사천성 총공격
10월 2일	조명 연합 서로군 순천왜성 총공격
10월 3일	명나라 수군 진린 순천왜성 공방전 패배
10월 15일	일본군 전면 퇴각령
11월 19일	조명 연합수군 노량해전 승리, 이순신 전사
11월 24일	조명 연합육군 순천왜성 입성
11월 26일	전 일본군 퇴각 완료

1592 - 1598 승전 현장 답사기

이순신이 지킨 바다

초판 1쇄 발행	2021년 4월 28일
지은이	이봉수
펴낸이	신민식
펴낸곳	가디언
출판등록	제2010 - 000113호
주 소	서울시 마포구 토정로 222 한국출판콘텐츠센터 306호
전 화	02 - 332 - 4103
팩 스	02 - 332 - 4111
이메일	gadian7@naver.com
홈페이지	www.sirubooks.com
ISBN	979 - 11 - 90781 - 05 - 3 03910